交一個情義的宋朝朋友

李開周——著

【開場白】

要麼做精英，要麼做英雄

寫完這本書時，中國大陸二〇二三年高考剛結束，超過一千萬考生在考場上拚殺了兩天，然後再等半個月左右，他們即可線上查分，獲悉自己的拚殺戰果。

在距今千年左右的宋朝呢？參加科舉考試的宋朝考生要考幾天？從考完到放榜的間隔時長又是幾天呢？

宋朝科舉考試分為三級：解試，省試，殿試。解試是各個州府組織的地方考試，考中就是舉人，相當於明、清時期的鄉試；省試是由中書省或禮部組織的中央考試，考中就是準進士，相當於明、清時期的會試；殿試由皇帝親自主持，主要是給通過省試的準進士們排排名次，只要不出意外，差不多所有參加殿試的考生都能成為進士。

從宋朝第三任皇帝宋真宗開始，宋朝科舉制度就基本成熟，考試時間也基本定型：解試一般考三天，省試也是考三天，而殿試通常考一天，最多兩天——加上一次補考的時間。

考完試以後，什麼時候才能看到考試結果呢？宋仁宗在位時，大臣富弼上了一道關於省試和殿試的奏章：「貢院凡兩月餘，研究差次，可以窮功悉力……（殿試）考校不過十日，不暇研究差次。」全國舉人趕到京城參加省試，要過兩個多月才會放榜公布名次；參加完省試再參加殿試，只需十天左右就會放榜。順便說一下，這位名叫富弼的大臣很了不起，本書中會多次提到他，他是著名詞人兼神童宰相晏殊的女婿，也是王安石升官期間的擔保人，還是蘇東坡愛徒黃庭堅的老上司。

省試結束要等兩個多月才公布結果，比現在高考成績公布慢得多，為什麼？因為宋朝沒有答題卡，沒有電腦閱卷，所以批試卷效率低，時間長。殿試結束只等十天左右就有結果，這又是為什麼呢？因為參加殿試的考生人數相對較少，考題數量也少，改起卷來就快一些。

宋朝三級科舉考試當中，殿試是出題數量最少的考試。以宋仁宗嘉祐六年（一〇六一年）殿試為例，考生只需答三道題，即一首詩、一篇賦、一段策論，其中詩題為〈天德清明詩〉，賦題為〈王者通天地賦〉，策論為〈水幾於道論〉。

雖說考題數量少，但殿試時防止作弊的制度設計仍然很嚴密。您肯定知道，宋朝發明了「糊名」和「謄錄」的制度：考生交上答卷，名字和籍貫那一欄會被立刻密封起來，這叫「糊名」；然後又會有專人來謄抄這些答卷，免得被考官認出某個考生的筆跡，這叫「謄錄」。既要糊名，又要謄錄，怎樣才能避免這些答卷被搞混呢？方法就是「編排」，即給原始答卷和謄錄後的答卷編上完全相同的編號，最後憑編號來比對。宋朝省試當中，糊名、謄錄、編排，缺一不可，殿試同樣如此。

《宋史．選舉志》總結宋朝殿試的改卷流程：「試卷內臣收之，付編排官，去其卷首鄉貫狀，別以字型大小第之；付封彌官，謄寫校勘，用御書院印；付考官，定等畢；復封彌，送覆考官，再定等；編排官閱其同異，未同者再考之。」考生交卷，由宦官收上來，交給「編排官」糊名和編號；編排官糊完名、編完號，交給「封彌官」謄錄，每一份謄錄過的答卷都要再交宦官審查，蓋上「御書院」（實則是御藥院，後面會說到）的大印；宦官蓋完印，再交給「考官」批改答卷和擬定名次；考官擬完名次，再交給「覆考官」重新批改和擬定名次；考官和覆考官擬定的名次肯定會有差異，再由編排官審查一遍，看看差異有多大；假如差異太大，就讓考生們補考，補考完了再糊名、謄錄、審查、蓋章、批改、定名……

《宋史．選舉志》給出的總結對嗎？大體上沒錯，細節上有誤。其實宋朝並沒有「御書院」這種機構，只有相當於明、清太醫院的「御藥院」。御藥院本是皇家醫療機構，憑什麼能在科舉考試裡插一槓子呢？因為宋朝皇帝和其他歷朝歷代的皇帝一樣，對大臣比較防範，對宦官比較信任，讓掌管御藥院的宦官審查官員謄錄後的卷子，實際上就是讓宦官監督官員，可以減少官員舞弊的空間。

宋朝科舉制度設計得如此嚴密，錄取結果是不是非常公平呢？恐怕不能這樣說。一〇六四年，司馬光統計了一〇五九年、一〇六一年和一〇六三年三屆省試的錄取結果，發現開封籍貫的考生竟然占到全部取中名額的三分之一！開封是當時的首都，而朝廷留給首都的錄取指標最多，遠遠超過其他州府。

宋朝人管錄取指標叫「解額」，與司馬光同時代的另一位官員蘇頌總結道：「天下州郡舉子，既以本處人多，解額少，往往競赴京師，旋求戶貫，鄉舉之弊無甚於此，雖朝廷加以禁文，終不能禁止者。蓋以開封府舉人不多，解額動輒以數百人，適所以招來之而使其冒法。」意思是說開封府考生不多，卻擁有幾百個錄取指標，所以全國各地有條件的考生都爭著「高考移民」，想方設法冒充開封府的戶籍。

宋朝最典型的高考移民案例，應該是蘇東坡和他的弟弟蘇轍。一〇五六年，蘇東坡和蘇轍花了將近半年時間，從四川老家趕到開封，在一座寺廟開辦的浴池裡租住兩個多月，得以參加那年八月分舉行的開封府解試，進而順利考中舉人。蘇東坡是眉山人，歸成都府路管轄，他應該去成都府參加解試，為什麼千里迢迢跑到開封府呢？沒別的原因，就是因為開封府的指標多，容易被錄取。

宋朝人管高考移民叫「冒籍」，朝廷一直在打擊冒籍。怎麼打擊呢？按《宋會要輯稿》記載，主要有兩種方法：一是讓考生互相擔保，結成小組，一人冒籍，全組擔責；二是讓官員考察籍貫，開封籍考生要麼擁有開封戶口，要麼擁有開封房產，假如既沒有戶口也沒有房產，就查家譜，查祖墳，家譜上沒有這位考生的名字，祖墳墓碑上的姓名也和報考檔案上填寫的祖上三代姓名對不上，即被認為屬於冒籍。

乍一聽，上述政策既合理又全面，似乎能堵住考生冒籍的機會。然而，「聰明」的考生和考生家長總是能從政策裡找出漏洞。小明沒有開封戶口，那麼小明家長就趕緊在開封買一間房；小強家裡窮，買不起房，那麼就找開封城郊的農民洽談，給他們一筆小錢，抄下他們祖墳墓碑上的名字，冒充成自己的祖宗。至於考生之間互相擔保，更不必擔心，因為又不是一個人冒籍，冒籍的人多了，誰還不清楚誰怎麼回事？冒籍考生與冒籍考生互相擔保，共風險，同進退。

如此一來，北宋開封不僅搞出了學區房，甚至還搞出了「學區墳」。《宋會要輯稿》記載如下：「或買同姓為宗族，或指丘壟為墳墓，百計營求，以覬一試，於是妄冒誕謾之風成矣！」明明是別人的家譜，塞點兒錢過去，就成了自己的家譜；明明是別人的祖墳，塞點兒錢過去，就成了自家的祖墳。

宋朝考生冒籍，不僅需要花錢，更需要人脈。南宋短篇小說集《夷堅志》裡寫了一個真名實姓的故事：南宋臨時首都臨安（即杭州）擁有的錄取指標很多，於是有湖州考生沈樞去臨安府冒籍參加解試，他擔心被其他考生舉報，找了兩位官員做擔保，一位官員是他的大舅哥范彥煇，另一位官員是他大舅哥范彥煇的同僚。為了讓大舅哥的同僚簽字擔保，沈樞送給對方二萬五千文銅錢。

我們來思考一下：假如考生沈樞沒有一個當官的大舅哥，他能讓官員替他擔保嗎？就算他送錢過去，人家敢收嗎？過去中國有句俗語：「沒有小鬼引薦，你抬著供品都找不到神仙。」說的就是這個意思。

冒籍考試是違法行為，只能偷偷摸摸地使用人脈。然而，即使在正大光明的科舉考試資格審查當中，來自官場的人脈也不可或缺。南宋初年，朝廷在杭州舉辦「流寓試」，只許衣冠南渡的北方考生參加。怎樣才能確保進場考生是來自北方的呢？方法就是讓官員做擔保——每個報名參加流寓試的考生，都必須有兩名以上在職官員簽字擔保，否則禁止入場。這樣一來，那些沒有官場人脈的北方考生就無法參加，而一些擁有官場人脈的南方考生卻有了機會。

宋朝的科舉考試只是學位考試，並非選官考試，考生中了進士，未必一定能做官，還要參加類似於今天公務員選拔考試的「詮試」。等進入官場以後，從低級官員「選人」升為中級官員「京官」，或者從中級官員「京官」升為高級官員「朝官」，都需要考試。以上這些考試統稱為「選官」考試，全都需要更高級別的在職官員提供「舉狀」，即舉薦某人參加選官考試的推薦書。比如說，一〇一〇年，選人參加京官的選官考試，必須有兩名以上京官或朝官寫舉狀；到了一〇一九年，對舉狀的數量要求更高，參加京官考試的選人必須有五名以上京官或朝官寫舉狀。

宋朝是這顆星球上第一個全面推行文官制度和選官考試的政權，想做官就得考試，想升官還得考試，這些都容易理解。問題是，為什麼非要讓考生拿到在職官員的推薦書，才能參加考試呢？為的是透過「連坐」制度，選拔出真正有才能和有品德的官員。根據宋朝皇帝的制度設計，凡是為其他官員提供舉狀的官員都負有長期的連帶責任，假如被舉薦者政績突出，則舉薦人受賞；假如被舉薦者無才無德，甚或鋃鐺入獄，則舉薦人將一起受罰。

這種制度設計的負面影響顯而易見：它會阻斷寒門子弟的上升管道，因為寒門子弟往往缺乏官場人脈，不太可能拿到足夠數量的舉狀；同時會讓整個社會迅速走向階層固化，一代高官則世代高官，就像如今美國「一代藤校、代代藤校」一樣。

宋朝皇帝難道不知道舉薦制度的負面影響嗎？肯定知道。可是若將舉薦制度徹底廢除，朝廷就只能透過紙面上的考試來選拔官員，而紙面上的考試往往只能選拔出擅長考試的人。兩害相權取其輕，宋朝皇帝寧可讓階層固化，也要保留舉薦制度。

事實上，宋朝皇帝經常出手打擊階層固化。例如宋哲宗在位時，要求高官子弟連續通過三次選官考試以後才能升官，而平民家庭出身的官員只要通過一次選官考試就能提拔。再比如宋神宗在位時，某高官子弟從選人升京官，竟然有十三個京官為其寫舉狀，把神宗惹惱了：「有舉狀十三紙者是甚人？特與改次等官！」（《清波雜誌》卷一〈改秩〉）拿到十三份舉狀的是什麼人？背景肯定不簡單，背後肯定有貓膩，給他個次等官職！

即使皇帝打擊階層固化，宋朝社會仍然不可避免地走向了階層固化。本書正文中有大量案例和資料，將宋朝考場、官場、婚配、師生甚至宮廷內部的各種複雜關係網絡一一呈現給您，將范仲淹、歐陽修、司馬光、王安石、蘇東坡、李清照、辛棄疾、文天祥等宋朝名人的親朋關係和社會交際呈現給您，假如您有興趣和耐心讀一讀，肯定會為兩宋三百餘年連綿不斷的階層固化感到震驚。

不過，階層固化並非宋朝獨有，在任何一個時代、任何一個國家，在古今中外的任何政體中，只要社會發展，只要長期和平，那麼階層固化就不可避免，這種社會演化簡直就像是自然界的生物演化一樣，無人可以阻擋，也沒有必要阻擋。一個社會能在看似固化的階層裡，為一部分願意努力的人保留一些上升空間，那麼這個社會就算得上是生機勃勃的健康社會。

現代社會有「精英」和「英雄」兩個概念：出身不凡的孩子如果能靠努力奮鬥來保住自己的階層，就屬於精英；寒門出身的孩子如果能靠努力奮鬥來打破上升的天花板，就屬於英雄。

按照以上定義，本書中濃墨重彩講述的蘇東坡就是英雄，他以平民子弟身分進入考場和官場，還在政治、文化和藝術領域都留下光彩奪目的遺產；而本書寫的另一位大腕李清照就是精英，她出身豪門，並能在戰亂之際透過自己的藝術才華和苦心經營的官場人脈，成功保護了自己和藏品。

如果您出身寒門，那麼請做蘇東坡那樣的英雄；如果您的父輩為您留下大筆財富，那麼也不妨去做李清照那樣的精英。

這本小書並非勵志書，更非雞湯書，它只是一個嘗試，一個從社會關係網絡角度重新審視歷史名人的嘗試。鑑於我們每個人都活在社會網絡之中，所以本書並非解構，而是重建；並非戲說，而是還原。希望您能透過此書對那些大名鼎鼎的宋朝人物再多一層更為深刻的理解，並且能有信心往前猛跨一步，接近他們，或者成為他們。

本書總共五章，分為四十八個小節，每節都特別繪製一張人物關係網絡圖，這是為了在文字敘述之外，幫您用更直觀的方式觀察古人的人際關係。祝您閱讀開心。

目錄

第一章 宮廷關係

第二章 官場關係

第三章 科舉關係

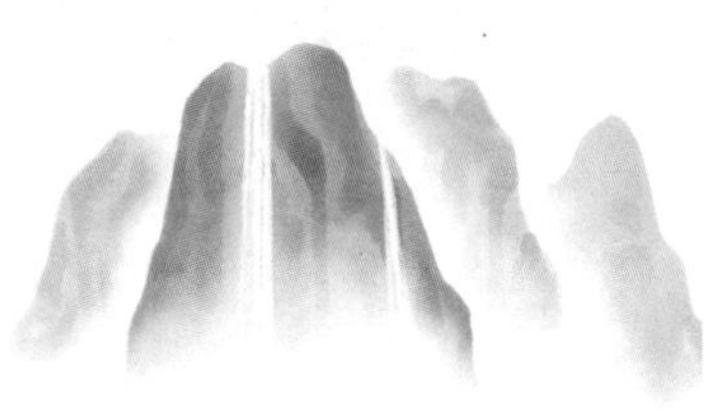

第四章 師友關係

第五章 婚嫁關係

第一章

宮廷關係

宋朝皇帝真的不殺士大夫嗎？

一〇七五年五月，農曆閏四月二十一日，北宋京城開封，宋神宗親自下令，處死兩個人。

這兩個人的名字分別是李逢、趙世居。

對於這兩個名字，絕大多數讀者朋友可能感到陌生，但是提到他們的祖上或親戚，您一定非常熟悉。

先說李逢，他是官三代，祖父當過副宰相（參知政事），父親當過警政署長（提刑），姑母嫁給〈岳陽樓記〉作者范仲淹。也就是說，李逢是范仲淹的內侄。

再說趙世居。此人來頭更大，竟是宋太祖趙匡胤的直系後代。趙匡胤生下趙德芳，趙德芳生下趙惟能，趙惟能生下趙從贄，趙從贄生下趙世居。所以說，趙世居是宋太祖的玄孫。

即使不看出身，李逢和趙世居也各有不凡之處：李逢年紀輕輕就中進士，被派到浙江餘姚當主簿，相當於縣政府辦公室主任；趙世居則被史學家司馬光寫進專著《涑水紀聞》。司馬光說：趙世居「頗好文學，結交士大夫，有名稱」（《涑水紀聞》卷十六），意思是愛好文學，結交雅士，文壇有名聲，往來無白丁。

可惜的是，如此風雅的宗室子弟卻被宋神宗殺害——一〇七五年閏四月二十一那天，宋神宗將

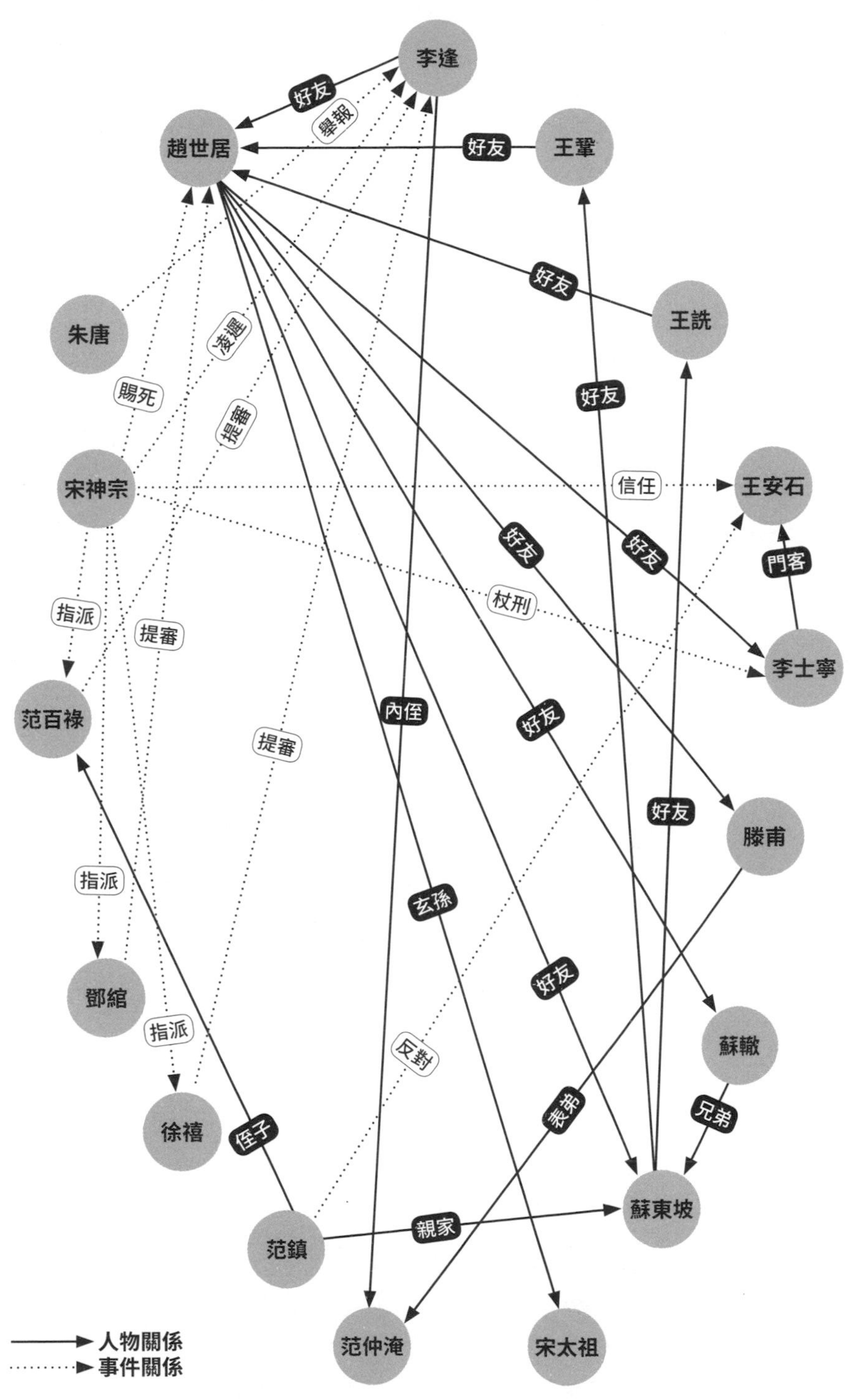

李逢
趙世居
王鞏
王詵
朱唐
宋神宗
王安石
李士寧
范百祿
滕甫
鄧綰
蘇轍
徐禧
蘇東坡
范鎮
范仲淹
宋太祖
好友
舉報
凌遲
賜死
提審
信任
門客
杖刑
指派
內侄
玄孫
表弟
兄弟
親家
姪子
反對
人物關係
事件關係

趙世居捆送家廟，讓幾個太監活活勒死他。至於李逢，死得更慘，竟被處以凌遲之刑！

趙世居和李逢死於同一天，他們也是同一個案子的判決對象，下面我們從頭說說這個案子。

這話要從李逢說起。身為官三代，同時又是青年進士，李逢的官運卻很差。他的第一頂烏紗帽是餘姚主簿，最後一頂烏紗帽也是餘姚主簿，自從當上主簿以後，就再也沒有升過官。他不滿，他憤懣，他發牢騷，他把工作上的熱情轉移到星象學和占卜術，經常與江湖術士鬼混。中年以後，他將烏紗帽混丟了，在徐州府彭城縣（今江蘇徐州市區）定居，每天和算命先生談論命理，還和街坊鄰居批評時政，一喝醉酒就罵官場，從京中大佬到府縣官員都得被他臭罵一遍。

李逢有一個朋友，名叫朱唐，是徐州當地的老百姓。不知是李逢得罪朱唐，還是朱唐想從衙門那裡得一份賞錢，有一天，朱唐竟去彭城縣衙告發李逢，說李逢如何結交匪人、如何辱罵朝廷。彭城縣官並沒有當回事，朱唐又去徐州衙門告狀，徐州知州也沒有受理。朱唐鍥而不捨，一直告到京東提刑司（相當於警政署），終於被京東提刑王庭筠立案。王庭筠提審李逢，發現並無大罪，於是將審理結果和判決建議上奏皇帝，說李逢辱罵朝政、妄談命理，但並沒有圖謀不軌的跡象，建議充軍發配。

哪裡知道，宋神宗從王庭筠上繳的審判記錄裡發現一個漏洞：李逢與宗室子弟趙世居關係密切，書信頻繁，書信裡還有預測國運的字句。宋神宗勃然大怒，認為王庭筠太糊塗，險些放過一樁謀反大案，立刻派欽差去徐州重審。

被派去的欽差名叫蹇周輔，最擅長雞蛋裡挑骨頭。經過一番摸底排查，蹇周輔果真找出李逢與趙世居密謀造反的「證據」。宋神宗接到蹇周輔的回奏，先將王庭筠罷官，又將李逢和趙世居押往京城，指派三位大臣仔細審理。

宋神宗指派的三位大臣分別是：御史中丞（相當於監察院長）鄧綰、同知諫院（相當於監察院副院長）范百祿，以及《夢溪筆談》作者沈括。當時沈括官居知制誥，屬於皇帝智囊團的重要成員。不過，沈括很快便出使遼國，審案官空缺由監察御史徐禧替補。

三位大臣接手此案，將李逢罵朝廷的事情放在一邊，主要審理趙世居謀反一事。他們搜查趙世居的家，檢視趙世居的通信，調閱可能與此案有關的物證，還提審與趙世居交往密切的許多人，最後審出幾條結果：第一，趙世居與蘇東坡、蘇轍、王鞏、駙馬王詵、范仲淹的表弟滕甫均有來往，但都沒有涉及「謀反」；第二，趙世居的朋友圈裡，有個名叫李士寧的算命先生，曾送給趙世居一把雕刻龍紋的寶刀，還暗示趙世居會以太祖子孫的身分承繼大統；第三，算命先生李士寧是王安石的好友，王安石當宰相時，李士寧是相府常客。

三位大臣都認可這幾條結果，然而他們的判決意見卻大不相同。御史中丞鄧綰建議將涉案之人全部逮捕，同知諫院范百祿只建議逮捕王安石，監察御史徐禧則主張嚴懲趙世居、李士寧和李逢，不要牽連王安石、蘇東坡、王鞏、滕甫等人。徐禧甚至還和范百祿大吵一架，並上奏宋神宗：「百祿之意，以為士寧嘗在王安石門下，擅增損案牘，必欲鍛煉附致妖言死罪。……夫挾大臣故舊，以枉陛下之法，與借人死命以贈己相疑者，相去幾何？」（《續資治通鑑長編》卷二百六十四）徐禧的用意是僅僅因為李士寧是王安石的門客，就要借此打擊王安石，擅自塗改案卷，大肆嚴刑誘供，試圖致王安石於死地，這是典型的徇私枉法，與借刀殺人有什麼區別呢？

平心而論，鄧綰、徐禧、范百祿這三個問案官中，徐禧是最公平的，而鄧綰和范百祿都有借刀殺人的意圖。

范百祿是三朝元老范鎮的侄子，因范鎮非常激烈地反對變法，受到王安石的冷遇，所以范百祿要替叔父范鎮報復王安石。與此同時，范鎮還是蘇東坡的親家（范鎮的孫女嫁給了蘇東坡的兒子），范百祿與蘇東坡有親戚關係，所以只想打擊王安石，不想讓蘇東坡受到牽連。

鄧綰和范百祿不同，他是宰相呂惠卿的親信，而呂惠卿是王安石的接班人。呂惠卿推行變法，打擊保守派，但又不想讓已經罷相的王安石東山再起。所以，鄧綰要將變法派王安石和保守派蘇東坡等人一網打盡。

問案大臣立場不同，意見各異，只能請宋神宗來裁決。宋神宗是什麼立場呢？首先他信任王安石，絕對不相信王安石會謀反；其次，他還想重新起用王安石，代替呂惠卿，因呂惠卿的威望和人品都離王安石差得太遠，難以完成變法大業；最後，宋神宗對趙世居、李士寧、李逢等人「結黨謀反」的「罪行」半信半疑，但他絕對不能容忍宗室子弟覬覦皇位，哪怕是有一點點嫌疑都不行，所以一定要殺雞儆猴，一定要透過一場見血的判決來震懾所有宗室，以此穩固自己的皇帝寶座。

經過一番深思熟慮之後，宋神宗下旨宣判：趙世居賜死，李逢凌遲，李士寧從寬處以杖刑。另外，趙世居的子孫都被貶為庶民，交給開封府長期看管，趙世居的妻子、女兒、兒媳、孫女被押往皇家寺廟出家為尼。李逢的妻子已經離異，出家為尼，兒女成為官家奴婢。掌管宗室子弟事務的兩個長官也受到處罰：大宗正丞降級留用，前任大宗正丞罰銅十斤。還有宋太祖的孫子趙從賁因是那一支的族長，平日對趙世居看管不嚴，其官位和爵位各降一級。

前面說過，蘇東坡、蘇轍、王鞏、滕甫、駙馬王詵等人與趙世居都有交往，因沒有參與趙世居的「謀反」，從輕處罰。其中王鞏降兩級留用，滕甫暫時停職，王詵罰銅三十斤。蘇東坡兄弟在外地做官，與趙世居來往較少，免予處罰。

這番判決絕對是宋神宗考慮再三做出最「合理」的結果。李士寧身為江湖術士，贈送宗室雕龍寶刀，還暗示趙世居會當皇帝，為何卻被輕判？因李士寧是王安石的故交，如果判李士寧死刑，那些反對變法的保守派就有可能一哄而起，借機彈劾王安石，那可是宋神宗最不想再看到的結局。王鞏、滕甫、王詵等人並未參與「謀反」，為何受到懲處呢？因為他們是保守派，一貫反對變法，而宋神宗要借機打擊保守派。

從大臣的審理到宋神宗的判決，我們可以清晰地看出古代中國的判案特徵：法律並不重要，事實也不重要，重要的是立場和目的。宋朝像其他任何朝代一樣，都是典型的人治社會，與法治無關。

這場案子還告訴我們一條事實：宋朝皇帝並非不殺士大夫，只要某個士大夫危及皇權，或者被認為危及皇權，就一定會被殺掉。宋神宗一朝被淩遲的李逢，宋高宗一朝被賜死的張邦昌（張邦昌曾在金兵威逼下暫時登上皇位），都是這樣被殺掉的士大夫。

最後補充一點：趙世居賜死以後，大宋宗室噤若寒蟬，不但不敢再覬覦皇位，也不敢再反對變法。包括宋神宗一奶同胞的親弟弟趙頵，原先一直站在保守派一面，經過趙世居一案，「爾後惟求醫書，與其僚講湯液方論而已。」（《萍州可談》卷一）徹底遠離政治，一心只談醫學。從這個例子就能看出，宋神宗的判決達到了預期目標。

此後幾年，宋神宗親自上陣，繼續變法，各項政策雷厲風行地頒布下去，再也沒有遇到太大阻力。但諷刺的是，正是因為反對的聲音小，無論可行還是不可行的政策都被強力推行，宋朝百姓從此受到更加嚴酷的盤剝，國富民強的理想在現實面前被撞得粉碎，由宋神宗親自推行的這場變法最後仍然以失敗告終。

皇后鬥得過宰相嗎？

西元九九七年，農曆三月二十九，宋太宗駕崩。

國不可一日無君，老皇帝一死，馬上就得有新皇帝登基。按照宋太宗的遺命，應該讓第三個兒子趙元侃承繼大統。但是，宋太宗的皇后李氏不這樣想，她堅持「立儲必立長」的原則，希望大兒子趙元佐能當皇帝。

實際上，趙元侃也好，趙元佐也罷，都不是李皇后的兒子，而是宋太宗的嬪妃李賢妃所生。不過，李賢妃死得早，三十四歲（遵照宋朝人計算年齡的慣例，本書中所有年齡資料均為虛歲，即在周歲基礎上再加一歲）病逝，死後第二年，李皇后才入宮為妃，成為宋太宗一群兒子的繼母。李皇后也生過一個兒子，但不幸夭折，直到宋太宗駕崩，她都沒能再生養皇子。

李皇后很年輕，她十九歲嫁給宋太宗，當時宋太宗的大兒子趙元佐已經十四歲，二兒子趙元僖已經十三歲，三兒子趙元侃已經十一歲。仨兒子當中，她最喜歡元佐，因為元佐性情寬厚，人品正直，會替別人著想。遺憾的是，元佐太寬厚、太正直，辜負她的期望，也辜負宋太宗的期望。

我們知道，宋朝前兩個皇帝走的是「兄終弟及」路子，宋太祖不明不白暴斃，弟弟宋太宗繼位。按照這個路子，太宗百年以後，得讓更小的弟弟趙廷美接班，等趙廷美駕崩，再讓太祖的兒子接班。

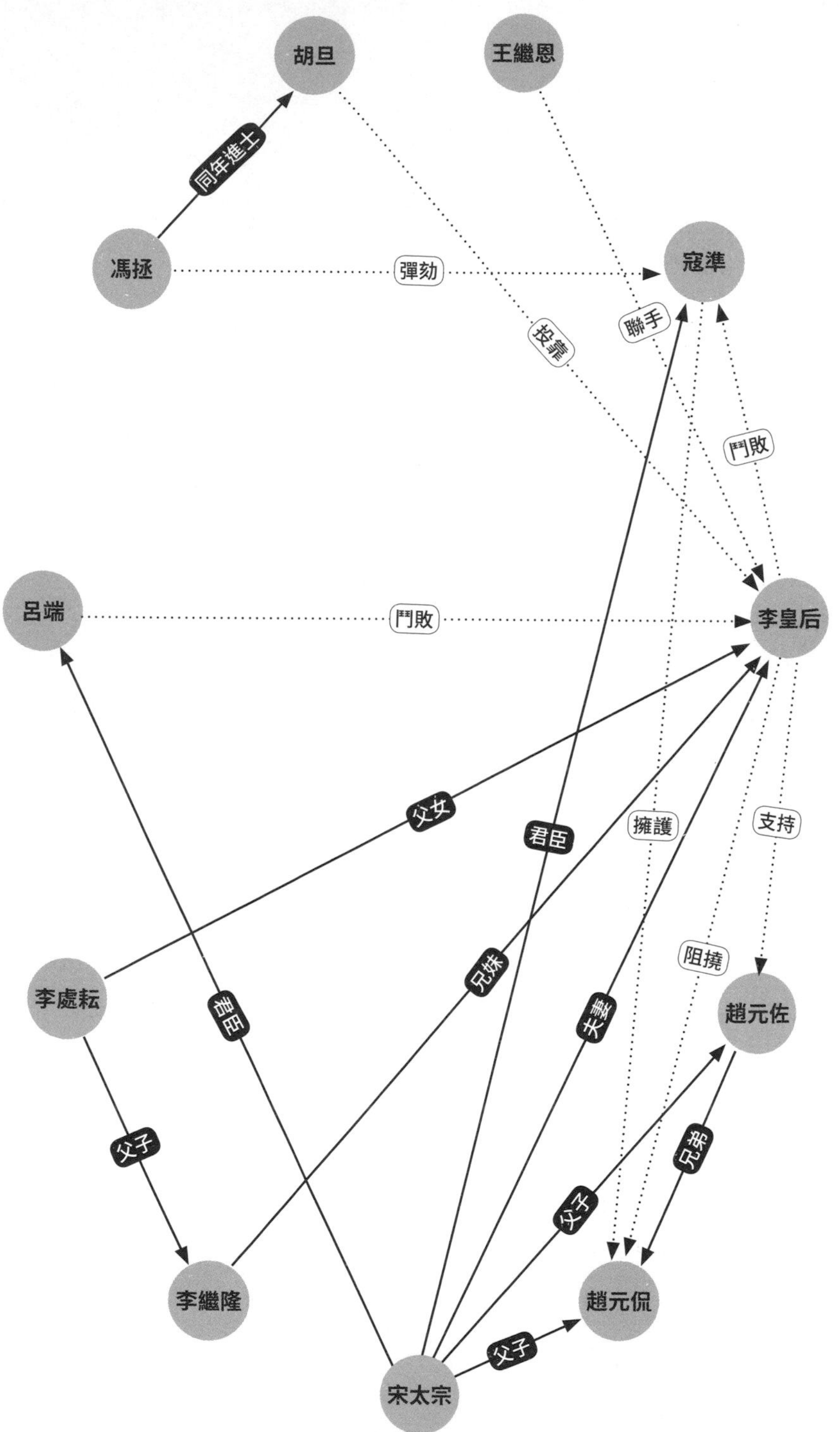
胡旦
王繼恩
同年進士
馮拯
彈劾
寇準
投靠
聯手
鬥敗
呂端
鬥敗
李皇后
父女
君臣
擁護
支持
兄妹
阻撓
李處耘
君臣
夫妻
趙元佐
父子
兄弟
父子
李繼隆
趙元侃
父子
宋太宗

宋太宗想把皇位傳給自己的兒子，不想傳給弟弟，更不想傳給侄子。可是只要不傳給弟弟和侄子，就違背他親手奠定的「兄終弟及」傳統。他乾脆來個釜底抽薪，在自己活著的時候，把弟弟搞死，把侄子們也搞死。

宋太祖四個兒子，老大和老三死得早，老二趙德昭和老四趙德芳長大成人，趙德昭被宋太宗逼得拔劍自刎，趙德芳在二十三歲暴卒（極可能是被宋太宗下毒害死的）。趙廷美呢？被宋太宗安上「驕橫跋扈」、「圖謀不軌」、「結交奸黨」、「篡奪皇位」等罪名，先剝奪王爵，再削奪官職，最後流放到湖北。流放途中，趙廷美突然吐血而死，年僅三十八歲。

弟弟死了，侄子死了，宋太宗安心了，以為將來可以把皇位傳給兒子，兒子再傳給孫子，子孫相續，萬世一系。但他沒料到的是，他內定的皇位繼承人，也就是他的大兒子元佐，竟然瘋掉了。

堂兄德昭被逼得自殺時，元佐替堂兄鳴不平。叔父廷美被流放湖北時，元佐也替叔父鳴不平。他請求父親高抬貴手，遭到拒絕。他眼見伯父、堂兄、叔父一個接一個死去，殺人凶手卻是他的親生父親，他備受煎熬，精神逐漸分裂。有時候，他會因為一點點小事，拔刀劈砍手下人。有時候，他把自己鎖在內室，不吃不喝，不和任何人交談。還有一回，他喝到爛醉，縱火焚燒宮殿，似乎想把皇宮深處隱藏的血腥和罪惡燒成灰燼。宋太宗大怒，將他貶為庶人，剝奪他承繼大統的資格。

宋太宗本想立長子為太子，現在長子瘋癲，只能立次子或者三子。次子名叫元僖，在元佐發瘋的那一年，晉封王爵，加官中書令，出任開封府尹，成為實際上的皇位繼承人。可是元僖體弱多病，二十七歲病逝，宋太宗只能把三兒子定為繼承人。三兒子本名趙德昌，改名趙元侃，後來又改叫趙恆，成為宋朝第三任皇帝宋真宗。

前面說過，李皇后是元佐、元僖、元侃等人的後媽，她和太宗意見不一，太宗讓元侃當皇儲，她卻偏向於讓元佐當皇儲。宋太宗在世時，她掰不過太宗這條大腿，只能暗著來，讓親信太監聯絡朝中擁護元佐的大臣，偷偷給元侃使絆子，讓元侃失去太宗的歡心，這樣元佐就有可能重新奪到皇儲的位置。

朝中大臣分為兩派，一派以相臣寇準為首，擁護元侃；另一派以狀元胡旦為首，擁護元佐。寇準實際上是建議元侃當皇儲的第一個大臣，太宗曾經問他：「朕這幾個兒子，老大瘋，老二病，老三、老四年齡小，將來傳位給誰呢？」寇準答道：「陛下為天下擇君，謀及婦人、中官，不可也。謀及近臣，不可也。唯陛下擇所以副天下望者。」（《宋史・寇準傳》）這段話聽起來滑頭，實際上大有玄機：「婦人」指的是後宮首領李皇后，「中官」指的是大內總管王繼恩，「近臣」指的是中書舍人胡旦。胡旦是狀元出身，嫌升官太慢，投靠在李皇后麾下。晚上李皇后在宋太宗身邊吹枕頭風，說元佐瘋病已好，堪當大任；白天胡旦在宋太宗身邊敲邊鼓，說元侃收買人心，不夠忠心。胡旦的同年進士馮拯、趙昌言、李昌齡也大力幫忙，透過太監王繼恩向李皇后輸誠，願意賠上身家性命，共保皇長子趙元佐榮登大寶。宋太宗知道這些，寇準也知道宋太宗知道這些，他雖然沒有明講，意思卻很清楚：陛下，您千萬別聽李皇后、王繼恩和胡旦他們的，您千萬別讓元佐接班啊！

不讓元佐接班，就得讓元侃接班。寇準和元侃有親戚關係嗎？沒有。有師門之誼嗎？也沒有。寇準擁護元侃，完全是出於公心，他認為宋太宗的兒子當中，只有元侃能力出眾，並且胸有城府，喜怒不形於色，符合當皇帝的標準。比較起來，元佐太差勁，才受一點點刺激就搞到發瘋，偌大的江山社稷怎麼能交到這樣的軟蛋皇儲手上呢？

寇準正大光明地擁護元侃，幫助元侃開展工作，又是賑災，又是治河，又是調兵防禦邊患，搞得有聲有色。但寇準性子過激，秉性剛烈，對上對下都缺乏心機，批評下屬不留情面，與宋太宗爭辯起來也是慷慨激昂。有些大臣本來擁護元侃，因被寇準罵得狗血淋頭，一怒之下投向李皇后的陣營，改成擁護元佐，胡旦的同年馮拯就是這樣的例證。

馮拯文采了得，人品低下，被寇準斥責之後，一直在羅織證據，準備對付寇準。此人聯絡許多反對寇準的官員，集體向宋太宗上表，說寇準專權跋扈，結黨營私，百官只知有寇準，不知有陛下。宋太宗陰險猜忌，豈能容得下專權跋扈的相臣？於是立即將寇準趕出朝廷。

寇準一去，元侃失去靠山，李皇后一派都很開心，以為元佐復位有望。但是元佐不夠力，絲毫沒有和元侃競爭的欲望，寧可當平頭百姓，也不願意再見到血淋淋的宮鬥。與此同時，另一個宰相呂端接替寇準的任務，成為擁護元侃一派的首腦人物。

毛澤東曾引用一副古代對聯：「諸葛一生唯謹慎，呂端大事不糊塗。」這個呂端確實是每當大事不糊塗，比寇準厲害得多，為人處世好，處理政務也好，都不給政敵留下把柄。呂端知道宋太宗的身體愈來愈差，知道李皇后的勢力愈來愈大，知道大太監王繼恩戰功赫赫，在軍中極有威望，一旦太宗晏駕，李皇后和王繼恩聯手發難，誰接班當皇帝都不好使，都會被李皇后廢掉。呂端步步為營，不顯山、不露水地撤換掉王繼恩當年指揮過的戰將，撤換掉李皇后經常聯絡的文臣，還在宮裡安插許多與王繼恩有私仇的太監和宮女。

宋太宗駕崩那天，李皇后緊急召見元佐和親信大臣入宮，王繼恩則試圖出宮調動禁軍。結果呢？早有準備的呂端將王繼恩誘騙到一個小房間裡軟禁起來，自己陪同欽定皇儲元侃入宮。李皇后見胡旦等人不到場，王繼恩也沒有率領禁軍精銳趕到，知道大勢已去，只能乖乖地和呂端一起宣布遺詔，讓她一直不喜歡的元侃當皇帝。

李皇后和呂端的較量是皇后與宰相之間的較量，最後皇后敗了，宰相贏了。李皇后和寇準的較量也是皇后與宰相之間的較量，最後皇后贏了，宰相敗了。宋朝歷史上，像這樣的較量發生過很多次，有時候是皇后占據上風，有時候是宰相占據上風。一般規律是，如果皇帝體弱多病，任憑皇后執掌軍政大權（例如北宋第三個皇帝宋真宗晚年和南宋第三個皇帝宋光宗在位時），則宰相很難鬥得過皇后；如果皇帝英明神武，宰相又執政多年，則君權第一，相權第二，皇后加上外戚都鬥不過宰相（宋朝大多數時候都是如此）。不過，宋朝的皇后和宰相始終不會鬥到血流成河的地步。宰相失敗，輕則罷相，重則罷官；皇后失敗，遭殃的只是皇后的親戚和親信。

李皇后是北宋開國大將李處耘的女兒，她哥哥叫李繼隆，也是一員猛將，既能打硬仗，又很得民心，是外戚當中不可多得的人才。可惜的是，李皇后鬥敗之後，呂端和新即位的宋真宗都怕外戚搗蛋，收回李繼隆的兵權，任其閒散多年。後來遼軍大舉入侵，宋軍抵擋不住，宋真宗不得不讓李繼隆出山。李繼隆做為前線總指揮，和遼軍打了個平手，然後宋、遼簽下澶淵之盟，換來兩國百餘年和平。所以說，外戚也不全是壞蛋和笨蛋。

太監的武功

宋太祖「杯酒釋兵權」那段歷史，差不多所有人都知道，但不知大家想過沒有：開國大將的兵權都被收回來，以後再有外敵入侵，誰來指揮軍隊呢？總不能讓皇帝老子親自帶兵衝鋒吧？就算這個皇帝比較神勇，每次打仗都親征，他也不能身外化身，同時出現在多個地方指揮多場戰役啊！要知道，宋朝運氣可不太好，碰巧在強敵環伺的惡劣環境下建國，北邊是國土遼闊的契丹，西邊是驍勇善戰的西夏，萬一契丹和西夏同時入侵，宋太祖又當如何是好呢？

其實宋太祖早就考慮到這個問題，他杯酒釋兵權，釋的只是一小部分老同事的兵權，例如韓令坤、石守信、王審琦、高懷德、李漢超這些人。這些老同事都是周世宗麾下的大將，當年都是宋太祖的同袍，曾經與宋太祖平起平坐，軍功和威望都不低。宋太祖特別害怕這些老同事造反，必須解除兵權才能安心。還有一些人雖然也是武將，但級別較低，資歷較淺，可能還是宋太祖一手帶出來的，例如李處耘、楚昭輔、王仁瞻、潘美等人。後面這些人不但沒有被解除兵權，實際權力還擴大了，因為宋太祖對這些人比較放心，不怕他們造反，想反也反不起來。

不過，宋太祖對於親手提拔的武將僅僅是比較放心，並不能完全放心。為牽制這些武將，他又迅速往軍隊裡安插兩批親信。這兩批親信都是什麼人呢？一批是他的妹夫、女婿、外甥、小舅子，

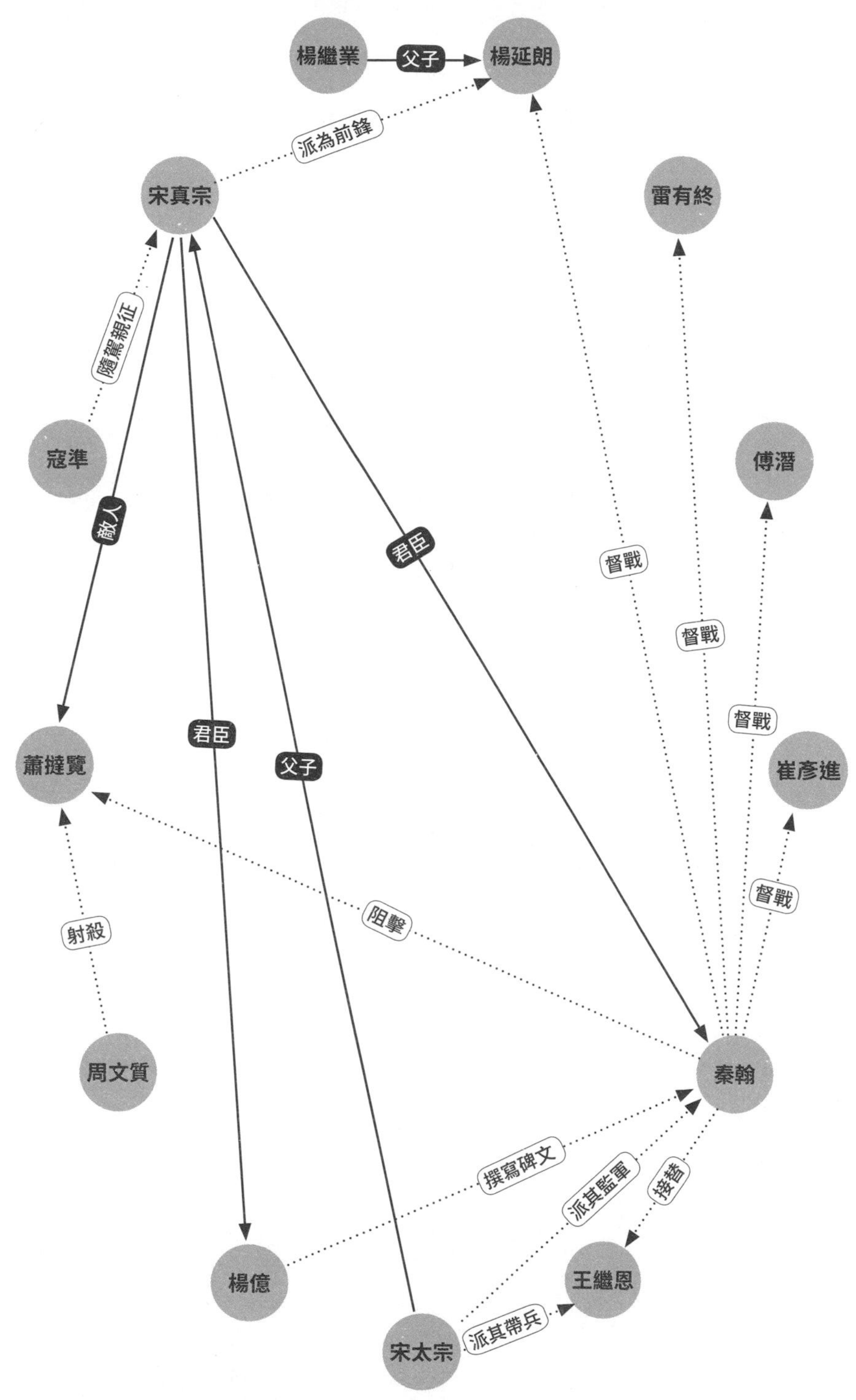

楊繼業
父子
楊延朗
派為前鋒
宋真宗
雷有終
隨駕親征
寇準
傅潛
敵人
君臣
督戰
督戰
督戰
君臣
父子
崔彥進
蕭撻覽
督戰
阻擊
射殺
周文質
秦翰
撰寫碑文
派其監軍
接替
楊億
王繼恩
派其帶兵
宋太宗

簡稱「外戚」；一批是宮裡的中高級宦官，俗稱「太監」（嚴格講，直到明、清兩朝，「太監」才成為人們對宦官的俗稱。而在宋朝，「太監」與宦官無關，只有司天監、將作監、軍器監、都水監、少府監等中央機構的長官才有此尊稱）。我們暫且不談外戚，重點說說太監，在北宋前期帶兵打仗的那些太監。

您可能還記得，〈皇后鬥得過宰相嗎？〉一節提到帶兵打仗的大內總管王繼恩。這個人是宋太宗朝李皇后的親信，曾經統領大軍平定四川叛亂，功勞超過絕大多數武將。可惜王繼恩驕傲自滿，不守本分，平定四川後，縱容部下搶掠百姓，被宋太宗召回問罪；等到宋太宗駕崩，他又和李皇后聯手，試圖廢掉太子，另立新君。結果是他被宰相呂端軟禁，在皇儲爭奪戰中一敗塗地，最後被流放。

王繼恩做到最高官職是「入內內侍省都知」，簡稱「入內都知」，屬於宋朝版的大內總管。他死後，繼任者名叫秦翰，也是一個帶兵打仗的太監，立下的戰功幾乎不亞於王繼恩。

秦翰是河北真定人，和《三國演義》裡的常山趙子龍是老鄉，小時候因家裡窮，十三歲閹割入宮。和我們印象中那些娘娘腔太監不一樣的是，秦翰「倜儻有武力，……以善戰聞」（《宋史・宦者傳一・秦翰傳》），長得高大帥氣，武功高強，擅長打仗。

宋太宗即位後，與北漢和契丹開戰，秦翰被派到大將崔彥進部下當監軍。本來他只需要負責監督崔部作戰是否賣力就行，但他主動請纓，親臨前線，先後參加攻打太原、攻打幽州、阻擊遼軍等三場戰役。由於作戰勇猛，受到宋太宗嘉獎。宋太宗第二次伐遼，大內總管王繼恩被任命為「排陣鈐轄」，秦翰被任命為「排陣都監」，做王繼恩的副手。

伐遼失敗後，宋太宗把注意力放在西邊的黨項人首領李繼捧和李繼遷那裡，派秦翰為欽差，去黨項部落打探虛實。秦翰不辱使命，不但探明敵情，還得到李繼遷信任。他回京覆命，對太宗說：「李繼遷表面歸順，實則野心勃勃，奴才願意豁出命去暗殺此賊。」宋太宗認為李繼遷不會反叛，否決秦翰的提議。後來李繼遷果真起兵作亂，宋太宗將秦翰任命為靈州、環州、慶州、清遠四個戰區的總監軍，該任命直到太宗駕崩才結束。

九九九年，即位不久的宋真宗御駕親征，抵擋入寇的遼國軍隊，秦翰久經戰陣並且忠心耿耿，被任命為前路、中路、後路總監軍。前軍統帥名叫傅潛，臨陣怯敵，無論沿邊城堡如何飛書告急，就是不發一兵一卒出戰。遼軍如入無人之境，占領河北保定、石家莊、邢臺、邯鄲等地。秦翰趕到傅潛軍中，催促傅某趕緊出兵，傅某這才分兵迎敵，終於取得大捷。

一〇〇〇年，四川再次叛亂，瀘州觀察使雷有終苦戰半年，沒有成功，宋真宗任命秦翰為「兩路捉賊招安使」，去四川協助雷有終。一個月後，成都從叛軍手中光復；兩個月後，四川叛亂平定。光復成都的戰役中，秦翰擊鼓督戰，身中兩支冷箭，依然屹立不退。宋真宗收到捷報和戰報節略，親自寫信慰勞秦翰。

一〇〇一年，遼軍再次入侵，宋真宗派已故老將楊繼業的兒子楊延朗（後來改名「楊延昭」，即《楊家將傳奇》裡楊六郎的歷史原型）和另兩名武將當前鋒，秦翰和另五名太監也被派到楊延朗軍中督戰。這些太監與武將共同努力，擊退遼軍。

同年初冬，遼軍又一次入侵。仍在前線防守的秦翰聽探子回報，得知一股遼軍在附近山上駐紮，他立即帶兵從後山偷襲，殲滅這股遼軍。

同年歲末，黨項入侵，秦翰領兵六萬到邊境馳援。次年春天，黨項人退出，秦翰奉命駐守，在邊境修築很多城堡。

一〇〇四年，遼軍最後一次大舉入侵，宋真宗在大臣寇準建議之下又一次親征，外戚武將李繼隆擔任東路軍主帥，秦翰擔任西路軍副帥。這年農曆十一月二十四日，秦翰所部與遼軍又一次激戰之後，澶州城上的一小部宋軍悄悄合力將床子弩拉滿，一箭把遼軍統帥蕭撻覽釘在地上，遼軍銳氣大挫，然後宋、遼議和，簽下澶淵之盟。需要說明的是，使用床子弩射殺蕭撻覽的那一隊宋軍，領隊人竟然也是個太監，名叫周文質。

宋、遼和議達成後，秦翰率領大軍回京，他交回兵權，回宮擔任「入內都知」，也就是大內總管。

但一〇〇五年以後的幾年裡，他又被宋真宗派往陝西和甘肅，巡查沿邊各地防禦工事，凡是不牢固的城堡都要重新修築，凡是兵力薄弱的地方都要加強戰備。他在北宋西部邊境駐防五年半，勤於王事，不辭辛勞，累得頭髮都白了。

一〇一〇年，秦翰受命還朝，繼續擔任大內總管，直到一〇一五年中風去世，享年六十四歲。秦翰去世時，宋真宗非常惋惜，為其追贈官職，還讓翰林學士楊億撰寫碑文。宋真宗在宰相王旦面前誇獎秦翰：「翰盡忠國家，不害人，亦不妄譽人。」（《續資治通鑑．宋紀三十二》）如果宋真宗沒有過譽，那麼秦翰的人品應該屬於正直、善良那種，與影視劇裡陰險、狡詐、殘忍、變態的太監形象完全不同。

太監在古代中國源遠流長，皇帝派太監督戰、派太監傳送軍情、派太監巡查地方，甚至派太監代替自己批閱奏章、草擬聖旨，這樣的事例同樣是史不絕書。對於太監，大部分皇帝是比較放心的：第一，太監沒有後代，篡權奪位的欲望相對不強；第二，很多皇帝從小在太監陪伴下長大，天生對太監有感情；第三，有些太監確實表現優異，和文官、武將相比毫不遜色，可以圓滿完成皇帝指派的任務。我們姑且不說改進造紙術的蔡倫，姑且不說下西洋的鄭和，就連本文主角，這位不為大眾熟知的宋朝太監秦翰，在軍事上的功勞不也是在那兒明擺著嗎？

太監立軍功，北宋前期屢見不鮮，既有秦翰、王繼恩，又有閻承翰、張崇貴、石知顒、竇神寶、李神福、李神祐、周紹忠、衛紹欽、韓守英、蔡守恩、藍繼宗……這些太監對外征伐，對內平叛，戰功赫赫，他們的事蹟在《宋史・宦者傳》中都有記載。

北宋前期為啥能出這麼多能打仗的太監呢？因為北宋前期的皇帝喜歡派太監督戰，給太監提供打仗的機會。皇帝為啥派太監督戰呢？因為怕武將造反。太監督戰往往會打擊士氣，武將指揮起來備受牽制，但宋太祖、宋太宗乃至宋真宗等人的高明之處在於知人善任，選派的監軍太監大多是德才兼備、能顧大局的人才。秦翰去世二十多年後，大臣孫沔總結道：「先朝秦翰等數人，履行嚴謹，節義深厚，心皆好善，意不害人，出則總邊方之寄，歸則守內庭之職，俾之兼領，亦不侵官。」（《續資治通鑑長編》卷一百三十二）先帝重用的武職太監，例如秦翰等幾個人，工作嚴謹，待人寬厚，能勝任各種職位，去邊疆能統率軍隊，回京城能侍候皇上，讓他們鎮守地方，他們也不專橫跋扈，欺負地方官。

另外，從宋真宗起，朝廷對太監的任用政策比較理性，所有帶兵太監都是臨時差遣，打完仗立即回京，不許長期擔任軍中要職。太監如有軍功，封賞不能超過武將；太監如有過錯，懲罰則比武將還要嚴厲。

非常可惜的是，這樣的政策並沒有變成宋朝皇帝的祖宗家法。等到宋徽宗即位，他既不能知人善任，又不懂恩威並用，讓一個不懂軍事且人品低劣的太監童貫總領天下兵馬，一敗於遼，再敗於金，北宋很快就完蛋了。

從羋月到劉娥

《羋月傳》第六十八集，羋月戴上純金的髮冠，披上織金的翟衣，與兒子嬴稷一起登上大殿，並排坐上王座，接受秦國群臣的跪拜和朝賀。那一刻是這部歷史劇的高光時刻，可能也是追劇觀眾最開心的時刻。在此之前，我們的女主角羋月整整受了六十七集的憋屈，她被歧視、被嘲笑、被虐待、被毒打、被囚禁、被追殺，在後宮爭鬥中，屢次陷入死局。到第六十八集，她總算熬出頭——兒子當上秦王，自己當上太后，並代替年少的兒子發號施令，統治大秦，不僅成了後宮爭鬥的贏家，同時也成了政治鬥爭的贏家。

歷史上有沒有羋月這個人呢？確實有。但她的名字未必叫羋月，我們只知道她姓羋，來自楚國，嫁到秦國，給秦惠文王生下三個兒子，被封為「八子」。我們還知道，秦國後宮嬪妃的等級是這樣的：王后最大，其次是夫人，其次是良人，其次是八子，其次是七子，其次是太使，最低等級是少使。在兒子當上秦王之前，這個來自楚國的羋八子只是後宮裡的中等嬪妃。而兒子當上秦王之後，她一步登天，被兒子和群臣奉為「太后」。她是中國歷史上第一個被稱為太后的女人，也是中國歷史上第一個以太后身分掌管朝政的女人。她執掌秦國大權將近半個世紀，直到兒子嬴稷——也就是秦昭襄王——六十歲時，才戀戀不捨地交出權柄。又過了幾十年，秦昭襄王的曾孫嬴政滅掉六國，

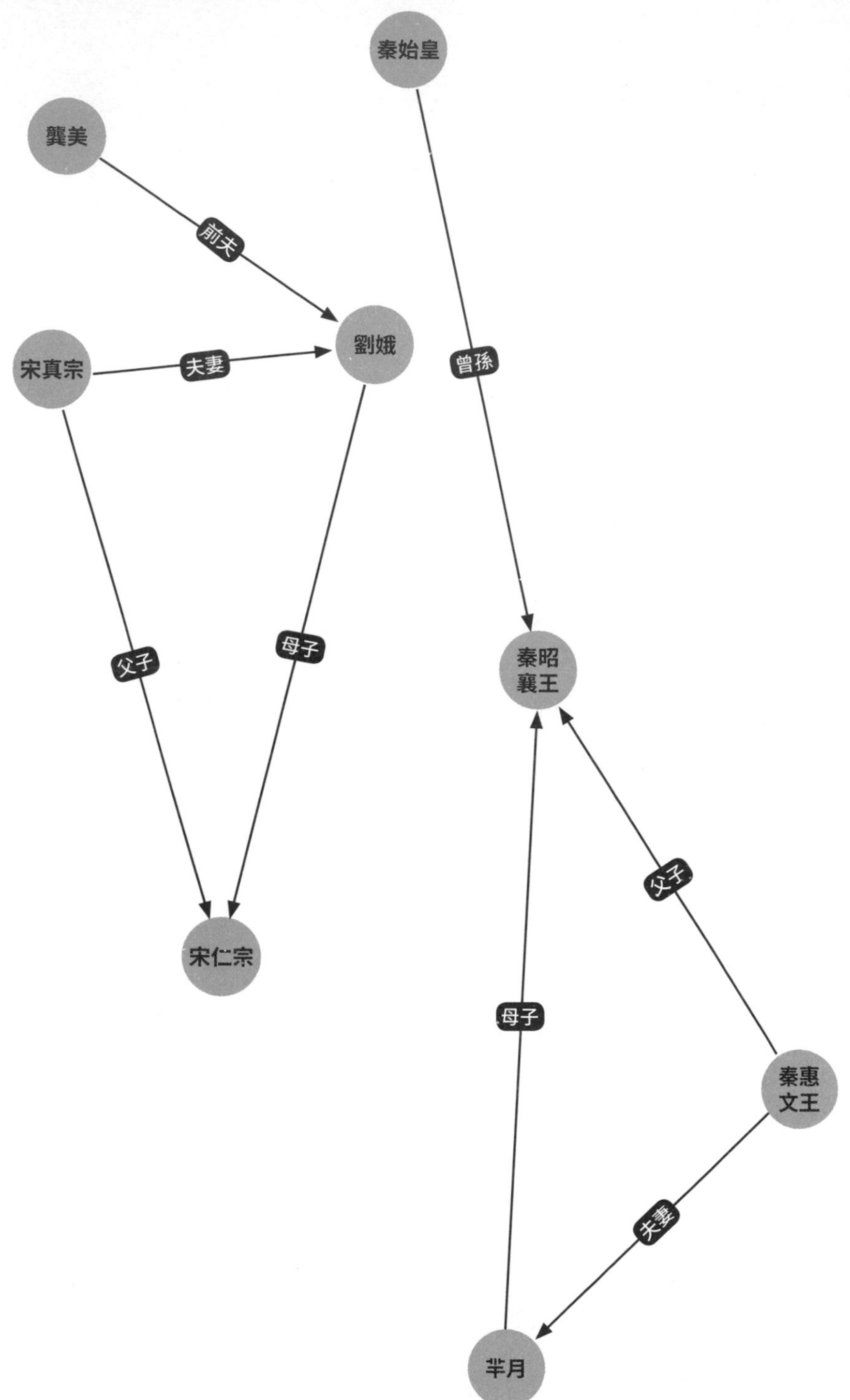

秦始皇
龔美
前夫
劉娥
宋真宗
夫妻
曾孫
父子
母子
秦昭
襄王
宋仁宗
父子
母子
秦惠
文王
夫妻
羋月

自稱「始皇帝」。

羋八子開創太后聽政之先河，她之後的二千多年裡，每逢幼君登基或者朝局不穩時，都有可能跳出來一個聽政的太后。比如，戰國時期趙孝成王的母親孝威太后、西漢時期漢惠帝的母親呂太后、東漢時期漢安帝的嫡母鄧太后、北魏時期獻文帝的嫡母馮太后、盛唐時期唐中宗和唐睿宗的母親武則天、遼國中葉第六位皇帝耶律隆緒的母親蕭太后、北宋時期宋仁宗的嫡母劉太后、南宋初年宋高宗的伯母孟太后、南宋中葉宋理宗的嫡母楊太后、南宋末年宋恭帝的祖母謝太后、蒙元時期第三位大汗貴由的母親乃馬真、明朝萬曆年間明神宗的母親李太后、清朝前期康熙的祖母孝莊、清朝後期同治的母親慈禧，都曾經以太后或太皇太后的身分臨朝聽政。其中武則天最狠，當太后當得不過癮，乾脆把兒子一腳踢開，自己做皇帝。

古代中國是男權社會，幾乎所有的士大夫都反對女性掌權。武則天當皇帝時，即使她治國有方，詩人駱賓王仍然以「穢亂春宮」的罪名罵得她狗血淋頭。某處發生地震，某處暴雨成災，本來是自然災害，儒生們仍將天災歸罪於武則天，紛紛上書勸她退位，因為「女主居陽位」導致「天降災禍」。帝制時代長達二千餘年，為什麼只出現武則天這一個被官修史書認可的女皇帝呢？肯定不是因為女性沒能力治理國家，而是男權居上的傳統太堅實，女性治國的阻力太強大。

古代中國以儒家文化為正統，而儒家宣導孝道，即使貴為君王，也要聽從母親或祖母的教導。

照理說，太后治國是名正言順的，但這又和男權至上的思想相矛盾。所以在絕大多數朝代，太后只能在皇帝年幼之時暫時聽政。而在極個別朝代，某些君主唯恐太后把持朝政而架空君權，乾脆將皇位繼承人的母親殺掉。等到老皇帝駕崩，新皇帝即位，只有新君，沒有太后，理論上就不會再有太后聽政的可能。

殺掉皇位繼承人的母親，如此殘忍野蠻的方式是由漢武帝開創的。漢武帝七十歲那年才生下漢昭帝，他決定把皇位傳給漢昭帝之前，第一件事就是殺掉漢昭帝的親生母親鉤弋夫人，理由是「主少母壯」，「女主獨居驕蹇，淫亂自恣，莫能禁也。」（《史記・外戚世家》）皇帝年紀還小，太后正當壯年，保不齊會出現驕橫跋扈和淫亂後宮的局面。

到南北朝時期的北魏，一個名叫拓跋珪的皇帝完全繼承漢武帝的變態做法：「後宮產子，將為儲貳，其母皆賜死。」（《北史》）後宮嬪妃生了兒子，凡是要立為太子的，其母親都要被殺。

諷刺的是，這種極端方式並沒能擋住太后專權。皇帝殺掉太子的親媽，太子卻還有一個奶媽。親媽沒機會臨朝聽政，奶媽的機會就來了。比如說東漢後期，漢順帝的親媽被殺，奶媽宋娥開始專權；漢安帝的親媽死於宮鬥，奶媽王聖把持朝政。再比如說北魏時期，拓跋嗣、拓跋燾、拓跋濬，連續三代皇帝的親媽都被賜死，而他們的奶媽慕容氏、竇氏、常氏，先後被封為「保太后」，意思就是「保姆太后」。這三位保姆太后都擁有極大的威望，都曾經垂簾聽政，堪稱歷史上權力最大的保姆。

宋朝皇帝不像漢武帝和北魏皇帝那樣殘忍，太子的親媽不會被殺，保姆太后不會登場，垂簾聽政者要麼是皇帝的生母，要麼是皇帝的嫡母，要麼是皇帝的祖母。特別幸運的是，宋朝這些垂簾聽政的太后都表現得相對克制，相對理性，沒有一個人被私欲沖昏頭腦，把國家搞得一團糟。

宋朝最著名的垂簾聽政者是宋仁宗的嫡母劉太后，她芳名可考，名叫劉娥。宋朝所有臨朝聽政的太后當中，劉娥有五項之最：

一是出身最低——孤兒出身，從四川逃荒到開封，先嫁給一個名叫龔美的銀匠，然後才改嫁宋真宗；

二是故事最多，她是戲曲《狸貓換太子》裡的大反派，為爭寵，用剝皮的狸貓換走並試圖殺死另一個嬪妃生下的皇子，也就是後來的宋仁宗；

三是聽政最早，她是宋朝第一個垂簾聽政的太后；

四是聽政時間最長，垂簾長達十餘年；

五是能力最強，執政期間殺伐決斷雷厲風行，簡直就是武則天的翻版。

劉娥劉太后是怎麼垂簾聽政的呢？《宋史》和宋代典章彙編《皇朝類苑》略有記載。她每五天上一次朝，每次上朝都和皇帝並排坐，她坐在右側，年幼的宋仁宗坐在左側。宋仁宗面前沒有隔簾，而劉娥面前有一道用珠子編成的隔簾，她可以看到群臣，群臣則看不清她的面容，這也是「垂簾」聽政的由來。但是只要有緊急軍情，她可以隨時在偏殿召見大臣、處理國事，這時候不算正式朝會，她和大臣之間沒有那道簾子。

正式朝會上，宋仁宗肯定要穿龍袍。劉太后穿什麼呢？也是龍袍，只不過龍袍上的花紋比宋仁宗少兩道。宋仁宗聖誕，叫作「乾元節」，大臣要祝壽，小臣要放假；劉太后過生日，叫作「長寧節」，同樣是小臣放假、大臣祝壽。宋仁宗有一個玉璽，那是皇權的象徵；劉太后則有一個玉寶，那是太后臨朝的權力象徵。宋仁宗和群臣講話，自稱「朕」；劉太后和群臣講話，自稱「吾」。

總而言之，劉娥雖然是宋仁宗名義上的母親，實際地位仍然要比宋仁宗低半級。換句話說，她可以輔佐皇帝，但不能代替皇帝。

當詩人遇到皇親

宋朝文壇大腕歐陽修，身為「唐宋八大家」之一、北宋古文運動的領袖，朋友圈肯定不缺知名人物。比如說，曾鞏是他的學生，蘇東坡和蘇轍是他擔任主考官時取中的門生，包拯是他的同僚，〈滄浪亭記〉作者蘇舜欽是他的好友，〈岳陽樓記〉開篇「滕子京謫守巴陵郡」的那位滕子京也是他的好友……

還有一個人，名氣可能不算最大，但在歐陽修朋友圈裡出現的頻率最高，和歐陽修交往的時間最長，兩人的關係最密切。這個人是誰呢？他叫梅堯臣，是和歐陽修同時代的詩人。

歐陽修在青年時代就認識梅堯臣。那時候，歐陽修考中進士，通過公務員選拔考試（時稱「銓試」），被朝廷派到洛陽當留守推官，相當於市長助理。梅堯臣則在洛陽某縣當主簿，相當於縣政府辦公室主任。他們倆在公務上有往來，又都能詩善文，於是結成過命之交。

梅堯臣字聖俞，比歐陽修大五歲，在家排行第二，在整個家族同輩兄弟中排行第二十五。所以，歐陽修非常親切地喊他「聖俞二哥」，有時候也喊「聖俞二十五兄」。蘇東坡是歐陽修的門生，比梅堯臣低一輩，給梅堯臣寫信時，總是尊稱「梅二丈」，翻成現代白話就是「梅二大爺」。這個稱呼既隆重又親切，就像中國相聲社團德雲社的雲字科和鶴字科弟子稱呼于謙「于大爺」一樣。

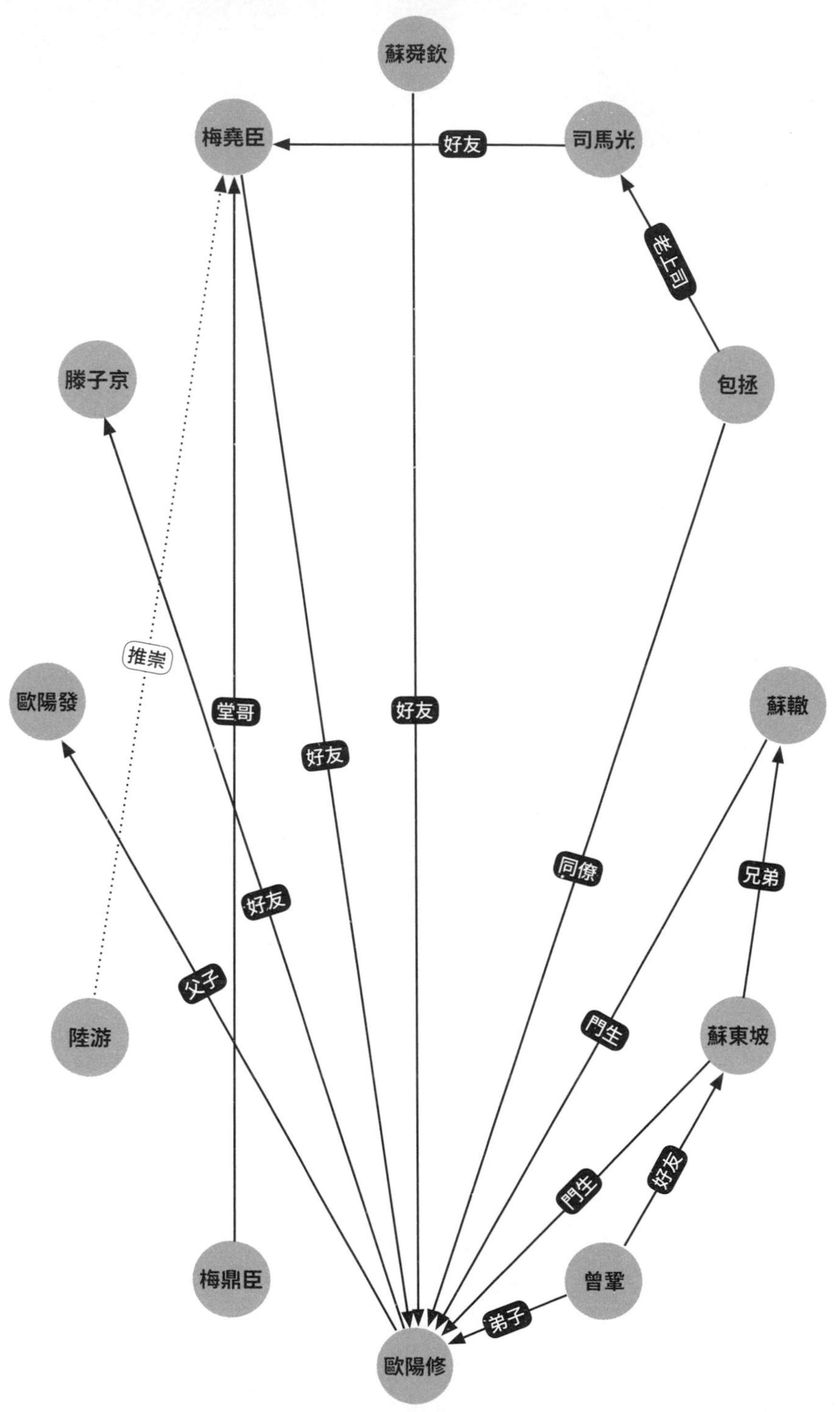

蘇舜欽
梅堯臣
好友
司馬光
老上司
滕子京
包拯
推崇
歐陽發
堂哥
好友
好友
蘇轍
同僚
兄弟
好友
父子
門生
陸游
蘇東坡
門生
好友
梅鼎臣
曾鞏
弟子
歐陽修

于謙于大爺三大愛好，天下皆知：抽菸、喝酒、燙頭。梅堯臣梅大爺生在宋朝，當時還沒有菸草，也沒有燙頭的時尚，但他有一樣愛好和于謙雷同：喝酒。蘇東坡很生動地描寫道：「梅二丈長身秀眉，大耳紅頰，飲酒過百盞。」梅二大爺身材魁梧，一雙劍眉，大耳朵，紅臉龐，喝酒能喝百餘杯。

多年以後，歐陽修調回京城開封，梅堯臣也去了京城。他們都沒有房子，一個在東城租房，一個在南城租房。每到休假的日子，要麼歐陽修騎馬去南城找梅堯臣下棋，要麼梅堯臣步行去東城找歐陽修喝酒。梅堯臣少年時在江南生活過，燒得一手好菜，尤其擅長煮魚，歐陽修去他的住處會拎上幾條鮮魚，讓他下廚。

歐陽修父親死得早，靠叔父資助才完成學業，做官以後，錢包依然不鼓，租住的房子地勢低窪，一下雨就被淹。宋仁宗嘉祐二年（一〇五七年），夏天暴雨，歐陽修床底下小溪潺潺，灶堂裡有青蛙鳴叫，只能用瓦盆往外舀水（歐陽修〈答梅聖俞大雨見寄〉：「蝦蟆鳴灶下，老婦但欷歔。」）。梅堯臣擔心好朋友揭不開鍋，送去慰問和乾糧。

梅堯臣父親倒健在，可惜是個平民百姓。梅堯臣十二歲那年，被送到做官的叔父家裡，也是靠叔父資助才完成學業。比歐陽修更倒楣的是，他在科舉上屢戰屢敗，到五十歲還沒中進士，靠叔父的關係才當上小官，俸祿微薄，收入比歐陽修低得多。兩人交往幾十年，更多時候是歐陽修接濟他，而不是他接濟歐陽修。

歐陽修給梅堯臣寫過一首詩：「我今俸祿飽餘剩，念子朝夕勤鹽齏。舟行每欲載米送，汴水六月乾無泥。」（〈寄聖俞〉）我現在的俸祿吃不完，想起你一日三餐只吃鹹菜，過意不去，想送一船大米給你，可是汴河裡的水都乾了，暫時不能行船。

梅堯臣也給歐陽修寫過一首滿懷感激之情的詩：「昔公處貧我同困，我無金玉可助公。公今既貴我尚窘，公有縑帛周我窮。」（〈永叔贈絹二十匹〉）過去你和我一樣窮困潦倒，我沒錢幫你；現在你寬裕了，我照舊，你用絲綢來周濟我。這首詩的題目是〈永叔贈絹二十匹〉，說明歐陽修一次送他二十匹絲綢。

歐陽修中晚年出任地方官，收到什麼好東好西，也不忘分給梅堯臣一份。寄給梅堯臣的信裡，有一篇寫道：「陰雨累旬，不審體氣如何？北州人有致達頭魚者，素未嘗聞其名，蓋海魚也，其味差可食，謹送少許。不足助盤饗，聊知異物。」（〈與梅聖俞〉）這十來天一直下雨，不知道你的健康有沒有受到影響？北州有人送我「達頭魚」，我從來沒聽過，應該是一種海魚吧？味道還不錯，送一些給你。東西不多，不夠你塞牙縫，僅供嘗鮮，聊表心意。

梅堯臣先後娶過兩個妻子，總共生下五男二女。收入低，孩子多，導致他經濟上更加困難。歐陽修的兒子歐陽發回憶道：「梅聖俞家素貧，既卒，公醵於諸公，得錢數百千，置義田以恤其家。」

（歐陽發〈先公事蹟〉）梅堯臣家裡一直窮困，他去世時，沒有留下遺產，兒女無人贍養，幸虧歐陽修出面幫忙，從朋友圈裡籌到幾百貫捐款，為梅家購買一批田地。

有意思的是，梅堯臣窮到這個分兒上，家裡竟然不斷有美酒。歐陽修〈歸田錄〉中敘述：

聖俞在時，家甚貧，余或至其家，飲酒甚醇，非常人家所有。問其所得，云：「皇親有好學者宛轉致之。」余又聞皇親有以錢數千購梅詩一篇者。

歐陽修去梅家，有時能喝到非常醇厚的酒，那些酒太名貴，不像是普通家庭應該有的。一問梅堯臣，才知道是一些皇親送來的厚禮，為的是能向梅堯臣學習寫詩的手藝。歐陽修還聽說有的皇親會花幾千文銅錢購買梅堯臣的一首詩。

梅堯臣寫詩絕對是高手級別，宋朝人對他評價極高。司馬光說：「我得聖俞詩，於家果何如？留為子孫寶，勝有千年珠。」（〈聖俞惠詩復以二章為謝〉）如果能得到梅堯臣一首詩，那將是最有價值的財產，可以傳給子孫後代，比千年珠寶都要珍貴。陸游說：「歐陽公之文，蔡君謨之書，聖俞之詩，三者鼎立，各自名家。」（〈《梅聖俞別集》序〉）歐陽修的散文，蔡襄的書法，梅堯臣的詩，三足鼎立，並駕齊驅，都在各自領域達到最高造詣。

歐陽修講過一個小故事，說是梅堯臣的堂哥梅鼎臣有個女兒嫁給一個大官，被封誥命夫人，進宮向太后謝恩。

太后問：「妳父親姓甚名誰？」

「回太后，臣妾是梅鼎臣的女兒。」

太后馬上又問：「哦，梅鼎臣，他和那個寫詩的梅堯臣是什麼關係啊？」

其實梅鼎臣老早就考中進士，官位比梅堯臣高得多，但是太后只聽說過梅堯臣，沒有聽說過梅鼎臣。這當然是因為梅堯臣寫詩太好、名氣太大的緣故。

詩歌是藝術，一首好詩如同一首好歌和一部好電影一樣，會受到大家的追捧，這首好詩的作者也會被大家視為明星。太后高居深宮大內，聽過梅堯臣的大名並不奇怪，奇怪的是，皇親們貴為龍子鳳孫，為什麼會屈尊給梅堯臣送去美酒，不恥下問地向梅堯臣這個窮書生請教怎樣寫詩呢？

表面上看，是他們愛詩，想學會寫詩。本質上講，是學習寫詩的行為和創作一首詩的技藝能給這些皇親帶來巨大的利益。為啥這樣說呢？您聽我仔細解釋。

宋朝皇帝為徹底杜絕皇室宗親爭奪寶座的可能性，從宋太宗開始就形成一套祖宗家法：除了已經被確立為太子的皇族子弟，或者即將被確立為太子的皇族子弟，其他所有皇親都不能擔任高官，更不能執掌兵權，甚至不能正常地參加科舉考試（除非經過皇帝特許），只能老老實實地待在家裡，靠朝廷發放的生活費度日。

這套家法到南宋才有所鬆動，而在整個北宋，沒有哪個皇親敢於觸犯，他們都被管束得死死的，即使才能出眾，即使有心報國，皇帝也不會給他們掌權的機會。

皇親們錦衣玉食，衣食無憂，卻不能擔任朝廷的重要工作，總得給他們一些事來做。在皇帝看來，皇親們最適合做的事，就是搞搞文藝，畫個畫啦，寫個詩啦，玩個音樂啦，琢磨琢磨茶道、香道和棋道啦，既安全，又高雅，不但不會對皇權構成威脅，還能提升他們老趙家的門面和美譽度。大臣們提到皇親都會翹大拇哥：「哇，還是本朝皇家基因優秀，淨出文藝家！」

皇帝的叔父、伯父、堂叔、堂伯、侄子、侄孫，以及沒有當上太子的皇子，都是皇親。這些人一生下來就有官職，但是高低有別，能從朝廷領到的生活費差異極大。有的皇親頂著低級武官的虛銜，每月只有二十貫生活費；有的皇親頂著節度使的虛銜，每月能有四百貫生活費。而決定皇親官職級別的關鍵因素有兩個，一是與皇帝的親疏關係，二是個人的文藝修養。

宋仁宗在位時，每年除夕都會率領皇親集體祭祖，每次祭祖之後都會讓皇親比賽背詩和寫詩，凡是比賽中表現突出的皇親都會得到豐厚的賞賜，官位和生活費也會提升一大截。

梅堯臣後半生正是生活在宋仁宗時期，皇親們為贏得比賽和升官發財，給他這位詩壇領袖送去美酒，想學習學習寫詩的本事，也就不足為奇了。

公主相親

李清照有個外公，名叫王珪，是宋神宗在位時的宰相。北宋官員李清臣給王珪撰寫神道碑時說：「女，長適鄆州教授李格非。」（〈王文恭公珪神道碑〉）王珪的大女兒嫁給時任鄆州教授的青年才俊李格非。李格非是李清照的爸爸，所以王珪是李清照的外公。當然，史學界還有一種考證，說歐陽修的同年進士、北宋狀元名臣王拱辰才是李清照的外公。但這種考證是錯誤的，後文會詳細解釋，這裡暫且不提。

下面我們要講的故事，和李清照的正版外公王珪有關。

這個故事發生在宋神宗熙寧年間（一〇六八～一〇七七年）。話說有一天，散了早朝，宋神宗叫住王珪，吩咐道：「王相公（宋朝人尊稱宰相為『相公』），昭陵二女，皆朕之姑，卿可選勳賢之後有福者尚之。」

昭陵，指的是宋仁宗，因宋仁宗埋葬在永昭陵。昭陵二女，是指宋仁宗的兩個女兒。

宋仁宗留下兩個老閨女，論輩分，是宋神宗的姑母。兩個姑母都到了嫁人的年齡，宋神宗想讓王珪幫忙做媒，從開國功臣的後代子孫裡挑選兩個駙馬。

王珪不敢怠慢，派人到處打聽，打聽哪個功臣的後代既年輕，又帥氣，有學問，並且沒有結婚。

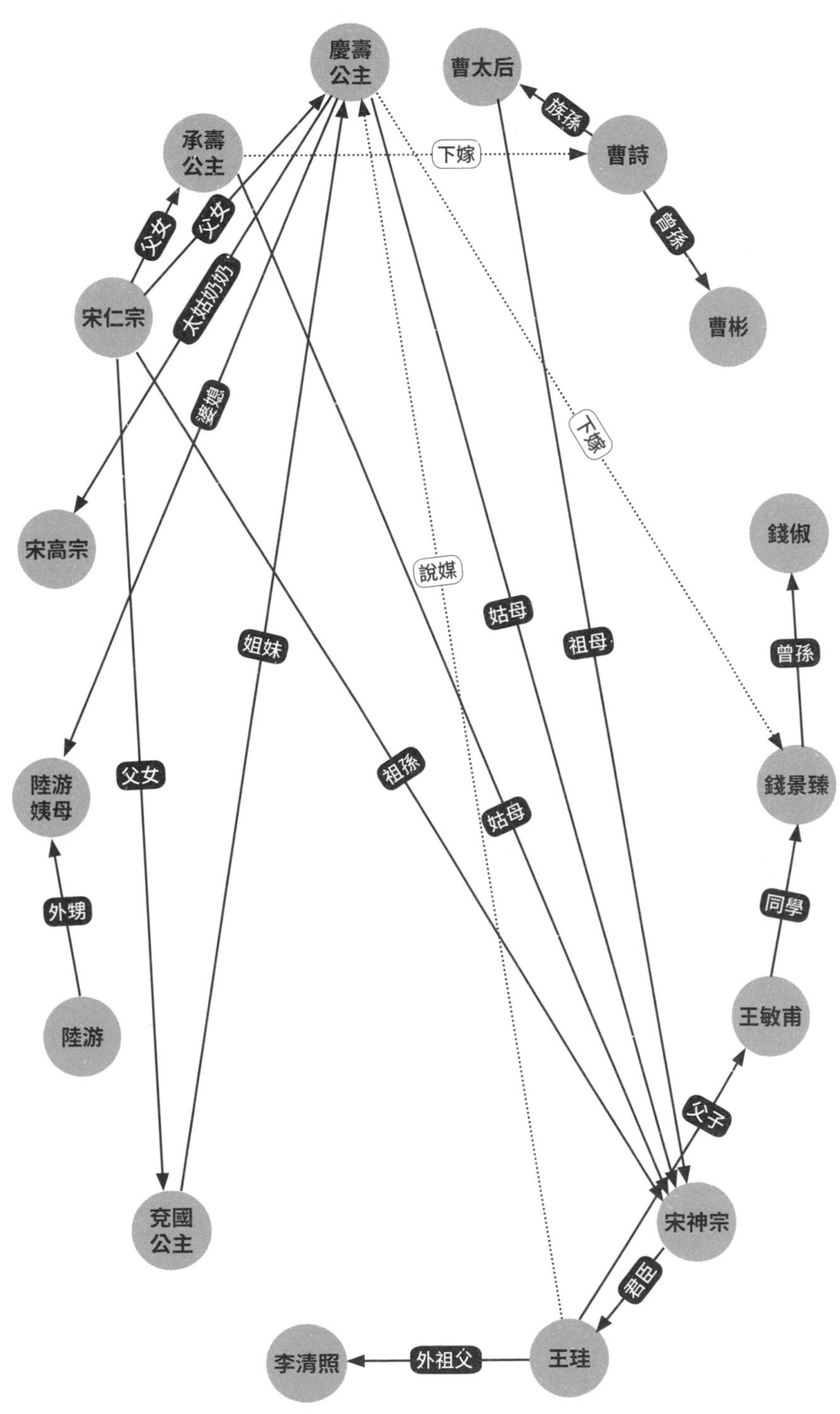

慶壽公主
曹太后
承壽公主
下嫁
曹詩
族孫
父女
父女
曾孫
宋仁宗
太姑奶奶
曹彬
婆媳
下嫁
宋高宗
錢俶
說媒
姑母
祖母
姐妹
曾孫
父女
祖孫
陸游姨母
錢景臻
姑母
外甥
同學
陸游
王敏甫
父子
兗國公主
宋神宗
君臣
李清照
外祖父
王珪

只有達到如此標準的優秀青年，才有資格迎娶宋神宗的姑母。

王珪有個小兒子，名叫王敏甫，正在太學念書，放學回家對王珪說：「近有一錢少監子，風骨不群，文采富贍，恐可奉詔。」（錢世昭《錢氏私志》）我們班上新來一個學生，聽說是錢少監的兒子，長得帥，才氣高，出類拔萃，鶴立雞群，我覺得這個小錢應該符合皇上的要求。

王珪大喜，專門安排一個飯局，讓兒子把全班同學都請來赴宴，為的是觀察觀察小錢的長相，以及檢驗一下小錢的才華。宴席過後，王珪偷偷對兒子說：「你小子說得沒錯，這個小錢確實出眾，要相貌有相貌，要口才有口才，稱得上才貌雙全。只是不知道他目前學習成績怎麼樣，你下回把他的作業帶回來幾本，讓我好好瞧瞧。」

第二天，王敏甫又把小錢的作業捎回家來。王珪一看，嗯，好，字好，文章也好。於是乎，王珪進宮覆命，向宋神宗大力推薦小錢，誇他怎麼怎麼英俊瀟灑，怎麼怎麼努力學習。宋神宗很滿意，對王珪說：「朕以前也聽說過這個小錢，他是吳越國王錢俶的曾孫，名叫錢景臻。朕這裡還有一個人選是開國大將曹彬的曾孫，名叫曹詩。朕挑個好日子，宣召他們二人進宮，讓太皇太后看看，也讓公主看看。」

幾天後，錢景臻和曹詩都接到聖旨，在太監帶領下進宮覲見。太監把他們帶到一座小小的宮殿裡，太皇太后曹氏面南背北坐著，宋神宗坐在太后旁邊，神宗背後兩旁站立許多嬪妃。宮殿左後方還掛著一個小簾子，簾子後面站著宋仁宗的老閨女，也就是那兩個待嫁的公主，一個叫慶壽公主，一個叫承壽公主。

錢景臻和曹詩向曹太后磕頭行禮，曹太后一張老臉樂開花，吩咐兩個年輕人平身近前，讓她細看。曹太后先對曹詩說：「你是我們曹家的子孫，論輩分是我的娘家侄兒，你小時候跟著你母親進宮，我還見過你呢！這幾年不見，現在都長這麼大了。」又拍著錢景臻的肩膀說：「錢郎，好女婿！」意思是誇錢景臻人才出眾，有資格做皇家的女婿。

宋神宗在旁邊笑道：「是個享福節度使！」意思是誇錢景臻有福氣，將來娶了公主，有資格封為節度使（節度使是宋朝皇族、宗室和外戚所能封到最高級別的武官虛銜），享不盡的榮華富貴。

錢景臻叩頭謝恩，滿面惶恐，很謙遜地表示自己配不上太后和皇帝的誇獎。

曹太后向簾子前面侍立的宮女招招手。宮女會意，走到簾子後面，悄聲詢問慶壽公主和承壽公主的意見。過一會兒，宮女走出簾子，向曹太后躬身施禮，一邊行禮，一邊點頭。曹太后知道，兩位公主分別看上錢景臻和曹詩，當即口傳懿旨：「錢景臻可尚慶壽公主，曹詩可尚承壽公主。」

懿旨一出，滿殿的宮女和太監都向太后和神宗磕頭道賀，錢景臻和曹詩也趕緊謝恩。宋神宗吩咐太監把兩個小夥子領到偏殿更衣，讓他們換上御賞的錦袍和玉帶，然後又賜宴，每人賞五杯御酒。

酒宴結束，錢景臻和曹詩連袂出宮，各回各家。他們來的時候單槍匹馬，走的時候卻各有二十名御林軍護送，因為他們已經是皇家的準女婿了。

三天後，錢景臻與慶壽公主正式訂婚。來年開春，慶壽公主下嫁錢府，與錢景臻洞房花燭，從此兩人開始幾十年的婚姻生活。直到北宋末年，金兵攻進開封，夫妻倆帶著兒孫南逃，錢景臻死在路上，慶壽公主則一直活到南宋前期，以八十六歲高齡壽終正寢，是宋朝最長壽的公主。

遙想當年，金兵攻進開封時，慶壽公主和錢景臻的駙馬府被金兵洗劫一空。當時慶壽公主年過五旬，所以被金兵放過，沒有像其他大多數公主一樣被擄往北國。但是，金兵放過慶壽公主，土匪卻沒有放過她——沿路搶劫的土匪們截住慶壽公主一家，逼迫公主獻出錢財。公主拿不出錢，土匪一怒之下，當場殺死她的二兒子。她的駙馬錢景臻也年過五旬，因痛失愛子，再加上逃難途中缺衣少糧，生了一場大病，沒等渡過長江，就一命嗚呼。

一一二七年，慶壽公主攜兒帶女逃到揚州，在揚州暫時安頓下來。隨後她收到宋高宗的邀請，以太姑奶奶的身分備受優待，她和她兒女的一切生活開支都被朝廷承包下來。然後呢？慶壽公主非常恬淡地度過餘生。

查《宋史．公主列傳》，慶壽公主還有好幾個稱號。下嫁之前，她是慶壽公主；下嫁之後，她被宋神宗封為「秦國長公主」；宋高宗即位後，她又被封為「魯國大長公主」；後來她去世，宋高宗讓大臣擬定她的諡號，定為「賢穆明懿大長公主」，簡稱「賢穆」。我們讀宋朝史料時，如果見到「慶壽公主」、「秦國長公主」、「魯國大長公主」、「賢穆明懿」或「賢穆」等稱號，不要驚訝，也不要迷茫，它們指的其實是同一個人。

南宋大詩人陸游描寫過慶壽公主的晚年生活，他對公主的稱呼是「秦國公主」，並對公主謙遜待人的品行讚賞有加。

陸游為什麼知道公主謙遜待人呢？因為他很小的時候，就跟隨母親去公主家走過親戚，拜見過公主。

陸游與慶壽公主的親戚關係有點繞——慶壽公主和錢景臻生下幾個兒子，其中一個兒子娶了陸游的姨母。也就是說，慶壽公主是陸游的姨母的婆婆，陸游是慶壽公主的兒媳的外甥。

宋朝皇帝喜歡和功臣後代結親，特別是北宋前幾個皇帝，要麼娶功臣的女兒為妃，要麼挑選功臣的兒孫當駙馬。慶壽公主之所以嫁給錢景臻，不僅因為錢景臻人才出眾，還因為錢景臻是吳越國王的後代——吳越國王錢鏐和錢俶父子主動歸順大宋，沒有讓宋太祖和宋太宗浪費一刀一槍，白白獲得江南一大片國土，絕對是大宋的功臣。

有意思的是，宋朝皇帝雖然和功臣聯姻，卻從來不讓這些功臣外戚進入權力核心，以此來規避外戚專權的風險。比如說慶壽公主的老公錢景臻，雖說富有才華，但他娶了公主，就只能一輩子老老實實待在駙馬府裡，領著極高的俸祿，過著奢華的生活，戴著很大的烏紗帽，唯獨沒有實權。

宋朝的公主備受約束，和飛揚跋扈的唐朝公主完全不一樣。唐太宗的妹妹平陽公主、唐高宗的女兒太平公主、唐中宗的女兒安樂公主，不僅在歷史上聲名顯赫，而且成了影視劇裡經常出現的角色。可是宋朝的公主呢？如果不去翻查《宋史．公主列傳》，您能講出一個大宋公主的名字或者封號嗎？估計很難。

為什麼唐朝公主出盡風頭，宋朝公主卻默默無聞呢？因為宋朝的皇帝嚴厲禁止公主出風頭。

隨便舉個例子。宋仁宗的大女兒兖國公主，也就是今天故事主角慶壽公主的親姐姐，備受宋仁宗寵愛。宋仁宗為了讓寶貝女兒有面子，讓翰林學士為兖國公主撰寫一篇文章。但是，所有的翰林學士都抗命不聽，集體向仁宗進諫：「皇上，您這樣做完全不合祖宗法度，我們只負責處理軍國重事，哪能為公主寫文章呢？如果您開創這個先例，將來您的接班人也會學模仿，公主的權力漸漸大起來，就有可能形成外戚威脅朝廷的局面，甚至還有可能產生公主謀奪皇位的風險，對朝廷不利，對她們自己也不利啊！」

正是因為有朝中大臣的制衡，有祖宗家法的約束，所以宋朝的公主都沒什麼實權，她們只能讀讀詩書，學學女紅，為了皇權穩固，被迫克己復禮，在枯燥單調的漫長生涯中修煉出謙遜的性格和優雅的禮節。

我覺得，這是公主的悲劇，但卻是皇權穩固的一種保障。

貴妃搶房

北宋時期，開封內城東南角有一座城門，叫「麗景門」，俗稱「舊宋門」，又叫「老宋門」。出了這道城門，再往東走不遠，有一個社區，叫「汴陽坊」。聽名字就知道，該社區位於汴河北岸。水南為陰，水北為陽，汴水之北，故名汴陽。

古人迷信風水。假如不從「理氣」（諸如九宮飛星）上推算，只從「巒頭」（可以粗略理解為地勢）上觀測，則汴陽坊北邊地勢高，南邊地勢低，又有汴河曲曲彎彎地從前方流過，堪稱環山抱水，屬於上上之宅。用大俗話來講，就是風水好得不得了。

這麼好的風水寶地，誰有資格住呢？北宋初年，宋太祖從汴陽坊裡指定一處豪宅，分給南唐後主李煜的弟弟李從善。

那時候，南唐還沒有被大宋吞併。但在大宋威懾之下，南唐後主不得不派弟弟李從善北上開封，進獻貢品。貢品被宋太祖笑納，弟弟卻沒有被宋太祖放走。宋太祖對李從善說：「你們南唐遲早都會併入大宋版圖，你哥哥也會來開封投降，又何必回去呢？我在汴陽坊賜給你一處宅子，搬過去住吧！」

九七五年，南唐被攻占，李煜被俘虜，宋太祖又在城北賜給李煜一處宅子，大致位置就在今日

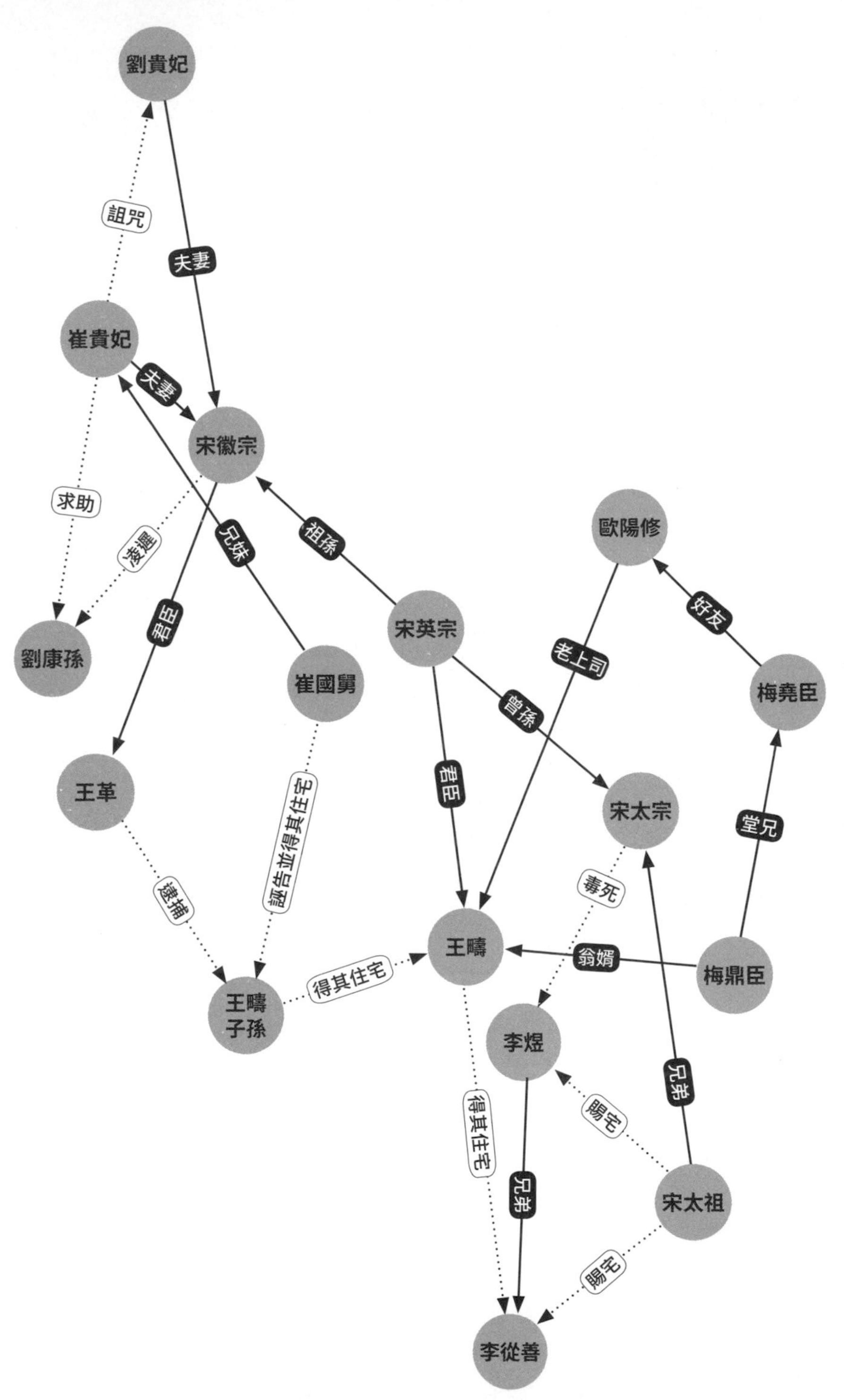

劉貴妃
詛咒
夫妻
崔貴妃
夫妻
宋徽宗
求助
凌遲
兄妹
祖孫
歐陽修
好友
劉康孫
君臣
崔國舅
宋英宗
老上司
梅堯臣
曾孫
王革
誣告並得其住宅
君臣
宋太宗
堂兄
逮捕
毒死
王疇
翁婿
梅鼎臣
得其住宅
王疇子孫
李煜
兄弟
得其住宅
賜宅
兄弟
宋太祖
賜宅
李從善

開封龍亭區的孫李唐新村（原名「遜李唐」）。哥哥李煜住孫李唐，弟弟李從善住汴陽坊，兄弟倆一在城區西北，一在城區東南，都做了大宋的順民。

可惜他們當順民也當不長。宋太宗即位後，害怕南唐臣民打著李煜的旗號起來造反，派人毒死李煜。又過幾年，李從善也死了，享年只有四十八歲。從常理推測，估計也不是善終。

李從善一死，汴陽坊的豪宅就空出來了。宋英宗在位時，那處房產被賜給大臣王疇。

王疇是誰呢？他是梅鼎臣的女婿，而梅鼎臣又是著名詩人梅堯臣的堂兄，所以王疇是梅堯臣的侄女婿。梅堯臣與歐陽修相交莫逆，歐陽修主編《新唐書》，梅堯臣推薦侄女婿王疇幫忙，所以王疇曾在歐陽修手下做過事。

王疇的名氣不大，後來的官位卻很高，一直做到樞密副使，相當於國防部副部長。北宋皇帝優待大臣，有賞賜大臣住房的傳統。王疇對宋英宗忠心耿耿，所以住進李從善住過的那座房子。一〇六五年，王疇去世，汴陽坊房產沒有被收回，由他的兒孫繼續居住。但是王疇的兒孫碌碌無為，既沒有當大官，也沒什麼活動能力，不能保住那處房產，最後竟然被一個貴妃娘娘搶走。

對，貴妃搶房，這就是我要分享給您的故事。

這個貴妃姓崔，是宋徽宗的妃子。眾所周知，宋徽宗非常好色，是宋朝皇帝當中嬪妃最多的皇帝，崔貴妃只是其中之一。應該是一一一九年或者一一二〇年，崔貴妃得到宋徽宗的短暫寵幸，卻沒能給宋徽宗生養兒子。

看過宮鬥戲的朋友都知道，嬪妃想要得到君王的長期寵幸，不能靠姿色，必須靠兒子。崔貴妃渴望生下兒子，病急亂投醫，向名叫劉康孫的神棍求助。劉康孫精通風水術，在開封城中踏勘一遍，回來對崔貴妃說：「王氏所居，……宅中有福氣，宜請於上。」（《揮麈後錄》卷三，下同）已故大臣王疇在汴陽坊那座房屋非常好，要是能讓您的娘家人搬到那裡去住，一定能讓您如願以償地生育皇子。您不妨和皇上請示一下，把王家的房子要過來。

崔貴妃立即給宋徽宗吹枕邊風，討要王家的住宅。宋徽宗是有名的昏君，不但沒有駁斥這種無理要求，還傳旨給開封知府王革，讓王革把這事辦下來。

王革轉告王疇的子孫，王氏子孫拒絕搬遷，崔貴妃又吩咐自己的哥哥崔某去辦。歷史上沒有留下崔某的名字，鑑於此人是宋徽宗的小舅子，我們不妨喊他「崔國舅」。

崔國舅在王家門口發現，旁邊有個打造銅器的鋪子。當時奸相蔡京當政，正強行推廣一種面值很大但實際價值很小的銅錢，以此搜刮民財，填補財政赤字。為了讓這種銅錢流通下去，蔡京嚴禁民間私鑄銅錢，發現有熔化銅器鑄造銅錢者，逮一個殺一個。所以崔國舅去開封府誣告：「王諸子與鄰人盜鑄！」王疇的那幫不肖子孫正在和鄰居合夥鑄造銅錢，快去逮他！

開封知府王革沒能完成宋徽宗交辦的任務，正發愁呢，接到崔國舅的舉報，當然如獲至寶。王革逮捕王疇的子孫，沒收王疇的家產。王家房子被收回，崔國舅搬了進去。

靠陰謀詭計搶到房子以後，崔貴妃有沒有如願以償生下皇子呢？當然沒有。她不但沒生兒子，還將自己的妃位連同娘家人一起賠進去。一一二一年，崔貴妃被宋徽宗貶為庶人，她的哥哥、嫂子、姐姐、妹妹統統被流放，那個神棍劉康孫則被凌遲處死。此時距離崔貴妃搶到房子還不滿一年。

宋徽宗為什麼會懲處崔貴妃及其同黨？是得知貴妃搶房、國舅誣告，從而良心發現、伸張正義嗎？您要是這麼想，那就把宋徽宗看得太高。宋徽宗很可能從一開始就知道王疇的子孫並沒有私鑄銅錢，但是為了滿足嬪妃的願望，他寧可睜一隻眼閉一隻眼，寧可讓大臣的子孫含冤受屈。

那為啥還要懲處崔貴妃呢？因為崔貴妃也受到別人的誣告，而宋徽宗居然相信那誣告有憑有據。

是誰誣告崔貴妃？當然是別的嬪妃。嬪妃們彼此爭寵，爾虞我詐，宮廷內鬥之激烈絲毫不亞於官場。別的嬪妃見到崔貴妃受寵，非常妒忌，處處找崔貴妃的茬兒。崔貴妃恰好又囂張跋扈，很容易被找茬兒。

一一二一年，宋徽宗的另一個寵妃劉貴妃病逝，後宮集體為其舉哀。崔貴妃不屑於假裝哀痛，臉上沒有絲毫悲戚之色。讓宋徽宗心中不悅，其他嬪妃趁機誣告：「崔氏姐弟（原文如此，實際應為「崔氏姐兄」）夜祠祭，與巫覡祝詛叵測！」報告皇上，崔貴妃和她哥哥請神請鬼，詛咒別人，劉貴妃可能就是被她詛咒死的！

宋徽宗開始訊問崔貴妃，崔貴妃矢口否認，還發了脾氣。宋徽宗更加惱怒，將崔貴妃信任的神棍劉康孫送交開封府嚴加逼供。劉康孫在供狀上寫道：「實嘗以上及崔妃所生年月禱神求嗣，且祈固寵，咒詛則無之。」崔貴妃曾經把皇上和她自己的生辰年月給我，讓我推算何時能生皇子，又讓我求神保佑她得到皇上的長期寵幸，除此之外，我們實在沒有詛咒過任何人。

劉康孫的供狀也許屬實，但即使沒有詛咒之事，崔貴妃還是犯下大罪。要知道，古代中國皇帝大多迷信，決不允許外人知道自己的生辰八字，以免被權臣或仇人進行所謂的「魘鎮」。崔貴妃私自洩露皇帝生辰給劉康孫，劉康孫又膽敢推算皇帝的八字，這都是宋徽宗不可容忍的行為。所以，崔貴妃不再是貴妃，崔國舅不再是國舅，劉康孫還是劉康孫，但卻成了被凌遲的劉康孫。

故事講完，請允許我再談談感想。

第一，風水真的不可信。

如果您仔細研讀過風水書籍，就知道這門所謂的學問有太多自相矛盾、不可調和之處，充斥著混亂的概念和搞笑的邏輯。如果您沒讀過或者讀不懂風水書籍，那也無妨，請從頭再讀一遍崔貴妃搶房的故事，然後試想一個簡單的道理——如果真像神棍劉康孫所說的那樣，汴陽坊「宅中有福氣」，崔貴妃怎麼敗得那麼快、那麼慘呢？

第二，宮鬥真的不必要。

忙於宮鬥的嬪妃是這顆星球上最可憐也最愚蠢的群體。她們坐井觀天，長期內耗，將皇帝的寵幸當成唯一的資源，像蛆蟲一樣爭搶，只會害人，不會創造任何價值。而我們身為現代人，一定要開闊眼界，拓展資源，靠創造價值來實現自我，千萬不能墮落到爾虞我詐的地步。

第三，法治真的能保護我們所有人。

崔貴妃想從王疇子孫手裡搶到房子，靠的是誣陷，誣陷人家私鑄銅錢。她有證據嗎？沒有。但她有關係，有皇帝給她撐腰，有知府給她辦事，於是王氏子孫被抓，汴陽坊住宅被奪。

別的嬪妃想把崔貴妃鬥趴下，靠的也是誣陷，誣陷崔貴妃詛咒別人。那些嬪妃有證據嗎？也沒有。但她們能讓宋徽宗對崔貴妃起疑心。皇帝對誰起疑心，誰就難以自保，崔貴妃難道還能請律師為自己辯護嗎？

在權力凌駕於法治的環境下，每個人都可能含冤受屈，每個人都是朝不保夕。大臣的子孫不安全，皇帝的嬪妃不安全，連皇帝本人也未必安全——宋徽宗的昏庸統治已經搞得民怨沸騰，就算金兵不來攻打，他也不可能長期執政。

被追擊的太后

一一二九年深秋，南宋剛建立不久，金兵又殺過來。宋高宗招架不住，帶著一批文武大臣逃往江蘇。而他名義上的母親——當朝太后孟太后則帶著另一批大臣逃往江西。

為了保衛孟太后的安全，宋高宗派出萬餘名御林軍護駕。但他沒有料到，這些御林軍不夠忠心，擔心金兵追上來小命難保，一路上不斷開小差，能溜的都溜了。抵達南昌時，太后身邊只剩下幾十個官兵，還有兩百多個沒有戰鬥能力的太監和宮女。

太后在南昌還沒站穩腳跟，探馬來報：「金兵勢大，目前離我們只有幾百里，前線守軍都被打散，您老人家必須馬上轉移！」太后一聽，接著往南逃。

太后年紀大，不能騎馬，只能坐轎，太監和宮女們大多步行，所以走得很慢。金兵則是快馬加鞭在後面追，才半天工夫就快追上來了。太后一行聽見身後雷聲隱隱，隨後這雷聲愈來愈大，愈來愈響，轟隆轟隆，轟隆轟隆……老太后掀開後面的轎簾，朝東北方向望去，只見塵土飛起，如烏雲一般遮住北方的天空。很顯然，那是大隊金兵急行軍掀起的煙塵。緊接著，漫天煙塵裡傳來隱約可辨的喊殺聲，嘰哩咕嚕的女真語當中夾雜著「活捉南朝太后」的漢人喊話。

幾個太監撒腿就溜，眾宮女面無人色，護駕的官兵首領衝到太后轎前，請示道：「這支金兵至

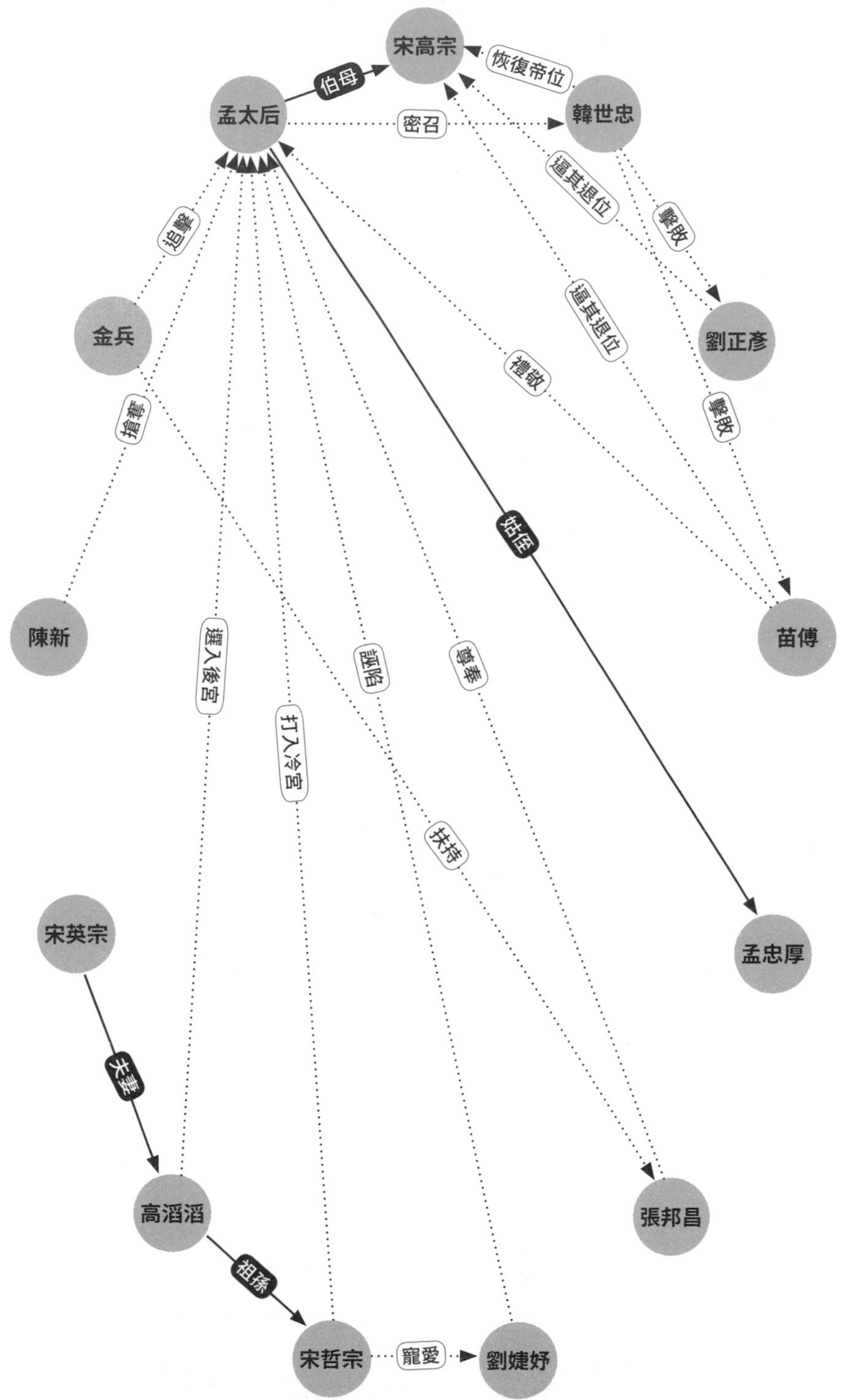
宋高宗
恢復帝位
伯母
孟太后
密召
韓世忠
逼其退位
擊敗
追擊
劉正彥
金兵
逼其退位
禮敬
擊敗
搶奪
姑侄
陳新
苗傅
選入後宮
誣陷
尊奉
打入冷宮
扶持
宋英宗
孟忠厚
夫妻
高滔滔
張邦昌
祖孫
宋哲宗
寵愛
劉婕妤

少三萬人，我們這幾十人無論如何抵擋不住，請太后懿旨，是否改行水路？」老太后還算鎮定，她走出轎子，果斷下令：「把馬和輜重都扔掉，我們坐船！」

那是南方，到處是河，走水路很方便，但船不夠，官兵緊急徵用十幾艘民船，根本擠不下。太后、官兵、宮女和大約一半的太監上船，剩下的太監都被追到岸邊的金兵亂箭射死在水裡。

金兵分出幾千人，從附近漁民家裡搶到幾百艘船，在後面緊追不捨。其他金兵繼續走陸路，繞道去太后可能經過的州縣進行圍堵。幸虧女真人不擅長行船，路也不熟，追擊和圍堵都沒有成功。

太后一行歷盡千辛萬苦，僥倖逃出金兵的包圍，在江西吉安準備上岸。哪知道，所征民船的船主竟然聯手起來，搶走百餘名宮女！太后見吉安民風如此彪悍，不敢停留，從陸路輾轉來到贛州。

抵達贛州，人困馬乏，太后被地方官接進衙門好生照料，護駕的官兵卻無人過問。官兵去市場上購買補給品，商販拒絕出售，說官兵給的錢是假錢。雙方爭執不下，從口角發展到動手，官兵人少，吃了暗虧。這些兵一怒之下，深夜縱火焚燒商鋪，還搶了幾家富戶的財物。贛州有個人叫陳新，是當地一霸，他利用民眾對朝廷和官府的不滿，煽動百姓起義，很快召集幾萬人，將贛州城團團圍住，說要搶出太后，另立新朝。萬分危急之時，朝廷的援軍聞訊趕到，將起義軍擊潰。

又過一段時間，金兵退走，宋高宗在杭州駐紮下來，派手下最得力的武將去贛州迎接太后。再然後呢？老太后在杭州深宮安心養老，享盡榮華，一直受到宋高宗的禮敬和優待，直到一一三五年壽終正寢。

孟太后的一生相當坎坷，宋朝那麼多太后，她的經歷最曲折，際遇最奇特。

她本是武將的女兒，被宋英宗的皇后高滔滔看中，選入後宮，指給宋哲宗做皇后。高滔滔是英宗朝的皇后、神宗朝的太后、哲宗朝的太皇太后，資格老，名望高，長期垂簾聽政，權力大得嚇人，她讓宋哲宗立誰當皇后，宋哲宗就必須立誰當皇后。但是宋哲宗另有所愛，他喜歡一個姓劉的婕妤，對太皇太后高滔滔為他選聘的這個孟皇后不理不睬。

孟皇后身為皇后，卻如在冷宮，心情鬱悶，喝酒解悶，喝到爛醉，失手打死一個宮女。宋哲宗大怒，廢了她的后位，逼她出家修道，做女道士（參見《朱文公文集》補遺〈論太后不居禁中事〉）。

還有一種不同的說法，出自《宋史．后妃列傳》，說宋哲宗最寵愛的劉婕妤為奪后位，誣陷孟皇后用法術詛咒皇帝。宋哲宗半信半疑，讓人查辦，抓了孟皇后手下的幾十個太監和宮女。查案的大臣和劉婕妤串通一氣，用最殘忍的手段嚴刑逼供，將孟皇后的手下人割舌剜眼，終於審出孟皇后詛咒皇帝的「鐵證」。宋哲宗信以為真，將孟皇后打入冷宮。

北宋末年，金兵攻進開封，擄走宋徽宗、宋欽宗、皇子皇孫、皇后皇女以及所有嬪妃。孟皇后早就被廢，不在后妃名單上，竟然因禍得福，沒有落進金兵的魔爪。

金國攻進開封，卻沒有占領開封。金國統治者感覺自己沒本事直接統治大宋，所以找一個人當傀儡，讓他幫著金國人統治大宋。這個人是誰呢？就是曾經在宋徽宗手下當大臣的張邦昌。

張邦昌其實對大宋很忠心，不願篡位稱帝，他找到大宋境內碩果僅存的孟皇后，尊稱「元祐皇后」，讓她垂簾聽政。「元祐」是宋哲宗用過的年號，張邦昌想要表達的意思很明顯：大宋皇帝被俘虜，大宋皇后還在，只要有個大宋皇后在這裡鎮著，這個政權就還屬於大宋的政權。

不久，宋高宗在河南商丘稱帝，張邦昌得知消息，稟報孟皇后。孟皇后立即派侄子孟忠厚聯絡到宋高宗。宋高宗大喜，讓親信大將迎接孟皇后到商丘，尊稱她「元祐太后」，隨後改稱「隆祐太后」，孟皇后從此變成孟太后。

宋高宗於一一二七年稱帝，此後十幾年間沒有帝都，總是在金兵追殺下東躲西藏。河南商丘、江蘇鎮江、浙江寧波、浙江溫州，以及舟山、紹興、南京、揚州，都曾經做為他的臨時都城。那時候，外有金兵追襲，內有農民起義，帝位不穩，人心渙散，文官私逃者有之，武將叛變者有之。一一二九年，由於宋高宗任用貪官和寵信太監，御營將領苗傅和劉正彥在揚州發動政變，入宮逼迫高宗退位，立年僅三歲的太子趙旉為帝，並請孟太后垂簾聽政。宋高宗被迫禪位，史稱「苗劉之變」。

苗劉之變期間，叛軍對宋高宗毫不客氣，但卻對孟太后禮敬有加。孟太后假意安撫苗傅和劉正彥，私下裡召見韓世忠的妻子梁氏（評書與影視劇中「梁紅玉」的原型）進宮，透過梁氏向在外諸將傳達起兵勤王的懿旨。韓世忠接到懿旨，率領大軍趕赴揚州，苗傅與劉正彥束手就擒，宋高宗的帝位得以恢復。

對於孟太后，宋高宗實在是感激到極點。孟太后愛喝酒，宋高宗每月撥給她一千萬文銅錢，還要專門為她建一個酒廠。但這位老太后風格高尚，既不要錢，也不要酒廠，她想喝酒時，自己掏腰包，讓太監出宮去買（參見《宋會要輯稿》后妃二之三）。

現在我們來分析一下：宋高宗稱帝後，為何非要迎接這位老太后呢？苗劉之變和張邦昌被迫當金國傀儡時，為何都要請她垂簾聽政呢？難道只是因為她風格高尚嗎？

關鍵並不在於孟太后的道德，而在於孟太后的身分。如前所述，她是宋哲宗的皇后，同時也是宋高宗的伯母。一一四二年宋高宗的親媽韋太后被金國人送回杭州之前，她是兩宋唯一的紐帶，是南宋唯一的太后，是宋高宗寶座合法性唯一的公證人。有她在，南宋就在，她為宋朝皇室中任何一個人撐腰，那個人就能成為大宋政權的合法繼承人。張邦昌認識到這一點，宋高宗認識到這一點，叛軍首領苗傅和劉正彥雖然是大老粗，也能認識到這一點。本節開頭，幾萬金兵在江西境內對老太后窮追不捨，說明金國人也認識到這一點——金兵只要能捉到老太后，逼這老太太表態投降，那麼宋高宗就只能跟著投降了。

古代中國男尊女卑，女權低下，但是儒家推崇孝道，孝道要求人們把太后的地位和權力象徵性地擺到比皇帝還要高的位置，否則就是不孝。在儒教昌盛的朝代，例如宋朝，例如明朝，例如清朝，老皇帝一死，皇后立刻變成太后，權力立刻飛漲，選皇嗣，立新君，定年號，商國計，各種軍國重事都要經過太后首肯。如果皇帝尚未大婚，還必須讓太后垂簾聽政。

好在宋朝人運氣不錯，那麼多垂簾聽政的太后，沒有一個糊塗蛋，都懂得克制，都講究保守，都不敢變動朝局，她們幫助宋朝政權平穩度過一個又一個危局，堪稱大宋王朝的定海神針。而我們剛才講的這個故事的主角孟太后，則是南宋初年的定海神針。

太后的外甥趕走太后的侄子

南宋第四個皇帝宋寧宗在位時，韓侂胄做領班宰相（宋朝實行「群相制」，一群宰相共同執政，其中地位最高、權力最大者為領班宰相，當時稱為「首相」），經常請工部員外郎吳琚賞花飲酒。

在南宋，工部員外郎只是五品官，上面有工部郎中，工部郎中上面有工部侍郎，工部侍郎上面有工部尚書，工部尚書上面又有尚書左丞、尚書右丞、知樞密院、同知樞密院等副宰相，副宰相上面才是領班宰相。

也就是說，吳琚這個工部員外郎離韓侂胄這個領班宰相差著好幾級，韓侂胄為什麼會請吳琚喝酒呢？

這要從吳琚的身分說起。

吳琚出身高貴，他姑媽吳氏嫁給宋高宗，他父親吳益被封為王爺，他母親秦氏則是秦檜的孫女。現在我們說起秦檜，那絕對是過街老鼠，人人喊打；可是南宋前期，秦檜的影響力非常大。即使在秦檜死後，還有很多官員公然宣稱自己是秦檜的門生和老部下，能當秦檜的徒子徒孫讓他們覺得非常有面子。直到一二〇〇年前後，秦檜都死半個世紀了，南宋朝廷為了征伐金國，對秦檜的罪行進行清算，才將秦檜寫進奸臣傳，並追封岳飛為「鄂王」。到那個時候，南宋主流輿論才掉轉風向，

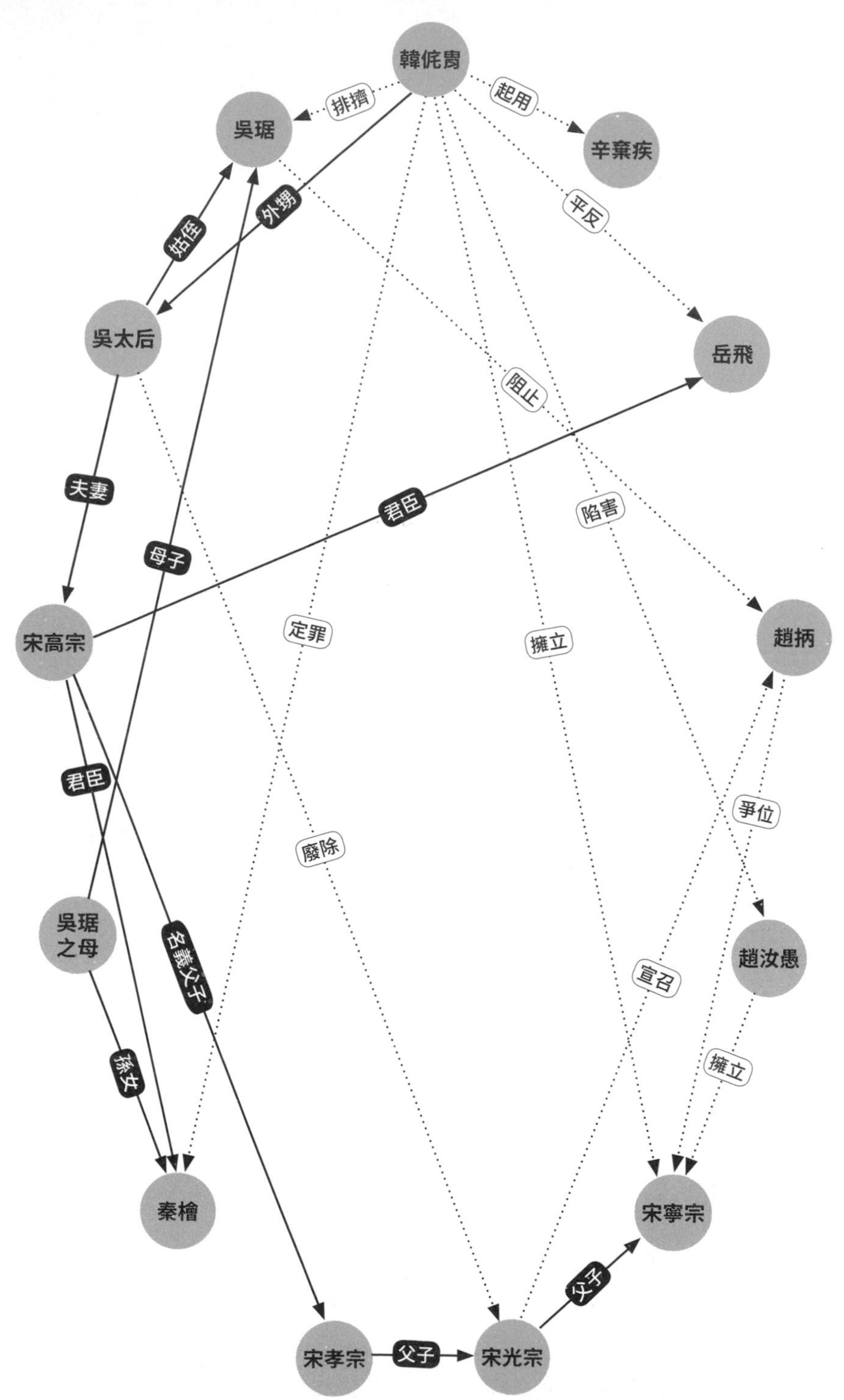

韓侂冑
排擠
起用
吳琚
辛棄疾
外甥
姑侄
平反
吳太后
岳飛
阻止
夫妻
君臣
陷害
母子
定罪
擁立
宋高宗
趙柄
君臣
爭位
廢除
吳琚
之母
趙汝愚
名義父子
宣召
孫女
擁立
秦檜
宋寧宗
父子
宋孝宗
父子
宋光宗

大臣們紛紛和秦檜撇清關係。而吳琚年輕時，和秦檜的親戚關係給他帶來很多便利，不論走到哪裡，高官們都尊敬他，至少在表面上尊敬他。

吳琚不僅出身高貴，而且很有才華。他喜歡書法，最愛臨摹米芾的作品。如果把吳琚的臨摹之作和米芾的原作放在一起，我們幾乎看不出哪一幅是原作，哪一幅是仿作。他還喜歡填詞，精通音律，會唱各種長調和小令。他的山水畫也有一定造詣，潑墨山水大氣淋漓。

吳琚在家族裡同輩兄弟當中排行第七，因他是宋高宗的內侄，被封為郡王，又因排行第七，所以被人們親切地稱為「吳七郡王」。南宋士大夫說起吳七郡王，都會挑起大拇哥：「吳七郡王，嗯，那是個才子，大才子！」

不過，韓侂胄之所以請吳琚喝酒，既不是看重吳琚的出身，也不是看重吳琚的才華，而是因為吳琚有功勞：擁立宋寧宗的功勞。

宋寧宗是宋光宗的兒子，宋光宗還沒死，宋寧宗就當上皇帝。怎麼當上的呢？被朝中大臣和太皇太后強行推到皇帝寶座上。

朝中大臣是怎麼和太皇太后裡應外合的呢？主要靠兩個人從中聯絡，一個是韓侂胄，另一個就是吳琚。

太皇太后又是誰呢？就是吳琚的姑母。吳琚和太皇太后是姑侄關係，經常出入後宮，當然便於聯絡；韓侂胄則是太皇太后的外甥，當時正負責後宮的保衛工作，更便於聯絡。

朝中大臣以副宰相趙汝愚為首，商議好廢立大計，再透過韓侂胄向太皇太后稟報。而吳琚呢？負責勸告太皇太后以江山社稷為重，聽從外面大臣的意見。

在趙汝愚的策劃、韓侂胄的聯絡和吳琚的勸說之下，太皇太后終於下定決心，迫使宋光宗退位。宋光宗退位前，精神已經不正常，不想讓親生兒子宋寧宗當接班人，竟然將侄子趙抦宣召進宮，封為公爵，計畫讓趙抦接班。

趙抦非常興奮，認為只要光宗退位，自己就能接班。太皇太后宣布廢立詔書時，趙抦在宋光宗的慫恿下，摩拳擦掌，躍躍欲試，要和宋寧宗爭奪皇位繼承權。幸虧吳琚和趙抦私交很好，強拉著趙抦欣賞書法，拖慢趙抦的腳步。等趙抦趕到太皇太后寢宮時，宋寧宗已經披上龍袍，文武百官已經在趙汝愚和韓侂胄的率領下，向宋寧宗三跪九叩、慶賀登基了。

所以說，宋寧宗登基有三大功臣：趙汝愚是功臣，韓侂胄是功臣，吳琚也是功臣。

宋寧宗登基後，先讓趙汝愚當宰相，結果趙汝愚被韓侂胄陷害，相權被奪，流放外地；隨後宋寧宗又讓韓侂胄當宰相，韓侂胄當然志得意滿，可是一想到吳琚還在，這宰相當得就有些不太安穩。

韓侂胄的想法是這樣的：吳七郡王沒有我官大，但他和我一樣，既是擁立新君的功臣，又是太皇太后的至親，假如他也想當宰相，假如他模仿我的招術，像我搞掉趙汝愚那樣，也在背地裡給我使絆子，那我就完了。不行，無論如何得讓他離開朝廷！

於是，韓侂冑每天散朝後，寧可不去參加宋寧宗舉辦的宮廷宴會，也要回自己府上招待吳琚。今天請吳琚賞花，明天請吳琚飲酒，後天請吳琚欣賞書法。他這樣做，當然是為籠絡吳琚，希望吳琚別和他作對。

有一回，韓侂冑收禮，收到一瓶百花酒，就是用多種花朵浸泡調味的酒。韓侂冑自己不喝，派人送給吳琚，並在帖子上寫道：「敬奉吳七郡王閣下，近得百花酒一樽，頗不俗，特倩下僚捧獻，聊供春盤之飲。倘蒙尊賞，幸甚過望，諒郡王友愛，不以清薄微物見怪也。」（南宋葉紹翁《四朝聞見錄》，下同）

韓侂冑這封帖子寫得很謙卑，大意是說：近日得到百花酒一瓶，不算太俗氣，特派僕人敬獻給吳七郡王閣下，希望郡王能用來佐餐。如果郡王能留下這瓶酒，對我來說真是莫大的榮幸。郡王一向待我不錯，應該不會因為禮物太菲薄而怪罪我吧？

吳琚收到百花酒，非常開心，不願獨飲，又帶著酒來找韓侂冑。兩人在韓侂冑家的花園裡席地而坐，讓廚師炒幾個小菜，一邊品嘗百花酒，一邊欣賞百花盛開的美景。

吳琚喝得開心，順口說：「宰相大人，我有一句話，你聽了可別生氣。」

韓侂冑：「郡王請講，在下洗耳恭聽。」

吳琚指著花園裡的花說：「貴府花園雖大，花的品種卻比較單一，和您這瓶百花酒並不搭配。我還記得少年之時，隨父親去成都，那裡的花琳琅滿目，處處都是奇花異草。杜工部有云：『曉看紅溼處，花重錦官城。』確實沒有一句虛設。」

韓侂胄不但沒生氣，還很高興，他順著吳琚的話頭往下帶：「既然郡王認為成都的花好，明日何不稟告聖上，請聖上派您去成都府做官呢？郡王如果不好意思開口，在下願意助一臂之力，在聖上跟前替您說句話。」

韓侂胄確實想讓吳琚去成都做官。別說去成都，不管吳琚想去哪裡做官，韓侂胄都會大力支持。因為吳琚當了地方官，就遠離了宋寧宗和太皇太后，就不可能在皇帝和太皇太后面前說他的壞話，他就沒有了後顧之憂。

吳琚還在酒興上，沒有明白韓侂胄的真實意圖，連連表示感謝：「多謝宰相大人的深情厚誼，吳琚將來到任上，一定重重酬答。」

等回到家，醒了酒，吳琚回過神來，趕緊給韓侂胄寫信。他在信中說：「太母年邁，只恐不肯放弟遠去。」他說的太母，指的是姑媽，也就是太皇太后。吳琚拿太皇太后當藉口，意思是說太皇太后年紀大，身邊沒有幾個近親，就算我想去成都做官，太皇太后也不會放我走啊！

韓侂胄讀完這封信，頓時洩氣：「哎，吳琚這傢伙太精明，不好糊弄！」

吳琚想不想去成都呢？有這個想法。可是和去成都賞花看景相比，他更留戀權力。只要留在臨安城，只要太皇太后一直活著，他就能一直升官。如果遠離太皇太后，那就沒了靠山，韓侂胄想怎麼收拾他，就能怎麼收拾他。

由此可見，吳琚不僅是個才子，也是個很有心計的人。

可惜的是，韓侂胄比吳琚更有心計。老韓不斷地在宋寧宗跟前誇獎吳琚，說吳琚有大將之才，應該派到更重要的地方擔當重任。宋寧宗最後被說動，不顧太皇太后的反對，把吳琚打發到長江以北防守金兵去了。

韓侂胄為了能當宰相，先是陷害趙汝愚，接著排擠吳琚。乍聽之下，這個人陰險毒辣，自私自利。但是，他當宰相期間，建立的功業也不小：一是為岳飛徹底平反，二是把秦檜釘在歷史的恥辱柱上，三是重新起用抗金老將辛棄疾，四是訓練出幾十萬精銳部隊北伐金國，還打了好幾場漂亮仗。這些都是韓侂胄的功勞。

只不過，由於老成持重的大臣都被韓侂胄排擠走了，朝廷的用兵方略過於冒進，前線將士又鬧內訌，才導致「開禧北伐」以慘敗收場，連韓侂胄的腦袋也被投降派砍掉，做為南宋朝廷再次求和的砝碼，被送到金國。南宋從此一蹶不振，再也沒有能力對金國發動戰爭，變得更加保守、更加退縮、更加虛弱。

設想一下，假如韓侂冑沒有趕走吳琚，沒有扳倒趙汝愚，有這兩大功臣牽制著，他肯定不敢專斷獨行、輕率冒進，北伐戰爭的結局也許會翻過來。

我想說的意思是，當一個人幹掉所有競爭對手以後，他也許不會更強大，而是更脆弱。因為權力愈大，盲區就愈多。

第二章

官場關係

宋朝容得下「小旋風」柴進嗎？

梁山一百單八將，論出身之高貴，誰也比不過「小旋風」柴進。

《水滸傳》第九回，店主人向林沖介紹柴進：「他是大周柴世宗嫡派子孫，自陳橋讓位有德，太祖武德皇帝敕賜與他誓書鐵券在家中，誰敢欺負他？」

同書第五十一回，作者用一首曲子讚美柴進：「累代金枝玉葉，先朝鳳子龍孫，丹書鐵券護家門，萬里招賢名振。待客一團和氣，揮金滿面陽春，能文能武孟嘗君，小旋風聰明柴進。」

還有第二十二回，宋江殺了閻婆惜，刺配江州，經過柴進莊園。柴進拍著胸脯說道：「兄長放心，便殺了朝廷的命官，劫了府庫的財物，柴進也敢藏在莊裡！」

這幾段情節表明，柴進是五代十國時期後周世宗柴榮的後代，既是前朝的龍子鳳孫，又是宋朝的特權階層。遙想當年，柴榮駕崩，幼帝柴宗訓即位，禁軍統帥趙匡胤在陳橋發動兵變，年僅七歲的幼帝被迫禪位。趙匡胤為收買人心，沒有馬上殺掉柴宗訓，反倒賜給這位前朝小皇帝一塊丹書鐵券，讓他傳給子孫後代，世世代代享有免罪特權。柴進做為柴姓子孫，有這塊丹書鐵券在手，相當於有大宋皇帝保駕護航，所以膽敢窩藏凶犯，膽敢款待盜賊，膽敢結交與朝廷作對的梁山好漢。

所謂「丹書鐵券」，其實是一份鐵鑄的承諾書，上面鑄刻著皇帝對臣子的承諾。承諾內容基本

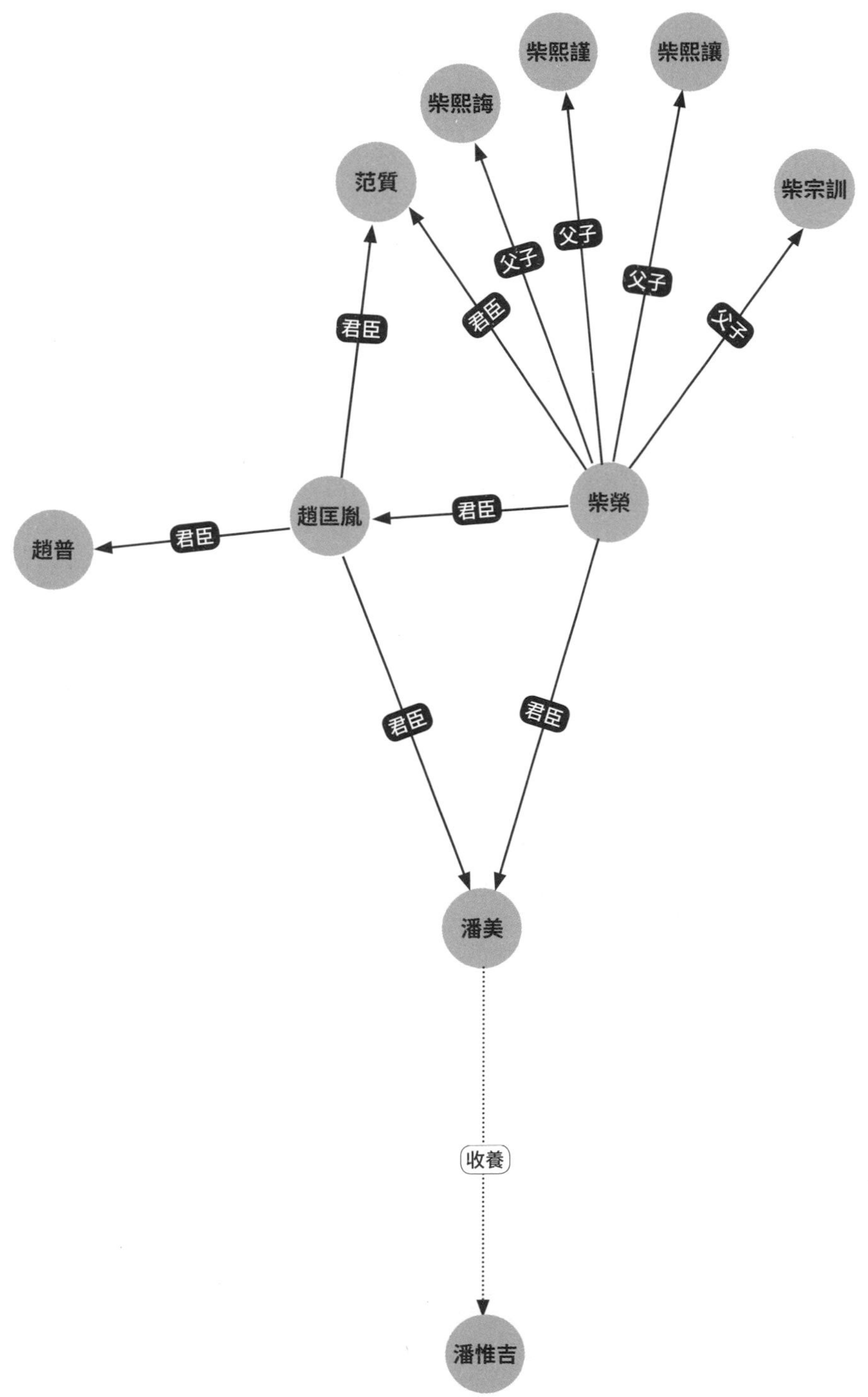
柴熙謹
柴熙讓
柴熙誨
范質
柴宗訓
父子
父子
父子
父子
君臣
君臣
趙匡胤
柴榮
君臣
君臣
趙普
君臣
君臣
潘美
收養
潘惟吉

上是這樣子：「你立有大功，朕非常感激，以後你和你的子孫只要不造反，哪怕犯下殺人放火的大罪，朕也會赦免你們。」為了讓承諾更加醒目，陰刻文字間還要填以朱砂，或者嵌以黃金，金燦燦，紅豔豔，所以名曰「丹書」。

丹書鐵券並非傳說和藝術虛構，歷史上真的有過這種東西，而且還有過不少。

西漢初年，漢高祖「與功臣剖符作誓，丹書鐵契，金匱石室，藏於宗廟」（《漢書・高帝本紀》）。劉邦發給每個功臣一塊丹書鐵券，每塊都是一式兩份，功臣藏一份，宮裡藏一份。宮裡收藏的那批丹書鐵券被精心保存，用金盒封裝，用石屋貯藏，擺在祖宗牌位旁邊。

唐朝末年，唐昭宗獎賞吳越軍閥錢鏐平定叛亂的大功，賜給錢鏐一塊丹書鐵券，上面刻著他對錢鏐的表揚和承諾，總共三百三十三個字，全部用黃金鑲嵌。如今這塊鐵券藏在中國歷史博物館，長五十二公分，寬三十公分，厚二公分，像一塊長方形的瓦片。唐昭宗最關鍵的一句承諾被刻在鐵券末尾：「卿恕九死，子孫三死，或犯常刑，有司不得加責。」只要不造反，朕會寬恕你的死罪九次，寬恕你子孫的死罪三次，倘若你或你的子孫觸犯普通刑法，司法機構是不能處罰你們的。

明朝初年，朱元璋效法漢、唐帝王，參照錢鏐鐵券的樣式，讓禮部官員設計並鑄造一批鐵券，賜給幾十位開國功臣。和漢代鐵券一樣，朱元璋賜給功臣的鐵券都是一式兩份，一份藏於皇宮，一份交給功臣。如果哪位功臣或功臣後代謀反，其鐵券將被收回，連同宮裡保存的那份鐵券一起被毀掉。

丹書鐵券不是藝術虛構，柴進這個人物卻是虛構出來的。兩宋三百年間，後周世宗柴榮與幼帝柴宗訓的所有子孫當中，都沒有一個名叫「柴進」的人。不過我們可以假設歷史上真的有過柴進這個人，假設柴進真的是後周皇帝柴榮和柴宗訓的子孫，那麼他們家裡有沒有可能放著一份丹書鐵券呢？

答案是：不可能。

當年趙匡胤陳橋兵變，禁軍衝入開封，包圍皇宮，幼帝柴宗訓及其養母符太后嚇得魂不附體，被迫禪位。趙匡胤受禪登基，將柴宗訓封為鄭王，將符太后封為周太后，讓這對母子搬進西宮（《續資治通鑑長編》誤將「西宮」記為「西京」），表現得相當仁慈。表面上看，趙匡胤沒有模仿五代十國的大部分君主，將前朝帝王及其子孫殺個乾淨。但是，他仍然擔心柴宗訓長大成人，擔心後周諸將心念舊恩，害怕柴宗訓和親信聯手起來除掉自己，害怕剛剛建立的大宋再被改回後周。所以他派最親信的將軍看守西宮，嚴禁柴宗訓外出，嚴禁符太后和外臣聯絡。九七三年，柴宗訓薨逝，年僅二十一歲，死前連後代都沒有。從常理上推想，柴宗訓極有可能是被趙匡胤派人毒死的。

後周世宗共有七個兒子，前三個兒子都死在五代十國的政變當中，是被後漢第二個皇帝劉承祐殺掉的；第四個兒子即是幼帝柴宗訓，大宋建國十餘年後突然死去；剩下三個兒子，分別叫柴熙讓、柴熙謹、柴熙誨。其中柴熙謹在大宋建國四年後夭折，享年不到十歲，柴熙讓和柴熙誨則「不知其所終」（《新五代史·周家人傳》），不知道最終下場如何，也不知道他們去了哪裡。

實際上，柴熙讓和柴熙誨二人當中，至少有一個沒有被害，並在趙匡胤安排之下改名換姓，被一個大臣收養，這個大臣就是北宋的開國大將潘美。潘美生性謹慎，又是趙匡胤的親信，趙匡胤讓他收養後周世宗的兒子，其實是別有用心的。

北宋王鞏《隨手雜錄》記載潘美收養後周世宗後代的經過：

> 太祖皇帝初入宮，見宮嬪抱一小兒，問之，曰：「世宗子也。」時范質與趙普、潘美等侍側，太祖顧問普等曰：「去之？」潘美與一帥在後不語。太祖召問之，美不敢答。太祖曰：「即人之位，殺人之子，朕不忍為也。」美曰：「臣與陛下北面事世宗，勸陛下殺之即負世宗，勸陛下不殺則陛下必致疑。」太祖曰：「與爾為侄，世宗子不可為爾子也。」美遂持歸。其後，太祖亦不問，美亦不復言，後終刺史，名惟吉。

趙匡胤帶著禁軍衝進後周皇宮，看見嬪妃抱著一個嬰兒，得知是後周世宗的骨血，便問宰相范質、大將潘美和謀臣趙普：「要不要把這小子殺掉？」潘美等人一聲都不吭。

趙匡胤想知道潘美的真實想法，假惺惺地說：「朕繼承世宗的皇位，如果殺他的兒子，朕也不忍心啊！」

潘美趁機勸諫：「我和陛下過去都是世宗的臣子，如果勸陛下除掉世宗的骨血，那怎麼對得起世宗呢？如果我勸陛下別殺這個孩子，陛下肯定又會以為我有外心。」

趙匡胤聽聞此言，說道：「朕命你收養這個孩子。不過你不能拿他當兒子，只能拿他當侄子。」於是潘美把那個嬰兒抱回家。後來這個嬰兒改姓潘，取名潘惟吉，長大以後，得到「刺史」的虛銜。

潘惟吉本姓柴，是後周世宗柴榮的兒子，史有明載。然而，他本名究竟是柴熙讓還是柴熙誨呢？恐怕連他自己都說不清楚。更有可能的是，養父潘美對他十分保密，始終都沒有告訴他的出身來歷，他可能至死也不知道自己是後周皇族，至死也不知道趙匡胤篡奪的是他們家的皇位。

趙匡胤之所以將世宗骨血交給潘美收養，原因有三：第一，留下世宗後代不殺，後周的遺老會感恩戴德；第二，深知潘美謹小慎微，不敢向孩子吐露真相；第三，萬一這個孩子天縱英才，建功立業，那也是為大宋效力。

總而言之，後周世宗的兒子們有的幼年被殺，有的少年夭折，唯一長大成人的卻成為別人家的孩子，連幼帝柴宗訓也沒有留下後代。所以柴進可能是「大周世宗嫡派子孫」嗎？完全不可能。

那麼柴進會不會是世宗的旁系子孫呢？這倒有可能。

宋仁宗在位時，皇子接連夭折，仁宗到了垂垂暮年，還沒有皇位繼承人，大臣上表說：「絕人之世，滅人之祀，而妨繼嗣之福也。」（《宋會要輯稿》崇儒七之七十二）皇上您為啥沒兒子？因為太祖皇帝滅了後周皇帝的後代，這是報應啊！宋仁宗虛心納諫，讓地方官尋訪後周世宗的侄子和侄孫，賞他們錢財，給他們官職，還為後周世宗建造廟宇和祠堂。

從宋仁宗起，一直到北宋最後一個皇帝宋欽宗為止，柴氏子孫都被朝廷優待，每一代柴氏子孫裡年齡最大的那個人都被封為「崇義公」，擁有中低級官銜和免除賦稅的特權。可惜的是，這些柴氏子孫都不太爭氣，沒有一個人中過進士，也沒有一個人立過戰功。他們欠缺家庭教育，欠缺個人能力，始終在宋朝皇帝還債式封賞之下混吃等死。宋朝皇帝給過他們丹書鐵券嗎？絕對沒有，因為他們不夠資格。

宋人筆記裡提到一個柴氏子孫，官至蔡州知州，只會求田問舍，有錢就買房出租，每天能收房租五千文，可是從來不見他開心過。有一回此人重病，不捨得看病吃藥，活活昏死過去，醒來第一句問道：「今日費幾錢？」（江休復《江鄰幾雜誌》）今天我們家花掉多少錢？

像這樣格局狹小的守財奴，和《水滸傳》中虛構出來的柴氏子孫「小旋風」柴進的脾氣相差實在太遠。

聽歐陽修講楊家將

一〇五一年，寫完名滿天下的〈醉翁亭記〉之後第六年，歐陽修又寫了一篇〈供備庫副使楊君琪墓誌銘〉。

「供備庫副使」是官職名稱，按字面意思理解，即宮廷器具儲藏庫副主任，但北宋前期，這種官職純為虛職，僅僅表明一個人的軍銜，品級屬於七品，相當於上尉或少校。「楊君琪」即楊琪，官小位卑，默默無聞，《宋史》無傳，宋人筆記也不見記載。但他出身於一個非常了不起的家族，那就是婦孺皆知的楊家將。

現在五十歲左右的大部分讀者朋友，肯定從戲曲、評書或電視劇裡聽說過楊家將。說是宋太宗在位時，有一員老將楊繼業，又名「楊業」，帶著兒子們衝鋒陷陣，和遼國打硬仗，不幸遭到奸臣潘仁美暗算，陷入遼軍重重包圍。楊繼業寧死不降，撞死在李陵碑下；大兒子、二兒子、三兒子死在亂軍之中；四兒子被俘，改名換姓入贅番邦，成為遼國駙馬；五兒子看破紅塵，去五臺山當了和尚；七兒子單槍匹馬衝出包圍，到潘仁美那裡搬救兵，卻被潘仁美亂箭射死；只有六兒子楊延昭碩果僅存，接續楊家香火，迎娶柴郡主，生下楊宗保，統領大軍繼續抗遼。楊宗保娶妻穆桂英，生子楊文廣，父子倆都是武功高強，英俊瀟灑，每次上戰場，必有敵方女將暗送秋波。穆桂英更是女中

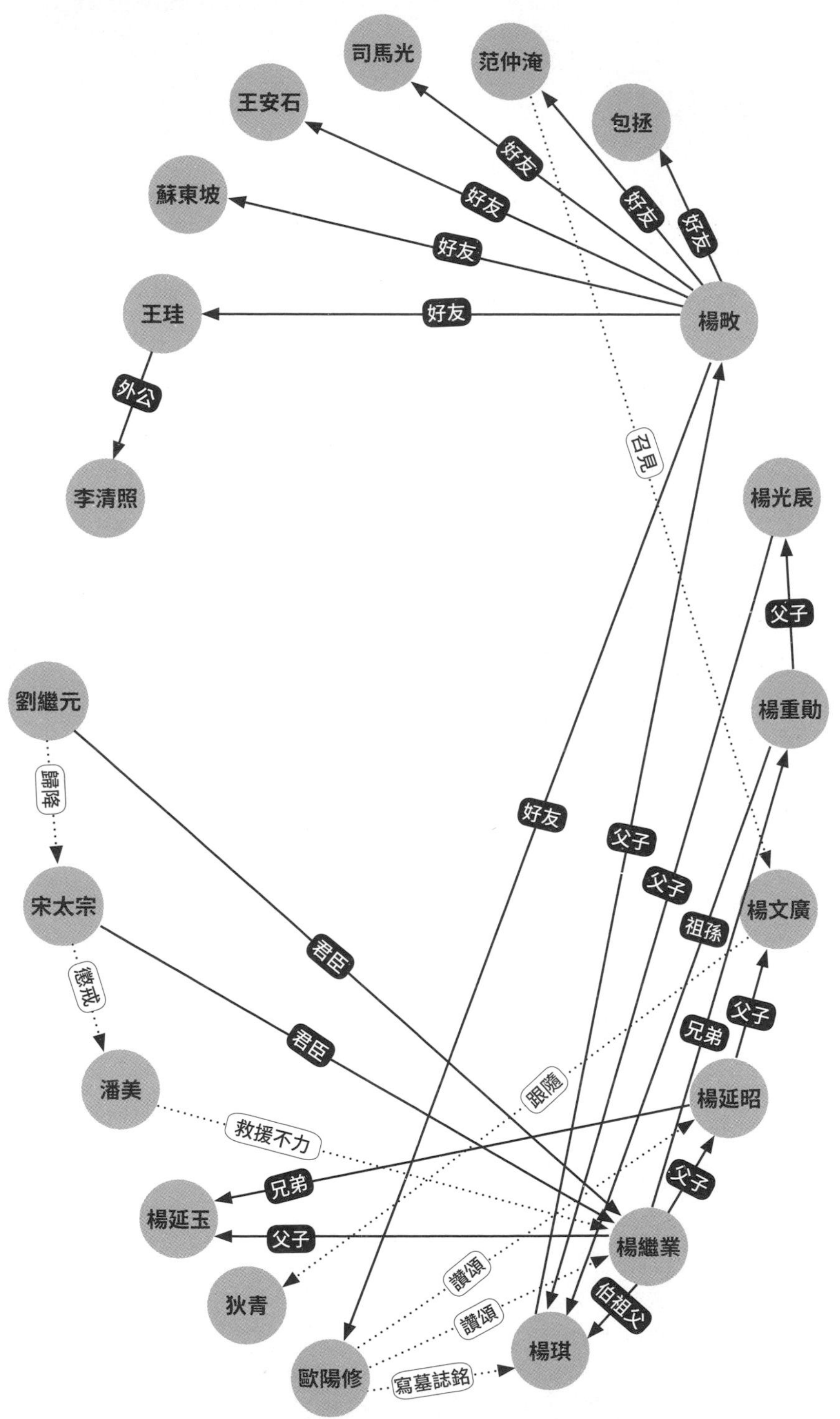

司馬光
范仲淹
王安石
包拯
蘇東坡
好友
好友
好友
好友
好友
好友
王珪
楊畋
外公
召見
李清照
楊光扆
父子
劉繼元
楊重勛
歸降
好友
父子
父子
宋太宗
楊文廣
祖孫
君臣
懲戒
父子
君臣
兄弟
跟隨
潘美
楊延昭
救援不力
父子
兄弟
楊延玉
父子
楊繼業
讚頌
狄青
伯祖父
讚頌
楊琪
歐陽修
寫墓誌銘

英豪，智勇雙全，帶著楊門女將西征西夏，北伐契丹，南平叛亂，大破天門陣，立下赫赫戰功……

您肯定猜得到，以上故事大半出自歷代文人和傳統藝人的杜撰，決非真實歷史。

按正史記載，楊繼業確實有幾個兒子，其中一個兒子確實叫楊延昭（原名「楊延朗」）。但楊延昭不是六兒子，而是大兒子。楊延昭的兒子是楊文廣，而不像故事裡描寫的那樣，楊文廣竟成了楊延昭的孫子、楊宗保的兒子。楊宗保實際上是虛構出來的人物，他的妻子穆桂英當然也是虛構出來的人物。

歐陽修為楊琪寫墓誌銘，寫了幾百個字，三分之一篇幅寫楊家將。歐陽修說：楊琪字寶臣，籍貫在麟州（今陝西神木），與胡人雜居，當地盛行騎射，所以楊家世代習武，出了很多武將。楊琪的曾祖楊弘信、祖父楊重勛、父親楊光扆，都是守衛邊疆的軍官。楊繼業是楊琪的伯祖父，是楊琪祖父楊重勛的親哥哥。宋太宗在位時，楊繼業出任雲州觀察使（相當於山西大同警備區司令），後來犧牲於宋、遼戰役，追贈太師、中書令。楊繼業的兒子楊延昭，宋真宗在位時被任命為莫州防禦使（相當於河北保定警備區司令）。

對於楊繼業和楊延昭，歐陽修評價很高：「父子皆為名將，其智勇號稱無敵，至今天下之士，至於里兒野豎，皆能道之。」（〈供備庫副使楊君琪墓誌銘〉，下同）楊繼業和楊延昭都是名將，智勇雙全，天下無敵，他們死後幾十年，英勇事蹟還在民間廣泛傳播，連小孩子都能講述他們的故事。

楊琪也是武官，可惜碌碌無為，「用其從父延昭，任為三班奉職。」仰仗著堂伯父楊延昭的功勞，才得到一個低級軍銜。好在楊琪的兒子比較有出息——他兒子名叫楊畋，字樂道，棄武從文，中了進士，官至三司副使（相當於財政部副部長）、龍圖閣直學士。了解包拯生平的朋友應該知道，包拯也做過三司副使，晚年也是龍圖閣直學士。楊畋僅比包拯小八歲，與包拯有交往，也與范仲淹、梅堯臣、歐陽修、司馬光、王安石、蘇東坡以及李清照的外公王珪、蘇東坡的表哥文與可等人常相往來。宋仁宗嘉祐六年（一〇六一年），中了進士的蘇東坡和蘇轍哥倆參加選官考試，需要在職官員做擔保，其中蘇轍的擔保人就是楊畋。楊畋去世，蘇轍還寫了一篇〈楊樂道哀辭〉予以悼念。

楊畋死後，墓誌銘由其至交好友王陶撰寫。就像歐陽修為楊琪撰寫墓誌銘先講楊家將一樣，王陶為楊畋撰寫墓誌銘也是先講楊家將：「公諱畋，字樂道，姓楊氏，其先麟州新秦人。伯曾祖雲州觀察使業，曾祖保靜軍節度使重勛，伯祖莫州防禦使延昭，忠勇功烈，著在國史。」（〈楊畋墓誌銘〉）楊畋的伯曾祖是雲州觀察使楊業（楊繼業），曾祖是保靜軍節度使楊重勛，伯祖是莫州防禦使楊延昭，他們均為宋初名將，國史裡記載著他們的光榮事蹟。

楊繼業是楊家將的第一代人物，楊延昭是楊家將的第二代人物，二人生平事蹟在《宋史》、《遼史》、《宋會要輯稿》以及宋人筆記、宋人詩詞裡都有記載。

楊繼業最初是五代十國時期北漢的大將，本名楊貴重，北漢皇帝劉崇賜他姓劉，改名劉繼業。北宋建立後，宋太祖和宋太宗不斷出兵侵擾北漢，北漢小朝廷抵擋不了，請求遼國援助。劉繼業和遼軍聯手，屢次打退宋軍進攻，成為北漢王朝的中流砥柱。

九七九年，宋太宗以傾國之力親征北漢，截斷遼軍援助，占領北漢首都太原，劉繼業被迫與北漢皇帝劉繼元歸降大宋，然後改名楊繼業。降宋以後，楊繼業的地位一落千丈，從統兵主帥變成小小的邊防支隊參謀，麾下只有幾千人馬。

九八六年，宋太宗第二次北伐遼國，楊繼業帶領一支軍隊孤軍深入，沒有得到主帥潘美和監軍王侁的救援，被遼軍俘虜，不久犧牲。按《宋史．楊業傳》記載，楊繼業與兒子楊延玉一起被俘，寧死不屈，絕食三天而死。而《遼史．耶律斜軫傳》則記述楊繼業被遼國大將耶律斜軫俘虜，後者質問他：「你原先在北漢做官，和我遼軍聯手抗宋，今天卻忘恩負義，幫助宋軍打我遼國，難道不覺得羞恥嗎？」楊繼業聽聞此言，「但稱死罪而已。」無法回答耶律斜軫的質問，自知理屈，願以死謝罪。

《遼史》和《宋史》都成書於元朝，前者主要由遼國遺老編寫，後者主要由南宋遺老編寫，寫到宋、遼交戰的戰績和戰將時，往往誇大己方，抹黑敵方。很明顯，《宋史．楊業傳》將楊繼業描寫成英勇不屈的戰士，而《遼史．耶律斜軫傳》為了突出耶律斜軫的偉大和正確，便抹黑楊繼業。

那次伐遼，宋軍大敗，宋太宗灰溜溜地帶著殘兵敗將逃回中原，楊繼業被俘犧牲的消息傳了回來。宋太宗既為失去一員戰將而痛心，也為潘美和王侁不加援手而憤怒，他讓王侁捲鋪蓋滾蛋，也剝奪了潘美身上的三個頭銜。幾百年後，戲曲和話本故事將潘美訛稱為「潘仁美」，將其徹底打造成一個奸臣形象。

楊繼業的大兒子楊延昭曾經參與那次伐遼，但沒有被俘。他本名「楊延朗」，晚年為避「保生天尊大帝趙玄朗」（宋真宗捏造出來的神仙祖宗）的諱，改名「楊延昭」。楊延昭在第二代楊家將裡的排行本是老大，但在整個楊氏家族的同輩兄弟當中，他的排行很可能是第六，所以人稱「楊六郎」。

楊六郎性格內向，不愛說話，打仗勇敢，衝鋒在前，守城也很有韜略。九九九年，遼軍南侵，楊六郎奉命把守一個小城池，將幾萬遼軍擋在城外。一〇〇四年，遼國大軍在遼國皇帝和太后率領下再次南侵，楊延昭奉命把守遂城（今河北武強縣），抵擋遼軍的百餘次攻襲，受到宋真宗嘉獎。

傳說楊六郎娶了後周世宗柴榮的女兒柴郡主。實際上，柴榮根本沒有女兒。就算柴榮有女兒，就算楊六郎真的娶了柴郡主，也不會是他的福氣。因為宋太祖從後周奪得天下，特別提防後周世宗的後人。在後周世宗留下的幾個兒子當中，柴宗訓七歲登基，被宋太祖篡權，軟禁到二十一歲，突然病逝；柴熙謹和柴熙誨年齡更小，只有其中一個長大成人，卻完全不記得自己姓柴。楊六郎做為北漢降將的兒子，如果膽敢迎娶後周皇帝的女兒，很可能像柴宗訓等人一樣，不明不白地死掉。

最後再說說楊家將第三代人物楊文廣。

如前所述，楊文廣是楊延昭的兒子，此人在戲曲裡光彩奪目，卻在歷史上籍籍無名。他沒中過進士，也沒中過武舉，靠祖父和父親的恩蔭，人到中年才得以做官，並且還是低級武官。范仲淹以副宰相的身分駐防陝西，統管文武，楊文廣有幸被范仲淹召見，收為親兵。一〇五二年，大將狄青南征儂智高，楊文廣隨軍出征。

隨狄青出征那一年，楊文廣已經年屆五旬，和電視劇《楊家將》裡那個白盔白甲胯下白馬的白袍小將完全不是一回事，倒比較接近歐陽修〈醉翁亭記〉裡那個「蒼顏白髮」的老太守。

被嘲笑的將軍

我小時候，五黃六月，小麥收割以後，豫東平原的鄉親們稍稍清閒，會請說書先生到村裡，給大夥演唱河南墜子。演唱內容以古代戰爭故事為主，《楊家將》、《呼家將》、《薛家將》、《穆桂英掛帥》、《樊梨花征西》都是全本大套的節目，一部書能唱半個多月。只要不下雨，說書人每天晚上都在村裡大街上露天表演，男女老少搬著小凳子跑去聽，圍得裡三層外三層。

我印象最深的是一部《呼家將》，因為這部書打戲最多，弦師拉著墜胡，演員自說自唱，唱到興頭上，還加身段，比劃出打鬥動作：

歐和尚打個飛腳往上闖，他們兩個話不投機動武功。
這一個使出白鶴雙展翅，那一個燕子抄水往裡衝。
這一個猛虎掏心打過去，那一個太上老君把門封。
這一個溜地使了個掃堂腿，那一個蹦起來單掛朝心蹬。
老龐文他傳令如山倒，立刻點下三千兵。
嘩啦一聲往上闖，把他倆包圍正當中。
東殺西砍出不去，眼看小命難活成。

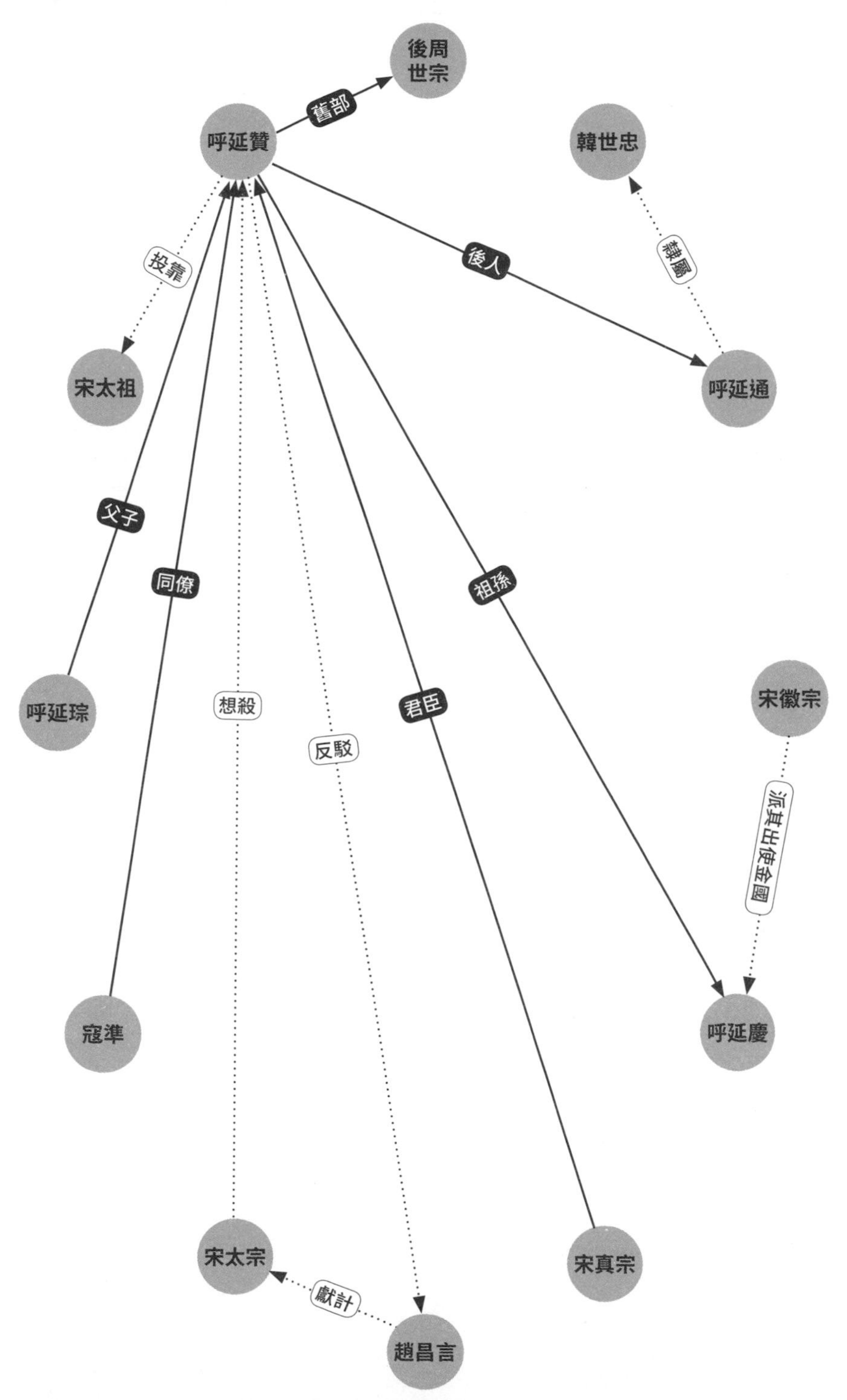
後周世宗
舊部
呼延贊
韓世忠
後人
隸屬
投靠
宋太祖
呼延通
父子
同僚
祖孫
呼延琮
宋徽宗
想殺
君臣
反駁
派其出使金國
寇準
呼延慶
宋太宗
宋真宗
獻計
趙昌言

人不該死有人救，咱給他找個救命星……

這段說書是《呼家將》的高潮部分，小回目叫作〈呼延慶打擂〉，我們小孩子最愛聽，不但聽，還能跟著唱。

呼延慶是誰？他是宋初大將呼延贊的子孫。呼延贊又是誰？他是五代十國時期後周世宗柴榮麾下的軍官，後來追隨宋太祖，南征打過淮南，北伐打過北漢，武藝出眾，作戰勇猛。

呼延贊在《宋史》上有傳，《續資治通鑑長編》也記載他的事蹟，除了作戰勇猛不怕死這一點，他最明顯的性格特徵是古怪，非常古怪。

他複姓呼延，不是漢人，而是鮮卑人，祖籍山西太原，當時屬於番、漢雜居之地。他父親呼延琮也是一員猛將，後周時期做過高級軍官。呼延贊少年從軍，身軀魁梧，坐著和別人站著一樣高，力氣也大，四十多公斤重的大鐵槍到他手上，就像一根小竹竿。打仗時，他衝鋒在前，手持降魔杵，腰懸破陣刀，胯下烏騅馬，頭上戴著自製的「鐵折上巾」，兩隻帽翅用鑌鐵打造，都開了刃兒，還把額頭塗抹成絳紅色，膽小的敵人瞧見他，嚇得掉頭就竄。

宋朝男性盛行刺青，呼延贊更是如此，渾身上下刺滿「赤心殺契丹」的字樣，左耳後面刺字「出門忘家為國」，右耳後面刺字「臨陣忘死為主」。他有四個兒子，身上和耳後都有同樣的刺青。他還將家中女眷集合起來，非要在她們臉上刺字，不刺字就砍頭。女眷大哭求情，他心軟了，便在她們胳膊上刺字，每人左臂都刺上「赤心殺契丹」五個字。

呼延贊對兒孫非常嚴厲，每人每天都要挨一頓鐵鞭，為的是鍛鍊抗擊打能力。隆冬臘月，滴水成冰，他讓兒孫站成一排，脫得赤條條的，往他們身上潑涼水，為的是強身健體，磨練意志。他有個孫子剛滿月，被他抱到城牆上，用小棉被裹住，噗地一下扔到城牆下面。圍觀者大驚，責問他為何如此殘忍，他滿不在乎地笑道：「我們呼延家的男孩都摔不死，能摔死的都不配生在我們呼延家！」與此同時，他又疼愛兒孫到極點，有一個孩子生病，別人騙他說：「只有吃了親人的肉才會痊癒。」他信以為真，捋起褲子，從自己大腿上砍下一塊肉，燉熟了讓那個生病的孩子吃。

呼延贊是粗豪武夫，文化水準很低，卻喜歡寫詩。北宋中葉的文人拿他開玩笑：「風貌還同富相公，文章卻似呼延贊。」（張師正《倦遊雜錄》）形容一個人長得魁梧，與宋仁宗的宰相富弼一樣威猛，可惜文章很爛，像呼延贊一樣狗屁不通。宋真宗在位時，大臣寇準問道：「都說你呼延將軍愛寫詩，今天當著老夫的面，能不能口占一絕呢？」呼延贊當即賦詩：「三十年前小健兒，今日相公教吟詩。江南風景從君詠，塞北風塵我自知。」（《文酒清話》卷八）這首詩對仗工整，主題鮮明，應該不是呼延贊的原作，極可能是後人杜撰出來的。

另有一條記載出自大臣富弼之口，決非杜撰。說的是宋太宗吞併北漢之後，參知政事（副宰相）趙昌言獻計：「自此取幽州，猶熱鏊翻餅耳。」我們已經把北漢拿下，應該趁熱打鐵攻打遼國，收復幽州故地就像在鏊子上翻烙餅一樣容易。呼延贊時任殿前都指揮使，相當於御林軍裡的營級軍官，聽趙昌言大言不慚，立即亢聲反駁：「書生之言不足盡信，此餅難翻！」（王得臣《麈史》）你們書生不懂軍事，淨吹牛，遼國兵力比北漢強盛何止百倍，我們想取勝，難比登天！事實證明，呼延贊的判斷相當準確，北宋一直沒能在軍事上擊敗遼國。

不過呼延贊並不擅長當長官，《續資治通鑑長編》說他「無統御才」。宋太宗讓他去河北帶兵，部下們都不聽他指揮；太宗又讓他去山西做官，他又把民政處理得一團糟。他擅長判斷敵情，擅長衝鋒陷陣，但他確實沒有指揮才能，更沒有政治才能。

宋真宗在位時，宋、遼之間發生了一場大戰，真宗在寇準建議下御駕親征，呼延贊自告奮勇充當先鋒。可惜的是，還沒抵達前線，戰爭就結束了，然後澶淵之盟簽訂，宋、遼和議達成，呼延贊沒有得到參戰機會。一年後，他在鬱鬱不得志中病逝，享年大約六十歲。

呼延贊愛打仗，忠心報國，多次主動請戰。宋太宗兩次伐遼都遭到慘敗，從此患上「恐遼症」，再也不敢開戰。呼延贊不懂太宗的心思，繪製作戰地圖，策劃用兵方略，獻給太宗，太宗不予理會。他還帶著四個兒子求見太宗，在皇宮裡表演武藝，請求太宗讓他們父子去打遼國。宋太宗嘉許他的膽氣，賞給他幾百兩銀子，就是不讓他出征。

實際上，宋太宗並不喜歡呼延贊，甚至想殺掉他：「贊服器詭異，朕屢欲誅之，既而亮無它志也。」（曾鞏《隆平集》）呼延贊性情怪異，服裝怪異，朕看不慣，想宰了他，後來發覺他天性如此，對朕沒外心，算了，讓他活著吧。

由於呼延贊一直主戰，很多文官、武將都討厭他。他為了請戰，在胸口刺出血來，用血書向皇帝上表。眾太監嘲笑他：「何不剖心以明忠？」（楊億《談苑》）你對皇上如此忠心，幹嘛不把心挖出來呢？

小時候聽墜子書，呼延慶的武藝和知名度遠遠超過呼延贊。但在歷史上，呼延慶是呼延贊的孫子或曾孫，武藝平庸，唯一的特長是精通女真語。所以在北宋末年，呼延慶被宋徽宗派到金國，和女真人談判，一起夾攻遼國。呼延慶萬里赴關東，總算不辱使命，圓滿完成了任務。

《水滸傳》裡有個「雙鞭」呼延灼，據說也是呼延贊的嫡派子孫，善使兩條鋼鞭，有萬夫不當之勇。此乃小說家言，不足為憑，歷史上其實沒有呼延灼這個人物。倒是在南宋初年，又有呼延贊的後人橫空出世，名叫呼延通。

據《三朝北盟會編》記載，呼延通隸屬大將韓世忠帳下，像乃祖呼延贊一樣作戰勇猛，曾與金國軍官在陣前單挑，從馬上打到步下，雙方兵器都打掉了，最後他用雙手掐住那名金國軍官的脖子，將其掐暈，生擒回陣。

呼延通繼承了呼延贊的性格，十分耿直，又有些怪異。宋高宗紹興十年（一一四〇年）臘月，他與主帥韓世忠鬧矛盾，一怒之下，竟在江蘇淮陰投河自殺。

關於呼延通與韓世忠鬧矛盾的起因，《三朝北盟會編》第二百零四卷收錄了兩條記載。一條說韓世忠晚年跋扈，經常讓部將請酒，還要求部將的妻女出來陪酒，惹惱了呼延通。呼延通將韓世忠灌醉，拔刀欲殺，被同僚攔住。韓世忠醒來得知真相，喝令親兵捉拿，呼延通不願被捕，投河自殺。還有一條記載說韓世忠臘月二十三過生日，部將紛紛獻上壽禮，呼延通也去送壽禮，結果吃了個閉門羹——韓世忠完全不理他。呼延通覺得丟了面子，憤恨難當，翻身上馬，直奔淮陰，走到運河邊，「噗通」一下跳了進去……總而言之，呼延贊的這位後人死得冤屈。

墜子書裡唱《呼家將》，也有一段冤屈故事：呼延贊的兒子呼延必顯瞧見宋仁宗的老丈人龐文殘害百姓，怒打龐文父子，被龐文陷害，滿門抄斬。幸虧呼延必顯的兩個兒子僥倖逃出，娶妻生子，殺掉龐文，報了血海深仇。

我母親最愛聽書，但她不識字，從親戚家借來一本《呼家將》，讓我念給她聽。那時候我剛讀小學三年級，滿嘴錯別字，將「龐文」念成「龍文」，母親依然聽得津津有味。現在回想起來，別有一番暖意在心頭。

養馬的司馬光害怕包拯嗎？

《笑傲江湖》第二十四回，令狐沖率領恆山派眾尼姑趕往龍泉鑄劍谷，去救定閒、定逸兩位師太，因為沒有坐騎，半道上搶了幾十匹官馬。

中午時分，眾人來到一處市鎮，沒錢打尖。令狐沖吩咐道：「鄭師妹，你和于嫂牽一匹馬去賣了，官馬卻不能賣。」鄭萼答應，牽著馬到市上去賣，隨後用賣馬的錢付帳。

我少年時讀到這段武俠情節，不禁心生疑惑：令狐沖既然敢搶官馬，為何不敢賣掉呢？官馬和普通的馬有啥區別嗎？

後來多讀史書，漸漸明白，原來官馬身上都有記號，假如令狐沖等人去賣官馬，買家和牛馬經紀稍加觀察，就能識別出來，就會去報告官府，就會給令狐沖帶來不必要的麻煩。

以宋朝為例，凡是官馬，馬腿上都會被專用的烙鐵烙上文字，不同的官馬會烙不同的文字。具體來講，不到兩歲的官馬，右前腿烙印「小官」二字，左前腿則烙印所屬機關的名稱，屬於戶部就烙「戶部」，屬於兵部就烙「兵部」，屬於御史臺就烙「御史臺」。兩歲以上的官馬，右前腿會烙一個「飛」字，馬脖子左邊會烙一個「龍」字。如果朝廷將某匹官馬賞賜給某人使用，那匹官馬的左臉上又會被烙一個「賜」字。如果是軍隊的馬要退役，被民間買走，則馬的右臉會加印一個「出」

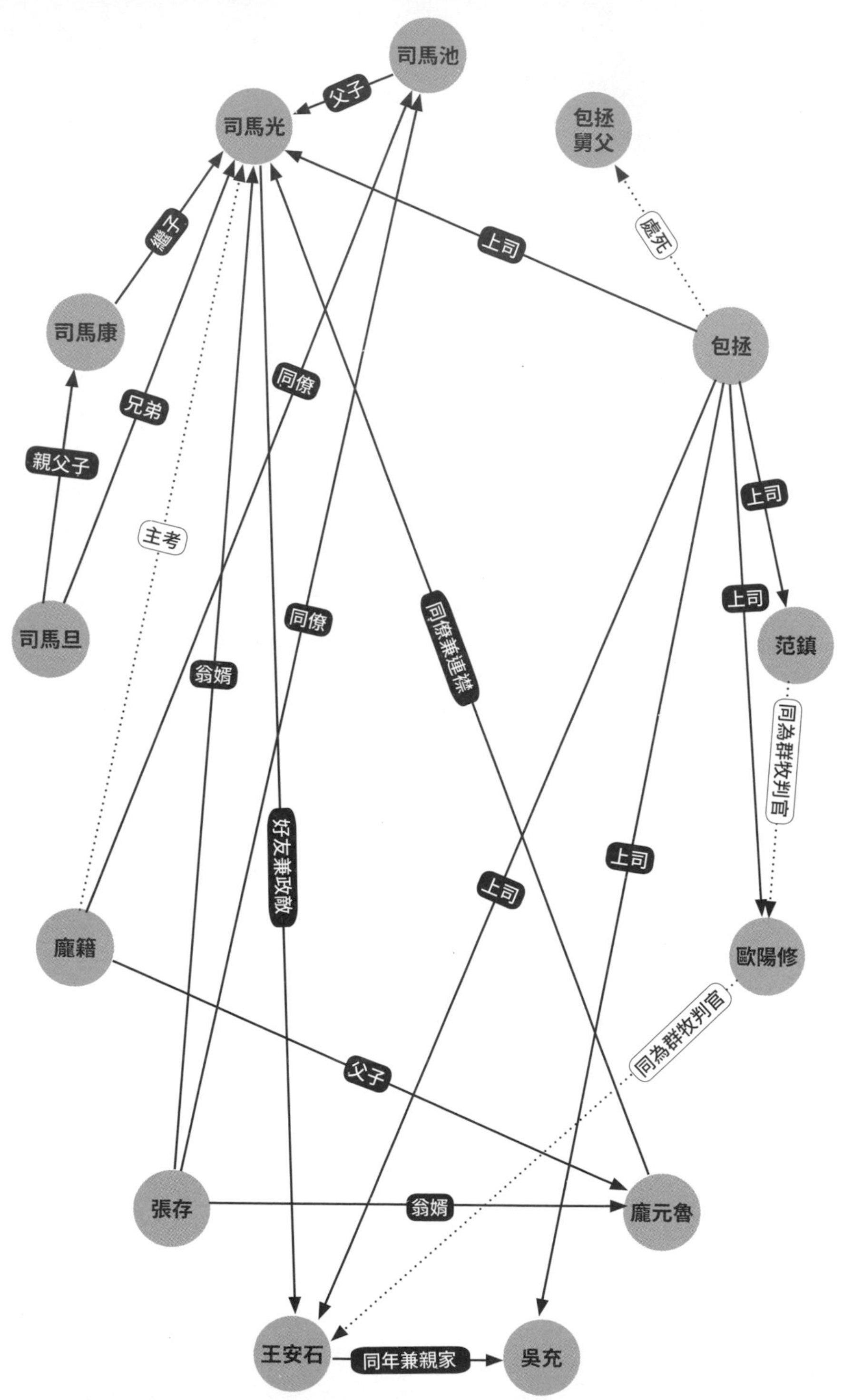

司馬池
司馬光
父子
包拯
舅父
繼子
上司
處死
司馬康
包拯
同僚
兄弟
親父子
上司
主考
上司
同僚
范鎮
同僚兼連襟
司馬旦
翁婿
同為群牧判官
好友兼政敵
上司
上司
龐籍
歐陽修
同為群牧判官
父子
張存
翁婿
龐元魯
王安石
同年兼親家
吳充

字。

除了烙印，官馬還留有檔案，檔案上填寫著每匹官馬的出生地點（或購買地點）、出生年月、形態特徵、所屬機關、飼養員姓名、管理員姓名，就像統計戶口一樣詳細。每年官府和軍隊都會淘汰一些老弱病殘的官馬，賣到民間去，但出售時必須有養馬機構和審查機構派員到場。

所以說，古代對官馬管理很嚴，私賣官馬的風險很大。令狐沖不賣官馬，說明他有豐富的社會知識和江湖經驗。

官馬為啥會被管得這麼嚴呢？兩個原因：第一，馬在古代是非常重要的軍事資源；第二，除了元朝和清朝等由少數民族入主中原的朝代以外，中國歷史上的王朝都缺馬。

我們以宋朝為例。北宋和遼國與西夏對峙，南宋和金國與蒙古對峙，兩宋王朝在強敵威逼之下存續三百多年。敵人那麼強大，宋朝為啥沒有被輕易打趴下呢？因為經濟發達，商業繁榮，人多，糧餉也多，軍事上耐折騰。宋朝那麼富裕，為啥沒有把敵人打趴下呢？原因之一是宋朝缺馬。不缺錢，但是缺馬，這就是宋朝軍事上的實際情況。

宋仁宗時，大臣宋祁做過比較：「今天下馬軍，大率十人無一人有馬。北國每正軍一名，馬三匹。」（《歷代名臣奏議》卷二百四十二）宋朝的騎兵號稱騎兵，每十人還沒有一匹馬，而遼國騎兵平均每人有三匹馬。要知道，在冷兵器為主的古代世界，馬是最有效的戰爭機器，你用步兵去對抗騎兵，那就像一群手持鐵鍬的工兵去對付一輛裝配重型機槍的坦克，必敗無疑。

宋朝為啥缺馬呢？因為疆域狹小，主要牧區都成了遼國、西夏、金國、蒙古等強敵統治下的地盤。宋朝的官馬一部分靠官府自辦的馬場養殖；一部分靠民間養殖，官府給予津貼或免除賦役；還有一部分要靠進口。

因為稀缺，所以珍貴，宋朝專門設有一個養馬的機構，這個機構的地位還很高。這個機構組織是這樣的：在國家最高軍事機構「樞密院」下面設立「群牧司」，負責全國的官馬養殖；在可以養馬的省級轄區設立「牧監處」，負責該省的官馬養殖；在可以養馬的州縣設立「養馬務」，負責該縣的官馬養殖；在與西夏和遼國接壤的地方設立「群牧行司」，負責進口馬匹。

做為宋朝最高級別的官馬養殖機關，群牧司有個長官，官銜是「群牧使」；群牧使有個副官，官銜是「群牧都監」；群牧都監又有幾個副官，官銜是「群牧判官」。按照行政級別，群牧判官與知州平級，相當於市長級別的官員。中國歷史上赫赫有名的大儒司馬光，年輕時期就當過這樣的官員。

司馬光生於宋真宗天禧三年（一〇一九年），七歲砸缸救人，二十歲考中進士，三十六歲擔任群牧判官。

司馬光當過群牧判官，司馬光的父親司馬池也當過群牧判官。司馬光寫給繼子司馬康（司馬康是司馬光兄長司馬旦的兒子，過繼給司馬光）的〈訓儉示康〉一文中寫道：「吾記天聖中，先公為群牧判官，客至未嘗不置酒，或三行、五行，多不過七行。」說明在宋仁宗天聖年間（一〇二三年～一〇三二年），司馬池擔任過群牧判官。當時司馬池有兩個同事，一個是龐籍，一個是張存。龐籍和張存經常去司馬池家裡做客，年幼的司馬光在旁邊站著倒酒，深受龐籍和張存的喜愛。多年以後，司馬光參加進士考試，主考官是龐籍。司馬光中進士後娶媳婦，娶的是張存的女兒。也就是說，司馬光的父親、岳父和科考恩師都曾擔任群牧判官。如果說司馬光出身於「養馬世家」，並不算太誇張。

司馬光有一位好友兼政敵王安石，也當過群牧判官。司馬光說：「昔與王介甫同為群牧判官。」（邵伯溫《邵氏聞見後錄》），王介甫就是王安石。王安石有一位進士同年吳充（後來成為王安石的親家），王安石和司馬光當上群牧判官不久，吳充也被朝廷任命為群牧判官。

前面說過，龐籍是司馬池的同事，也是司馬光的科考恩師，他的長子名叫龐元魯，與司馬光同時進入群牧司，同時擔任群牧判官。司馬光娶了張存的女兒，龐元魯也娶了張存的女兒。司馬光與龐元魯同時在宋仁宗景祐五年（一〇三八年）中進士，同時娶了張存的女兒，同時在群牧司任職，他們既是同年，又是連襟，還是同僚。

蘇東坡的科考恩師是歐陽修，歐陽修有位好友名叫范鎮，范鎮又是蘇東坡的同鄉。更有意思的是，當司馬光及其連襟龐元魯、王安石及其親家吳充擔任群牧判官之時，歐陽修和范鎮也是群牧判官。群牧司總共就那麼幾個判官空缺，被司馬光、王安石、歐陽修、龐元魯、范鎮、吳充等人壟斷。這幾個人關係密切，彼此或為親戚，或為同年，或為好友，或為好友的好友，簡直就是一個小小的親友團。

誰是這個親友團的上司呢？說出來您或許不信，就是中國歷史上那位最著名的清官包拯。包拯時任群牧使，是群牧司的長官，比司馬光和王安石等人高兩級。

長官分為很多種，有的讓人愛，有的讓人恨，有的則讓人怕。包拯屬於讓人怕的長官，因為他太嚴肅，太不苟言笑。沈括《夢溪筆談》不是寫過嗎？「包希仁笑，比黃河清。」想讓包拯笑一次，比讓黃河變清都難。

不僅嚴肅，包拯還嚴厲，嚴厲到六親不認的地步。司馬光《涑水紀聞》記載，包拯曾經回到合肥當知府，老家的舅舅以為有靠山，橫行不法，被包拯逮捕，砍了腦袋。司馬光還說：「拯為長吏，僚佐有所關白，喜面折辱人。」包拯當長官，對下屬很不客氣，有時將下屬罵得狗血淋頭。像這樣的長官，能不讓人怕嗎？

那麼司馬光怕不怕包拯呢？坦白說，還真有點怕。司馬光說過：「一日，群牧司牡丹盛開，包公置酒賞之。公舉酒相勸，某素不喜酒，亦強飲。介甫終席不飲，包公不能強也。」（邵伯溫《邵氏聞見後錄》）有一次，群牧司牡丹花開，包拯召集下屬飲酒賞花。他是大上司，第一個舉杯，並要求所有下屬都得舉杯。司馬光平常不喝酒，可是包拯讓喝，誰敢不喝啊？倒是王安石不怕包拯，堅決不喝，包拯無可奈何，並沒有強行灌酒。司馬光的意思是包拯執拗，王安石更執拗，這回是執拗的長官遇到更執拗的下屬了。

話說回來，司馬光的性子同樣執拗，他怕包拯，可能有尊重的成分，不全是因為畏懼。一〇六八年，山東某女殺夫未遂，案子上報到朝廷，王安石認為情有可原，主張減刑；司馬光認為婦女殺夫，十惡不赦，兩人竟然在這個案子上爭論一年多。宋神宗最後採納王安石的意見，司馬光立刻上章抗議，批評神宗親小人而遠君子。後來王安石變法，司馬光先是部分反對，然後全部反對，最後將王安石歸入奸邪之輩。王安石下野不久，司馬光當宰相，將王安石的政策全部廢除，包括那些行之有效的政策。蘇東坡和程頤雖然都是保守派，但都建議保留一些合理改革，卻被司馬光斷然拒絕（參見《二程集》卷七）。

後人將王安石和司馬光稱為政治家，其實他們兩人都不該擁有這個稱號，因為真正的政治家都懂得妥協，而王安石不懂，司馬光更不懂。

一個算命先生的官場人脈

這回我們聊聊邵雍，聊聊這個半人半仙的歷史人物。

邵雍，字堯夫，諡康節，後人尊稱「康節先生」，他和包拯、歐陽修、王安石、司馬光生活在同一時代，是著名的詩人、隱士、哲學家。

邵雍的哲學很有意思，他不信神，不信鬼，不信佛，不信道（雖然穿過道袍），不信風水，不信八字，只信「天理」。他的「天理」與漢朝大儒董仲舒宣傳的天人感應式天理有所不同。董仲舒宣傳說，世界上存在一個實實在在的天帝，天帝會根據人間善惡予以獎懲，君清臣明，則海晏河清；君臣無道，則地裂山崩；而邵雍全然不信天帝的存在，他只相信一套客觀存在的規律，宇宙就是靠這套規律推演出來的。一個人要想為聖為王，首先要能理解這套規律，然後要遵循這套規律活著。如果非要給這套規律取個名字的話，那就是「天理」，又叫作「道」。

乍聽之下，邵雍好像是個唯物主義哲學家。實際上，他既不唯物，也不唯心，他心目中的「道」，既不是萬有引力定律，也不是量子力學和相對論，而是一套神祕的數學法則。

邵雍給出的宇宙數學法則是這樣的：整個世界從無極（0）中誕生，無極生太極（1），太極生兩儀（2），兩儀生四相（4），四相生八卦（8），八卦各有五行（5）屬性。陰陽、五行、

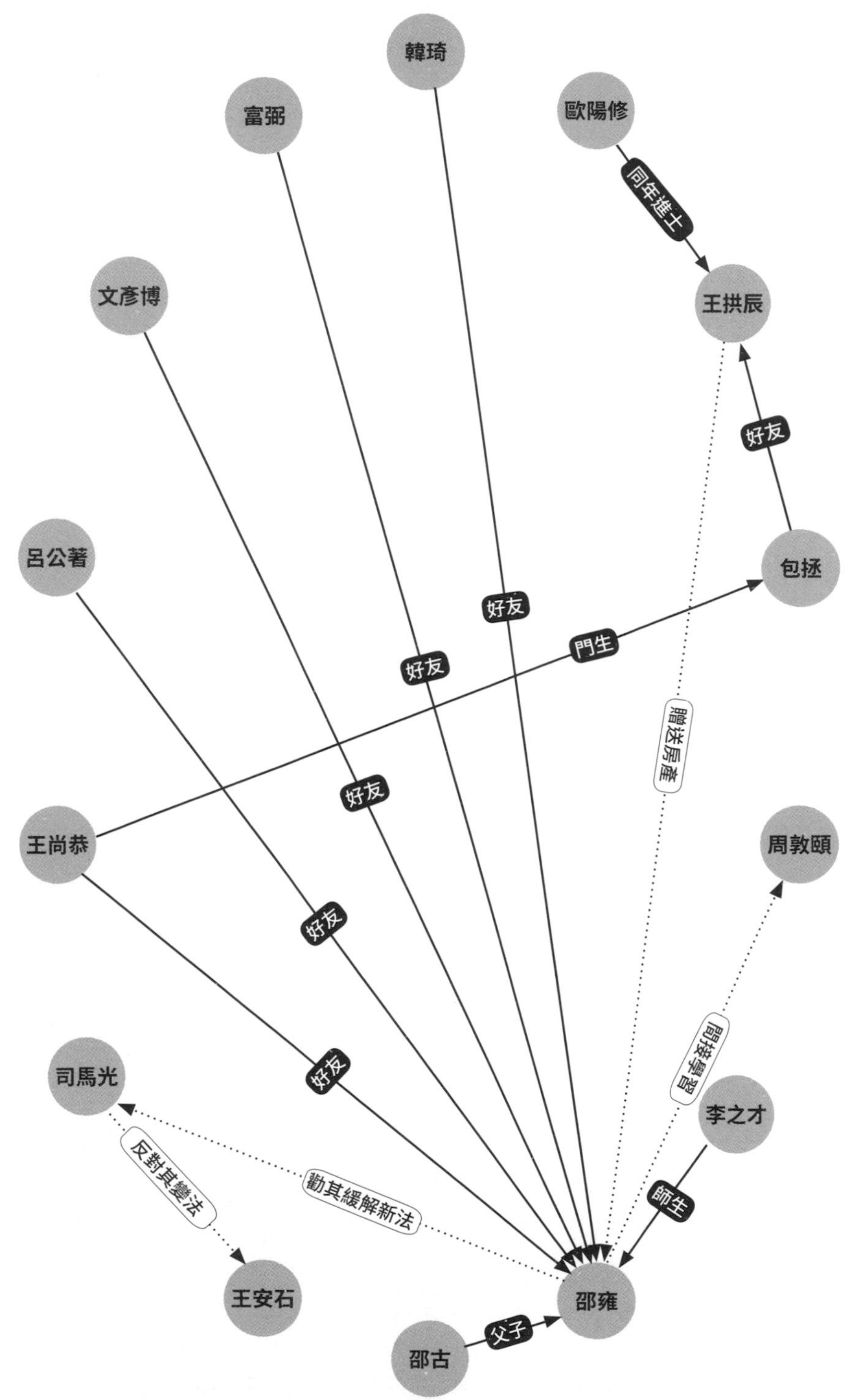
韓琦
富弼
歐陽修
同年進士
文彥博
王拱辰
好友
呂公著
包拯
好友
門生
好友
贈送房產
好友
王尚恭
周敦頤
好友
司馬光
間接學習
好友
李之才
反對其變法
勸其緩解新法
師生
王安石
邵雍
父子
邵古

八卦，相互化合，衍生出萬事萬物。一個人只要掌握化合的規律，就能修身、齊家、治國、平天下。

這套理論玄之又玄，有邏輯，無實證，洋溢著古希臘神祕主義數學家畢達哥拉斯（Pythagoras）的氣味。所以也有人說，邵雍是個數學家。

本節開頭介紹邵雍，說他是「半人半仙的歷史人物」，為何這樣說呢？因為絕大多數受眾都聽不懂邵雍的哲學思想，只知道邵雍精研周易，擅長術數，於是以訛傳訛，將邵雍描述成一個具有預測能力的算命先生。

下面分享第一個傳說。

北宋洛陽某珠寶商人丟失一顆夜明珠，請官差破案，官差毫無線索。珠寶商想起邵雍能掐會算，便上門求教。邵雍問：「這顆珠子何時丟的？」「前天。」「前天何時？」「酉時。」邵雍提起筆來，在紙上寫一個「酉」字，遞給珠寶商：「你現在回去，照著這個字去找。」珠寶商接過紙來，琢磨半晌，恍然大悟：「酉，雞也，原來是我家那隻老母雞把夜明珠吞下去了！謝謝邵先生，我立刻回家宰那隻雞！」果不其然，夜明珠在母雞肚子裡找到了。

再說第二個傳說。

邵雍晚年病重，奄奄一息，把兒子叫到床前安排後事，約法三章：「第一，不要把我葬在洛陽，必須扶柩還鄉；第二，不可陪葬任何物品；第三，入殮時要把鄰居家那個禿頭小姑娘找來，讓她在旁邊觀禮。」邵雍死後，兒子一一照辦。又過幾十年，鄰居家那個禿頭姑娘嫁了人，生了兒子，兒子長大，做了盜墓賊。這個盜墓賊想去盜邵雍的墓，他的母親——就是那個禿頭姑娘——趕緊勸阻：「你去也是白去，邵先生下葬那年，我看得清清楚楚，什麼陪葬都沒有！」於是盜墓賊取消計畫，不再盜掘邵雍墳墓。

也就是說，邵雍未卜先知，提前幾十年就知道鄰家禿頭姑娘的兒子會來盜墓，所以預先做下安排，消除墓穴被盜的危險。

清朝文人丁傳靖編撰《宋人軼事彙編》，收錄邵雍未卜先知的故事。說是洛陽城裡一個大官病重，邵雍前去探望。大官掙扎著坐起來，吩咐僕人搬一張凳子。邵雍說：「一張凳子不夠，一會兒還有人來看你，得準備兩張。」大官問道：「那個人是誰？您約了他嗎？」邵雍笑道：「我沒有約人，也不知道他是誰，我只知道他穿著綠衣、騎著白馬，是個少年人。我還知道，等您百年之後，他會為您立傳。」半炷香不到，果然來了一個穿綠衣、騎白馬的少年人。大官死後十多年，果然是這個當時的少年人為他撰寫傳記。

關於邵雍預測未來的傳說，還有很多很多。比如說，有些神神叨叨的「傳統文化愛好者」相信，邵雍生前寫過一大批「梅花詩」，看似寫梅花，實際上寫的是宋朝以後的中國史，類似於劉伯溫的〈燒餅歌〉。你參透這些詩或歌，就能預測未來中國的走向。

邵雍有沒有寫過預測未來的梅花詩？當然沒有。邵雍到底能不能預測未來？肯定不能。問題是，人們為何認為他能預測未來呢？這與邵雍的人生經歷有關，也與他的人際關係有關。

邵雍生在一個沒有官爵的書香世家，祖父和父親都是讀書人，都參加過科舉考試，都沒有考中。他父親名叫邵古，科舉失利，閉門讀書，最愛讀《周易》，將畢生所學著成一部《周易解》。邵雍受父親影響，從小讀書識字，備戰科舉。但他也沒有考中，也把主要精力用在《周易》上。

現在我們把《周易》當成先秦哲學，甚至把它當成先秦生活史，但它最初只是一本占卜書，是用數字占卜進行預測的巫術。邵雍研究《周易》，自然而然會嘗試用它預測。預測來預測去，總是不準，於是放棄書本，出門遊歷，到山西、山東、河南、河北、湖南、湖北等地考察，既考察古蹟，也考察民情。考察多年，有了心得，回鄉隱居，著書立說，開創了那套玄之又玄的數字哲學。

邵雍的數字哲學並非憑空產生，他有兩個師承，一個是直接教他「物理性命之學」的李之才，另一個是間接教他「道學」的周敦頤。周敦頤上承韓愈、孟子、孔子、周公，是儒家的學問；李之才上承穆修、种放、陳摶老祖，是道家的學問。邵雍將儒家和道家融為一體，將儒家道德與他臆想中的數字宇宙融為一體，形成無比強大的文化自信，自認為可以解釋一切。

然後邵雍開始傳播他的學問。他在洛陽設帳授徒，不教科舉小道，只講宇宙大道，很多在職的官員和卸任的大佬都成了他的學生。他的名聲愈來愈大，學生愈來愈多，幾個官員門生出錢為他購置田產，在河南葉縣和洛陽近郊都買了地，供他收租糊口（參見《邵氏聞見後錄》卷十八）。

他沒有妻子，四十五歲還沒結婚，一個官員門生為他做媒，讓他迎娶另一個官員門生的妹妹，並包辦聘禮。

他沒有私宅，在洛陽天宮寺長期租房。包拯的好友、歐陽修的同年、狀元大臣王拱辰出來幫忙，將天宮寺西、天津橋南的一所公屋送給他住，並幫他擴建，使他成為三十間瓦房的新主人。邵雍寫詩感謝王拱辰：「嘉祐壬寅歲，新巢始孱功。仍分道德里，更近帝王宮。」（〈天津新居成，謝府尹王君貺尚書〉）「嘉祐壬寅」即宋仁宗嘉祐七年（一〇六二年），那一年司馬光四十四歲，王安石四十二歲，蘇東坡二十七歲，黃庭堅十八歲，邵雍則是五十一歲。

幾年後，王安石開始變法，禁止地方官亂送公屋給私人，已經送出去的必須收回，如果不能收回，則須補繳屋價。邵雍繳不起屋價，只能繳房子，他的門生都急了：「使先生之宅他人居之，吾輩蒙恥矣！」（《邵氏聞見後錄》卷十八）我們老師的房要是交給別人住，那是我們的恥辱！於是大家湊錢，幫邵雍繳齊屋價。邵雍又一次寫詩感謝：「重謝諸公為買園，洛陽城裡占林泉。七千來步平流水，二十餘家爭出錢。嘉祐卜居終是傲，熙寧受券遂能專。鳳凰樓下新閒客，道德坊中舊散仙。」（〈天津蔽居，諸公共為成買，作詩以謝〉）「七千來步平流水」，說明王拱辰送給邵雍的房子占地不少；「二十餘家爭出錢」，說明湊錢為邵雍補繳屋價的門生也不少。

邵雍一輩子沒有做官，始終是一介平民，而他的門生和好友個個官高位重，司馬光、韓琦、富弼、王拱辰、文彥博、呂公著、王尚恭都是他的至交。其中韓琦、富弼、文彥博等人是卸任宰相，王尚恭是包拯的門生。邵雍的魅力和影響如此之大，不禁讓人想起幾年前在中國叱吒江湖的那個王林大師，身邊總是圍著富商巨賈和明星大腕。

但邵雍的人品要比王林強太多，他一生不逐名利，隨遇而安，別人送他田產和房屋，他坦然接受；遇到比他窮的窮人，他卻慷慨解囊。他心胸豁達，從不動怒，無論貴賤，一視同仁，對門生諄諄善誘，總是教導他們為民造福。

王安石變法期間，司馬光處處反對，很多官員也鬧脾氣要辭官。邵雍給好友和弟子一一寫信：「此賢者所當盡力之時，新法固嚴，能寬一分，則民受一分賜矣，投劾何益耶？」（《宋史・道學列傳・邵雍傳》）新法愈是對百姓不利，你們愈要當好父母官，都撂挑子不幹，對老百姓又有什麼好處呢？

我覺得，之所以會有那麼多宋朝官員心悅誠服地拜在邵雍門下，一是因為他的學問大，二是因為他的人品好。

因為做官，所以瘋癲

一〇九二年上半年，蘇軾在揚州當知州，有一回請客，總共十幾個人到場，其中包括米芾。和蘇軾一樣，米芾的酒量也很小，幾小杯黃酒下肚，他就醺醺然、飄飄然。借著酒勁，米芾忽然站起來，對蘇軾說：「我問您一件事。」

「請講。」

「大夥都說米芾是瘋子，您今天給撂句實話，我到底是不是瘋子？」

蘇軾想了想，答道：「我的意見和大夥一樣。」

聽到這個回答，眾人哄堂大笑。

以上故事出自宋人筆記《侯鯖錄》，未必屬實。然而在宋朝士大夫圈子裡，米芾確實有個瘋癲的名聲，他也確實做過不少瘋瘋癲癲的事情。

比如說，一一〇四年下半年，米芾去安徽無為做官，剛安頓下來，瞧見衙門大院裡擺著一塊奇形怪狀的大石頭，大喜：「此足以當吾拜！」（《宋史．米芾傳》）這塊石頭長得好，值得我一拜。隨後「具衣冠拜之，呼之為兄」（同上），戴上官帽，穿上官服，恭恭敬敬地給石頭磕頭，管它叫大哥。

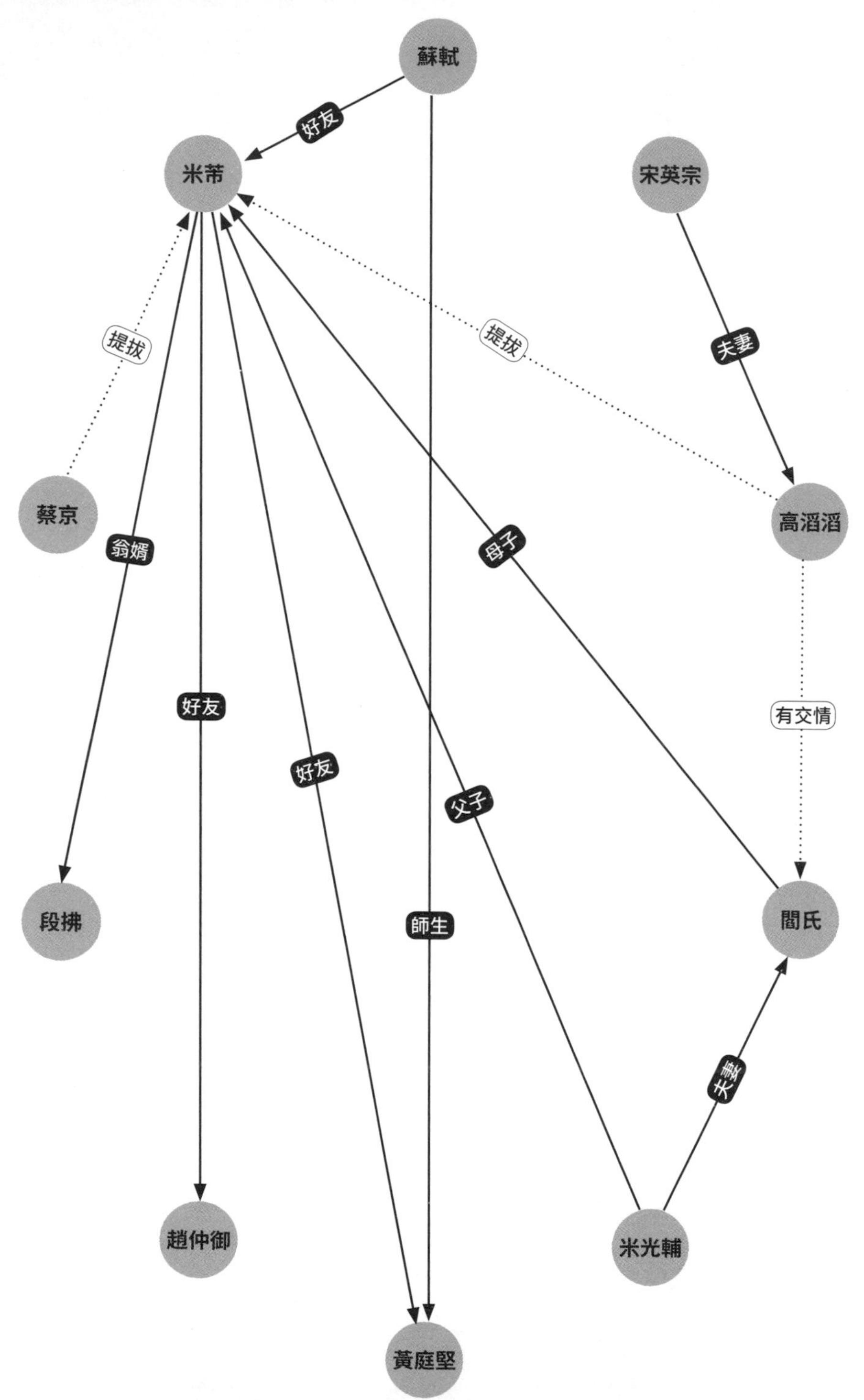

蘇軾
好友
米芾
宋英宗
提拔
提拔
夫妻
蔡京
翁婿
母子
高滔滔
好友
有交情
好友
父子
段拂
師生
閻氏
夫妻
趙仲御
米光輔
黃庭堅

又比如說，從一〇七八年到一〇八一年那幾年裡，米芾一直在湖南當最低等級的九品小官，有一回從湘西某寺經過，他見到唐朝一塊古碑，趁和尚不留神，偷偷搬進自己船裡，「一夕張帆，攜之遁。」（《鐵圍山叢談》卷四）連夜開船逃跑。和尚發覺古碑丟失，趕緊報案，等捕快追上米芾時，米芾正抱著古碑在船艙裡傻笑呢！人贓俱在，他想賴都賴不掉，只得老老實實地承認錯誤，歸還古碑。

再比如說，米芾中年以後，總是穿漢、唐時期的衣服，袖子極寬，帽子極高。高到什麼程度呢？人坐在轎子裡，不得不低頭，否則帽子會被轎頂壓變形。米芾覺得不方便，「帽檐高不可以乘肩輿，乃撤其蓋。」（《獨醒雜誌》卷六）乾脆將轎頂搗掉，坐敞篷轎出門。高高的帽子從轎子裡露出來，人人都知道裡面坐著米芾，爭先恐後地圍觀，小朋友們跟在轎子後面扔石子、飛磚塊，大喊「米瘋子」。

米芾的瘋癲還表現在另一方面，那就是潔癖，嚴重到極點的潔癖。《宋史．米芾傳》說他「好潔成癖，至不與人同巾器」，不和別人使用同一條毛巾和同一套盥洗器皿。其實，這條記載表達得太委婉，根本不足以表現米芾的潔癖。

南宋初年，關於米芾潔癖的傳說很多，例如他洗手以後，左手拍右手，右手拍左手，直到把水拍乾，就是不用毛巾擦，因為嫌毛巾髒；他展示書畫時，不讓別人近觀，因為害怕別人的汗味熏髒他的字畫。南宋第一個皇帝宋高宗也聽過這些傳說，但不敢深信，直到有一天從米芾的書法作品裡讀到一句：「朝靴偶為他人所持，心甚惡之，因屢洗，遂損不可穿。」（轉引自宋高宗《翰墨志》）早上散朝，朝靴被別人碰一下，感覺好噁心，回來使勁洗這雙靴子，結果把它洗破，不能穿了。

米芾當了一輩子小官，晚年因為蔡京的提拔，當過幾天禮部員外郎，相當於文化部或教育部的司長級別。可惜沒當多久，就連續遭到御史彈劾，蔡京罩不住他，不得不將他下放到地方繼續當小官。御史彈劾他的理由是什麼呢？總共兩條，一是他沒中過進士，不配在禮部當官；二是他的潔癖太嚴重，朝服一天洗三回，洗出來幾個窟窿，站在官員隊伍裡有礙觀瞻。

米芾有三個兒子、五個女兒，其中一個女兒到出嫁年齡時，許多青年學子上門提親，他都不滿意。後來一個姓段的青年送上拜帖，他看著帖上的名字，滿意地笑道：「既拂矣，又去塵，真吾婿也！」（南宋《耆舊續聞》）這小夥子名字好，姓段名拂字去塵，先拂拭，再去塵，老天註定要做我老米家的女婿啊！你看，這又是關於米芾潔癖的一個傳說。

然而米芾並非天生潔癖，他甚至很可能根本就沒有潔癖，只不過是假裝瘋癲和假裝潔癖罷了。根據宋人筆記《雞肋編》記載，米芾在開封工作時，有個名叫趙仲御的皇族子弟，專門組織了一場飯局，測試米芾的潔癖是不是真的。趙仲御先讓幾個男僕打著赤膊，給米芾端茶倒水。米芾嫌人家髒，不接茶水，也不喝。然後趙仲御又讓年輕貌美的歌女出來，為賓客表演才藝。只見米芾假裝看書，實際上目光一直在歌女那邊，男僕們這時再來端茶倒水、布菜斟酒，他舉杯就喝，操起筷子就吃，絲毫沒覺得氣味難聞。

蘇軾的愛徒黃庭堅是米芾好友，比較熟悉米芾的性格和為人，他一針見血地指出：「斯人蓋既不偶於俗，遂故為此無町畦之行，以驚俗爾。」（黃庭堅〈書贈俞清老〉）米芾既沒有潔癖，也沒有瘋癲，他之所以表現出潔癖和瘋癲的樣子，完全是因為在官場上飽受歧視，難以升遷，不被主流階層接納，於是故意做驚世駭俗的事情。

按《宋史．米信傳》記載，米芾的祖上原名海進，改名米信，隸屬於東胡的分支奚族，孔武有力，箭法出眾，曾經做宋太祖的貼身護衛。但米信完全不識字，品行也十分低劣，貪汙腐敗，欺上瞞下，剋扣下屬工資，搶奪貧民土地，還用鞭子活活打死一個年老有病的家奴。按北宋大臣上官融《友會談叢》一書記載，米信的兒子吃喝嫖賭，坐吃山空，欠下巨債。米信在世時，靠貪汙和剋扣軍餉積攢了十幾萬貫家財，不到十幾年，就被兒子敗得一乾二淨，全靠宋朝皇帝念舊，才幫米家贖回了一點家產，並讓米信的後代繼續做武官。

到米芾的父親米光輔那一代，終於認識到讀書的重要性，米光輔成為米氏家族第一個讀書識字的人，但仍然是武官。米芾從小讀書，刻苦練字，可能是因為米光輔把希望寄託在米芾身上，想讓米芾高榜得中，將來當上文職大臣。你肯定知道，宋朝重文輕武，文官普遍看不起武將，武將在文官面前常常感到自慚形穢。

米芾從小讀書，刻苦練字，就是為科舉考試做準備，但他並沒有考中進士。米芾之所以能當官，全靠母親的功勞——他母親閻氏和宋英宗的老婆高滔滔有交情，後來高滔滔當上太后，便讓沒能通過科舉考試的米芾做九品小官。在那些科舉出身的官員看來，像米芾這種靠關係進官場的非科舉官員，叫作「無出身」的「濁官」，必須打壓。各種打壓之下，米芾長達十幾年都沒能升遷一步，還幾度被罷官。

有一次罷官，米芾回潤州（今江蘇鎮江）閒居，當地火災，只有「李衛公塔」和米芾建造的「米元章庵」完好無損。米芾得意地在李衛公塔上題字：「神護衛公塔，天留米老庵。」（楊萬里《誠齋詩話》）過幾天再去看，這副對聯被人添上幾個字，變成「神護衛公爺塔颯，天留米老娘庵糟」。宋朝口語中，「爺塔颯」即「爹蠢笨」，「娘庵糟」即「娘骯髒」，言外之意，諷刺米芾的出身背景不好，父親是蠢笨武官，母親是侍候太后的骯髒女僕。

米芾很有才華，也極為自負，他多次公開宣稱自己的才華在蘇軾和黃庭堅之間，比蘇軾低一點點，但比黃庭堅高一點點。與此同時，他的性格也極其敏感，唯恐別人提到他的非科舉出身，唯恐別人說他拍馬屁。可是為了改換他們米家的門庭，他又不得不拍一些朝中大佬（例如蔡京）的馬屁，否則根本就不可能得到升官的機會。結果呢，這些難以化解的矛盾把米芾逼得只剩一條窄路，那就是假裝瘋癲和假裝潔癖，讓同僚轉移視線，讓官場忽視他的出身，讓皇帝注意到他的個性，讓自己走上一條破格升遷的捷徑。

蘇東坡的敵人，未必都是壞人

王安石變法時，蘇東坡並不贊成，他勸阻，王安石不聽，因王安石早年當地方官時，曾經試行變法，效果不錯；蘇東坡給宋神宗上書，論述變法的壞處，但是宋神宗堅信可以透過變法的路子富國強兵。王安石不聽勸阻，宋神宗執意變法，蘇東坡只能在詩文裡發牢騷了。

蘇東坡名氣大，他的詩詞和文章很受歡迎，書商們喜歡搜集他的詩詞、奏章和書信，彙編成冊，雕版印刷，在大江南北的書肆裡出售。宋神宗元豐元年（一〇七八年），又有書商出版蘇東坡的一套集子，總共四冊，取名《元豐續添蘇學士錢塘集》。「元豐」是出版時的年號，「續添」就是擴充出版，「蘇學士」是當時出版界對蘇東坡的尊稱，「錢塘集」指的是蘇東坡在杭州當副市長（通判）時的詩集和文集。

這套集子出版以後，流傳到京城開封，被朝中官員注意到。其中有個名叫舒亶的官員，經過仔細翻讀，將蘇東坡對變法的不滿和牢騷都梳理出來，開始向宋神宗彈劾蘇東坡。舒亶在彈劾奏章裡寫道：

> 蓋陛下發錢以本業貧民，則曰「贏得兒童語音好，一年強半在城中。」陛下明法以課試郡吏，則曰「讀書萬卷不讀律，致君堯舜知無術。」陛下興水利，則曰「東海若知明主意，應教斥鹵

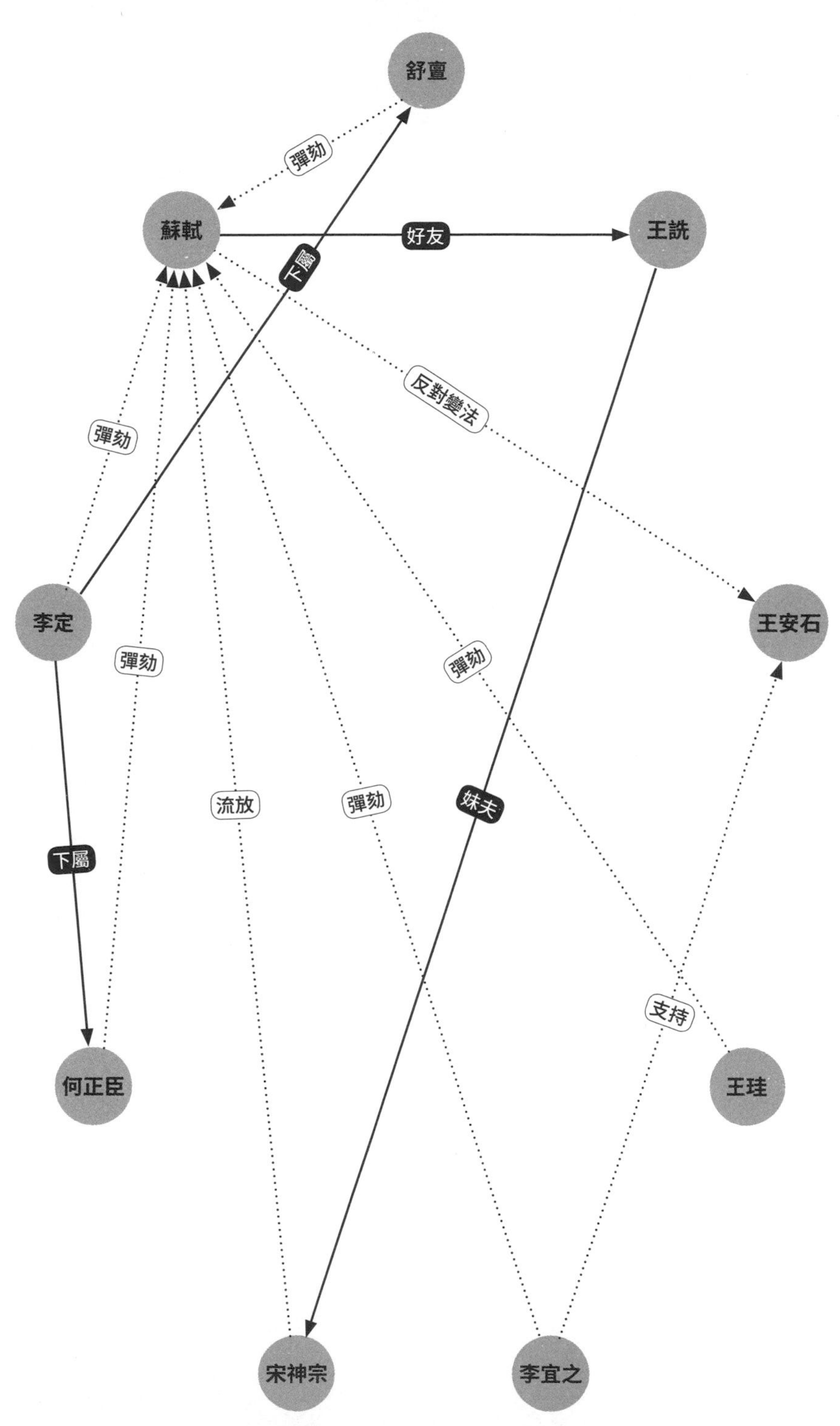

舒亶
彈劾
蘇軾
好友
王詵
下屬
反對變法
彈劾
李定
王安石
彈劾
彈劾
流放
彈劾
妹夫
下屬
支持
何正臣
王珪
宋神宗
李宜之

變桑田。」陛下謹鹽禁，則曰「豈是聞韶解忘味，邇來三月食無鹽。」……小則鏤版，大則刻石，傳播中外，自以為能。……旁屬大臣而緣以指斥乘輿，蓋可謂大不恭矣！

這段古文的大意是說，宋神宗推行「青苗法」，在青黃不接時以低息貸款給農民，蘇東坡卻說這只會誘導農民鋪張浪費；宋神宗改革科舉制度，讓精通法律的人才有機會做官，蘇東坡卻說這是法家的權術，有悖於儒家聖賢的教導；宋神宗鼓勵墾荒，興修水利，增加耕地面積，蘇東坡竟諷刺地說東海神仙應該迎合聖意，將大海統統變成桑田；宋神宗整頓食鹽專賣政策，蘇東坡造謠說食鹽專賣導致鹽價飆升，他已經連續三個月吃不到鹽……總而言之，蘇東坡對朝廷推行的新法都不滿意，都大加諷刺，他的嘲諷之作要麼雕版印刷，要麼刻成碑文，廣泛傳播於官場和民間。不僅如此，他還辱罵大臣，斥責皇帝，已經犯下大不敬的死罪。

這份彈劾奏章是一〇七九年七月初二送到宋神宗手裡的，就在同一天，另一個名叫李定的官員也寫了一份奏章，說蘇東坡「不循陛下之法，不服陛下之化，……豈不知事君有禮？訕上有誅？」不遵循陛下的制度，不順服陛下的教化，蘇軾難道不懂得對君上要禮敬，諷刺君上會被誅殺嗎？

李定是當時的御史中丞，屬於監察機構的最高長官；舒亶是「監察御史里行」，相當於資格較淺、正處於見習期的御史，是李定的下屬。其實早在一〇七九年六月二十七日，李定的另一位下屬何正臣就彈劾過蘇東坡。何正臣說：蘇軾去湖州當知州，到任後撰寫謝恩表：「愚不識時，難以追陪新進；老不生事，或能牧養小民。」這句對聯的意思非常明顯，就是在嘲笑皇帝和群臣，實在是妄自尊大、喪心病狂。

三個御史一起彈劾蘇東坡，終於激發了宋神宗對蘇東坡的怒火。七月初三那天，宋神宗讓御史臺對蘇東坡立案調查；七月初四那天，宋神宗又將李定、舒亶與何正臣的奏章發往中書省，讓宰相們拿出處理意見。幾個相臣商議的結果是立刻派人鎖拿蘇軾進京受審。

一〇七九年七月二十八日，奉命鎖拿蘇東坡的欽差皇甫僎抵達浙江湖州，將其押往開封。八月十八那天晚上，蘇東坡抵達開封，被關進御史臺大牢。從八月二十日到十一月三十日，蘇東坡一直在御史臺拘押，期間多次受審。這年臘月底，宋神宗給出終審判決，將蘇東坡「安置」到黃州，讓他以「黃州團練使」的虛銜在那裡務農。

你肯定知道，我們前面說的這段歷史就是大名鼎鼎的「烏臺詩案」。如今蘇東坡粉絲滿天下，只要提到烏臺詩案，就必定提起當年彈劾蘇東坡的那幾個御史，即李定、舒亶、何正臣。這三個御史之外，還有名叫李宜之的國子博士，以及著名的三朝元老王珪，都被蘇東坡的粉絲釘在歷史的恥辱柱上。為什麼呢？因為蘇東坡受審期間，李宜之曾從蘇東坡的一篇文章裡挑錯，說蘇軾煽動天下讀書人，廢為臣之道，亂取士之法。至於王珪，他身為宰相，卻無中生有地將蘇東坡詩句裡的「世間唯有蟄龍知」，解釋成「蘇軾想背棄陛下，另投明主」。

余秋雨寫過一篇〈黃州突圍〉，將王珪、李宜之、李定等人罵了個狗血淋頭。余秋雨說王珪「冒充師長、掩飾邪惡」，說李宜之「除了心術不正之外，智力也成大問題」，還說《夢溪筆談》作者沈括因嫉妒而陷害過蘇東坡。關於沈括嫉妒、陷害蘇東坡的說法，在八百多年前就被南宋史學家李燾考證出是偽造的，但余秋雨應該沒讀過李燾的考證。

那麼余秋雨對王珪、李宜之等人的評價成不成立呢？《宋史・王珪傳》詳細記載王珪的一生功過，既讚揚他的文學才能，又批評他在政治上的滑頭傾向，同時高度讚揚他的節儉和親情：「自奉甚約，而厚於昆弟。」雖然多年當宰相，但生活很節儉，將俸祿分給兄弟們。再看《宋史・河渠志》裡對李宜之的記載：一〇七〇年，王安石計畫疏浚漳河，群臣反對，唯有李宜之仗義執言，並主動請纓前往河北，擔負起這項大工程，用兩年時間圓滿完成工作，漳河幾十年內再也沒有決口過。另據《宋會要輯稿》的記載，一〇八一年開封鬧蝗災，李宜之出任「東路捕蝗提舉官」，也是兢兢業業地完成工作。如果說他智力上也成大問題，那麼余秋雨指的或許是他太任勞任怨，因此顯得有些傻？

烏臺詩案期間，御史中丞李定始終主張對蘇軾定以重罪，但《宋史・李定傳》卻誇李定樂善好施，領到俸祿就拿去賑濟窮人，朝廷恩蔭子孫時，他將烏紗帽送給兄長的兒子，他自己的兒孫卻靠耕種度日。李定在《宋史》中只有兩個汙點，一個是沒有給父親的小老婆守孝三年，另一個就是彈劾蘇東坡。前一個汙點放到今天來看，可以當成公而忘私的典範予以表彰；後一個汙點更不成立，因為御史的唯一職責就是彈劾其他官員。就算不是御史，彈劾其他官員也是光明正大的事情，當年歐陽修也彈劾過最著名的清官包拯，你能說這是歐陽修的人生汙點嗎？

所以說，從王珪、李宜之，再到李定，這些人雖然在烏臺詩案期間都對蘇東坡不利，卻未必是壞人。再者說，人都是複雜的，看起來光芒萬丈的聖人，可能暗藏著令人觸目驚心的黑暗；背負著千古罵名的「壞蛋」身上，或許也閃耀著人性的光輝。如果你崇拜某個名人，就將該名人的所有敵人當成小人，那至少會失去一半洞察力，你看到的世界絕對不是真實的世界。

對了，烏臺詩案期間始終與蘇軾並肩作戰的那個人，名叫王詵，他娶了魏國公主，是宋英宗的女婿、宋神宗的妹夫，能詩善畫，風流儒雅。但是，他人品卑劣，養了十幾個小妾，還和小妾一起虐待公主，魏國公主不到三十歲就氣死了。

蘇東坡死後那場文字獄

眾所周知，烏臺詩案是一樁冤案，是宋朝最著名的一場文字獄。

烏臺詩案過後，蘇東坡幾起幾落，從流放到升官，再從升官到流放。直到六十五歲那年，他結束最後一段流放生涯，去江南買房養老，卻病死在路上。

蘇東坡是一一〇一年病逝的，他死後將近二十年，京城開封又發生一場文字獄。

這場文字獄與烏臺詩案有不少共同點：首先，嫌疑人都是被誣陷；其次，嫌疑人都被關進御史臺大牢；再其次，反派們的誣陷手法都是從詩集裡找「證據」，都想讓皇帝相信嫌疑人試圖謀反。

不過，從判決結果上看，這場文字獄卻比烏臺詩案血腥殘忍得多。我們知道烏臺詩案的結果：蘇東坡雖被流放，卻保住了小命。包括他那些朋友，無論司馬光還是黃庭堅，或被罰款，或被降級，都沒有受到太大的牽連。但下面要說的這場文字獄呢？不止一個嫌疑人被處死。

話說北宋末年，開封有個能文能武的年輕人，名叫王寀，字輔道。您對「王寀」這個名字大概很陌生，但要說起王寀他爹，大概就比較耳熟了。王寀的父親就是宋神宗在位時赫赫有名的軍事家王韶。

當年王安石變法，對王韶特別重用，派王韶到西部邊疆駐防，抵擋西夏人的侵略。王韶不負重

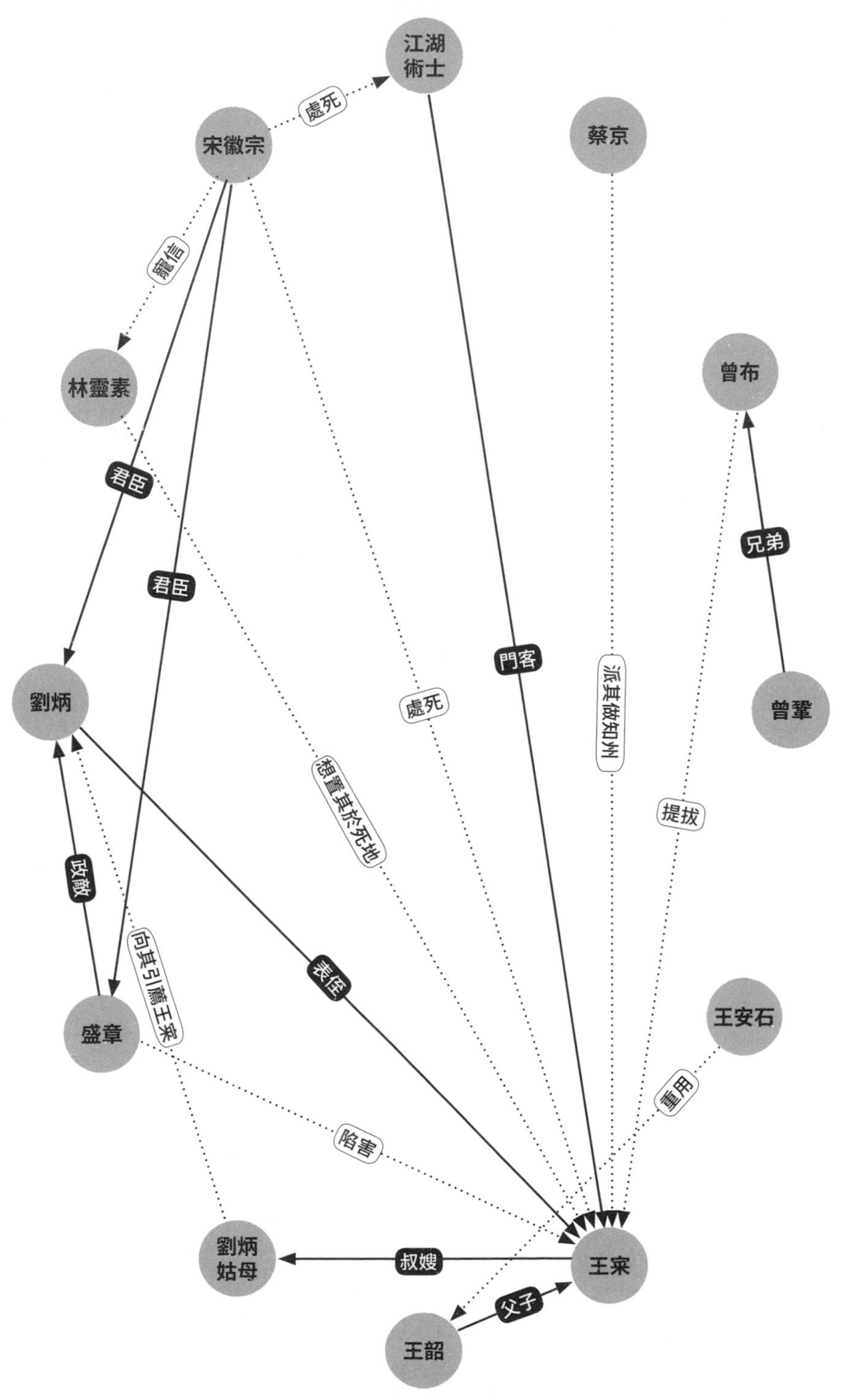

江湖術士
宋徽宗
處死
蔡京
信寵
林靈素
曾布
君臣
君臣
兄弟
門客
派其做知州
劉炳
處死
曾鞏
想置其於死地
提拔
政敵
表侄
向其引薦王寀
盛章
王安石
重用
陷害
劉炳姑母
叔嫂
王寀
父子
王韶

託，不但擋住了西夏軍隊的進攻，還占領了西夏的大片土地和軍事要塞。後人說起這段歷史，一般會用「王韶開邊」四個字來總結。對宋史愛好者而言，「王韶開邊」的名氣絲毫不亞於烏臺詩案。

王韶能帶兵打仗，又能寫文章，既當過大將，還中過進士。王寀呢？應了「老子英雄兒好漢」那句俗語，和王韶一樣出色。他愛看兵書，擅長詩詞，年紀輕輕就中進士。性格上尤其豪爽，頗有盛唐氣象。王寀並不像宋朝那些重文輕武的士大夫，倒更像盛唐時期佩劍騎驢壯遊天下的詩人。

考中進士以後，王寀得到宰相們的青睞，連連升官。曾鞏的弟弟曾布當宰相時，提拔王寀當高級祕書；後來蔡京當宰相，派王寀去汝州當市長（知州）。將近三十歲時，王寀就升為省級官員。

一個人升遷太快，免不了驕傲自滿。王寀不滿足於當大官，還想過一把孟嘗君的癮。他俸祿優厚，從不缺錢，於是廣招門客，在自己府上養了許多閒人。門客一多，難免良莠不齊，有人竟然偷著鑄造銅錢。古人私鑄銅錢和今天印假鈔一樣，都屬於重罪。那個鑄錢的門客被抓捕歸案，王寀也受到牽連，被朝廷罷官免職，從此斷送錦繡前程。

王寀捲起鋪蓋回到開封，但他不思悔改，繼續招攬門客。門客裡有一位江湖術士，會算命，會看相，會扶乩請仙。該術士聽說宋徽宗崇信道教，迷信方術，把道士林靈素當成神仙，拜為國師，就想走一條捷徑，幫助東家王寀重返仕途。

這條所謂的捷徑，就是從輿論上造勢。該術士到處向人宣揚，誇讚王寀精通道術，上知天文、下知地理，明陰陽、曉八卦，通六合、知遁甲，前推五百年，後推五百年，比皇帝寵信的牛鼻子林靈素還要厲害。皇上沒見過王寀的道術，如果見過，一定會請王寀進宮，要麼宣麻拜相，要麼登壇拜將，林靈素算老幾啊？

可惜那個術士並不知道，這條捷徑很快就會把王寀送進鬼門關。

經過術士宣傳，開封城中紛紛傳言「王寀勝過林靈素」。傳言進了林靈素耳朵，林某既憤怒又害怕：憤怒的是有人竟想蓋過自己，害怕的是假如王寀更能招搖撞騙，假如王寀得到皇帝重用，他只能靠邊站。

林靈素決定先下手為強。他去見宋徽宗，假裝非常委屈，非常悲憤：「臣以羈旅，荷陛下寵靈，而奸人造言，累及君父，乞放還山以避之。不然，願置對與之理！」（《揮麈後錄》卷三，下同）臣本是遊方道士，承蒙陛下信任，能為陛下施展一點小小的神技，這是臣的福分。可是現在開封城裡紛紛傳言，王寀的道術勝過微臣，人人都說陛下糊塗，都說陛下應該讓王寀代替我的位置。為了維護陛下知人善任的名譽，還請陛下把我貶為百姓。否則的話，就讓王寀放馬過來吧，臣願意和他當場PK！

那時候，宋徽宗和林靈素交情好得穿一條褲子，誰和林靈素過不去，就是和宋徽宗過不去。林靈素幾句話，把宋徽宗的火拱了起來，這位道君皇帝一拍龍書案：「傳朕口諭，逮捕王寀！」

林靈素又說：「陛下，王寀並沒有親自出馬造謠，造謠者是他的門客。」

「嗯，連他的門客一起抓！」

眨眼之間，王寀和那個想幫大忙卻幫倒忙的術士門客都被關進御史臺大牢。門客知道自己捅了馬蜂窩，王寀還不知道怎麼回事，待打聽清楚案件緣由，笑著對前去探監的家人說：「辯數已置，無以為念也。」這個案子啊，小事一樁，好解決得很，明天過堂，我已經把辯詞想好，你們不用掛念。

王寀卻不知道，他的對頭並不是林靈素一個人。就算林靈素想置他於死地，宋徽宗未必答應。宋徽宗認為王寀指使門客吹噓道術（王寀實際上沒有指使），無非是想得到自己的寵信，無非是想重回官場。妄人造謠而已，最多治他個妖言惑眾，流放到偏遠州縣當老百姓去，用不著砍腦袋。但是有個比林靈素還要陰狠的對手，悄悄上一道奏摺，一道要命的奏摺。

這個對手名叫盛章。

估計您對盛章也不熟悉。不要緊，下回去開封府景區，找到一座石碑，上面刻著北宋開封歷任知府的名字，其中一個就是「盛章」。

開封是京城，京城知府位高權重，是真正的大臣，官位通常比宰相和副相略低而已，盛章身為開封知府，為何想要王寀的命呢？

因為王寀有個當大官的親戚劉炳。劉炳是王寀母親的娘家侄孫，也是王寀的遠房表侄。劉炳時任工部尚書，與盛章平級，又是盛章的競爭對手。盛章想當副宰相，而宋徽宗卻有意讓劉炳來當。劉炳居官清廉，性格謹慎，盛章想扳倒劉炳，找不到破綻，忽然得知劉炳的親戚蹲大牢，就知道有機可乘了。

盛章是怎麼趁機下手的呢？我們先別急，先說說王寀入獄之前，劉炳和王寀如何交往。

王寀的年齡比劉炳小，輩分卻比劉炳高，地位又比劉炳低。王寀是表叔，罷官成了百姓；劉炳是表侄，卻做了工部尚書。

兩人性格不同。王寀太豪爽，愛交朋友，朋友圈良莠不齊。劉炳很謹慎，除了官場往來，很少結交朋友。

劉炳知道小表叔王寀在開封定居，並不去拜見王寀。第一，他見了比自己年輕的王寀得喊叔叔，感覺彆扭；第二，王寀門客眾多，三教九流、五行八作，什麼角色都有，萬一犯了事，容易受牽連。

王寀卻主動去拜見劉炳。

要說王寀與劉炳兩家的關係，那可真是親上加親。先是劉炳的姑奶奶嫁到王家，生了王寀；然後劉炳的姑媽也嫁到王家，成了王寀的嫂子。王寀找到嫂子，也就是劉炳的姑媽，說：「某久欲謁子蒙兄弟，奉候從容，然不得其門而入，奈何？」嫂子好，我想拜見您的娘家侄子劉子蒙（劉炳字子蒙）和他的兄弟們，和他們溝通溝通，可是又沒人給介紹，您說該怎麼辦呢？

劉炳的姑媽說：「俟我至其家，可往候之。」那還不好辦？等我回娘家，你和我一道去，我見到侄子，替您通報一聲，您在外面等著就是。

果然，劉炳的姑媽歸寧時，讓王寀拜見劉炳。劉炳最初不想見王寀，礙於情面，不得不見。一見之後，居然相見恨晚，對姑媽說：「久不與王叔言，其進乃爾，自恨不及也！」小侄我很久以來沒和王寀表叔聊過，今天這一見，才知道他的學問突飛猛進，我比他差遠了啊！

劉炳公務繁忙，又是大臣，不便到王家回訪。王寀閒雲野鶴，被劉炳誠心誠意地邀請，「止宿其家」，住進劉府。

再說劉炳的政敵，那位開封知府盛章，他天天派人打探劉炳的行蹤，對劉炳的一舉一動瞭若指掌。劉炳與王寀交好，盛章當然看在眼裡，也記在心裡。國師林靈素告御狀，王寀及門客被捕，這件事讓盛章大喜。盛章知道只要能在王寀的案子上加點猛料，就能把劉炳一起除掉。盛章連夜寫奏章，前半部分寫王寀如何如何翻看讖書，偷學巫術，不知意欲何為；後半部分寫劉炳與王寀來往密切，以朝廷重臣身分，私下結交術士，可能對陛下不利；結尾說防患於未然，建議陛下處死劉炳和王寀。

接到盛章的密告，宋徽宗並不太在意，笑道：「炳，從臣也，有罪未宜草草。」劉炳是朕的近臣，朕不能因為你一面之詞就給他定罪，這個案子得細查。

宋徽宗是對盛章一個人說的，盛章卻故意透過第三人把消息洩露給劉炳。劉炳非常感動，認為徽宗是聖明天子，在宋徽宗去道觀降香時，冒冒失失地叩謝皇恩：「臣猥以無狀，待罪邇列，適有中傷者，非陛下保全，已齏粉矣！」臣與王寀來往，不知他的罪狀，幸虧陛下知道臣是無辜的，沒有聽信奸臣誣告，否則，臣難逃一死啊！

劉炳這次叩謝皇恩，恰好掉進盛章設好的陷阱。宋徽宗馬上「醒悟」：嗯？奸臣誣告？你是怎麼知道盛章密告的？朕對盛章說不能定你的罪，你又是怎麼知道這個消息的？你身為工部尚書，不幫朕留心政務，卻在朕身邊安插密探，幫你刺探大臣的奏章和朕私下的言談，難道是想篡權奪位嗎？

宋徽宗顏色大變，劉炳突然醒悟，知道自己釀成大錯。但是，話已出口，無可挽回。

次日早朝，盛章再次上奏：「寀與炳腹心，誹謗事驗明白，今對眾愈次，上以欺罔陛下，下以營惑群臣，禍將有不勝言者。幸陛下裁之！」陛下都瞧見了吧？劉炳不僅與王寀關係緊密，還刺探陛下的言語，上欺君，下欺臣。陛下要是再把他留在朝中，他就會做出對陛下更加不利的事情。陛下，事不宜遲，趕緊決斷吧！

宋徽宗當即下旨：「內侍省不得收接劉炳文字。」即日起，朕不再接見劉炳，劉炳如有奏章，朕也不會再看。這道聖旨等於將劉炳打入另冊，扼殺了劉炳申辯的機會。

盛章趁熱打鐵，一散朝，就派開封府的衙役和「司錄參軍」（相當於法官）去劉炳家，搜檢劉炳與王寀的來往書信。眾人在劉炳書架上找到一本詩集，其中有一首劉炳寫給王寀的詩，開篇兩句道：「白水之年大道盛，掃除荊棘奉高真。」盛章將這兩句詩當成罪證，加上批語，報給宋徽宗。

盛章批語道：「白水，謂來年庚子，寀舉事之時。炳指寀為高真，不知以何人為荊棘？將置陛下於何地？豈非所謂大逆不道乎？」十二生肖當中，子鼠屬水，故此「白水」就是鼠年。明年恰好是鼠年，「白水之年大道盛」，意思是說王寀計畫在明年造反。「掃除荊棘奉高真」，高真就是天上的神仙，而王寀鼓吹道術，以神仙自居。劉炳想要掃除荊棘，奉王寀為神仙。誰是被掃除的荊棘呢？不就是陛下您嗎？劉炳視陛下為荊棘，這如果不叫大逆不道，什麼才叫大逆不道呢？

以我們現代人的眼光，劉炳寫給王寀的這兩句詩，應該是誇王寀無拘無束，如同修行得道的高人，如果王寀堅持修行，就能在「白水之年」成仙得道，羽化飛升。這是古代官員寫給隱士的套路詩，李白寫過，王維寫過，白居易寫過，蘇東坡也寫過。宋徽宗尊奉道教，舉國上下跟風，士大夫更是流行寫這樣的詩。

但是，宋徽宗既迷信又多疑。盛章對這首詩斷章取義，過度解讀，每一句都戳中要害，讓宋徽宗不能不懷疑，不能不治劉炳和王寀的罪。

盛章是如何斷章取義的，劉炳並不知道，在御史臺監獄關押的王寀更不知道，連御史臺監獄的看守者也不知道。看守者知道王寀是個才子，喜滋滋地請王寀題字，還對王寀說：「昔蘇學士坐繫烏臺時，衛獄吏實某等之父祖。蘇學士既出後，每恨不從其乞翰墨也！」當年蘇東坡蘇學士也關在這座牢房裡，看守者是我等獄卒的前輩。後來蘇學士出獄，我們的前輩後悔沒有請他老人家留下墨寶。今天您來到這裡，請給我們寫幾幅字，供我們收藏。

聽了看守者的話，王寀非常開心。獄卒將他比作蘇東坡，他當然開心。再想到蘇東坡的結局是開恩釋放，他當然更開心。於是王寀揮毫潑墨，一連寫下好幾首長詩。

哪裡知道，紙上墨蹟未乾，催命符就到了。宋徽宗下令：「輔道與客，皆極刑。炳以官高，得弗誅，削籍竄海外。……凡王、劉親屬等，第斥謫之。」王寀（字輔道）及其門客都被處死。劉炳官位高，開除公職，流放嶺南。凡是與王寀、劉炳結親，並身在官場者，統統降級或流放。

幾百年後，清朝人編撰《續資治通鑑長編拾補》，在第三十七卷記錄這場文字獄，並將案發時間考訂為宋徽宗重和元年（一一一八年）。不過，清朝人將劉炳的名字寫錯了，寫成了「劉昺」。

故事講完，我想談談自己的想法。

第一，我們千萬不要再說「宋朝不殺士大夫」。

這個故事的主角王寀就是士大夫，被宋徽宗殺掉。早在宋神宗在位時，還有個名叫李逢的士大夫，是范仲淹的內侄，因被懷疑謀反，凌遲處死（參見《續資治通鑑長編》卷二百六十四）。宋徽宗剛即位時，又有個名叫吳儲的士大夫，是王安石的外孫，也因被懷疑謀反，凌遲處死（參見《宋人軼事彙編》卷二十）。南宋初年，宋高宗還殺掉一個更有名的士大夫張邦昌（參見《宋史·張邦昌傳》），因張邦昌在金兵威逼之下，被迫做了傀儡皇帝。

很明顯，宋朝皇帝只是不輕易殺士大夫，並非不殺士大夫。那些被認為對皇權有意圖的人，宋朝皇帝殺起來毫不手軟。

第二，我們千萬不要再說「宋朝是最美好的時代」。

相對明、清兩朝而言，宋朝政治確實開明，但它仍然是人治超越法治的專制時代。僅僅因為懷疑，帝王就可以殺掉臣子；僅僅為了權力，臣子就敢於互相誣陷。這樣的時代，難道就是中國歷史上「最美好的時代」嗎？我們對「最美好時代」的追求難道就這麼低嗎？

岳飛被殺前的西湖大宴

今天我們穿越去南宋，去宋高宗紹興十一年（一一四一年），去杭州西湖邊上，陪岳飛吃一頓飯。

出發之前，先掰指頭算算：宋高宗紹興十一年，這年農曆臘月（即一一四二年元月），岳飛被宋高宗和秦檜殺害，死在杭州，死在最高審判機關大理寺的監獄裡。早不去，晚不去，我們偏偏挑選岳飛捐軀的這一年去，難道是想陪岳飛吃完最後一頓飯嗎？

岳飛是紹興十一年臘月被殺的，而我們要去的是紹興十一年四月，那時候岳飛還沒有坐牢。不但沒坐牢，宋高宗還升他的官，秦檜在西湖岸邊擺下一桌豐盛的酒宴，請他赴局。今天我們要去的，就是這場飯局，秦檜宴請岳飛的飯局。

岳飛是抗金英雄，秦檜是投降派、賣國賊，兩人一正一邪，水火不容，秦檜怎麼會請岳飛吃飯呢？肯定是黃鼠狼給雞拜年，沒安好心啊！

秦檜確實沒安好心，他想透過一場飯局，達到孤立岳飛的目的。

南宋初年，所有抗金名將當中，岳飛年紀最輕，資歷最淺，但是戰績最好，升官最快，短短十來年時間，就從一個普通士兵變成開府建衙、統兵十萬、麾下猛將幾十員的大帥，和劉錡、劉光世、韓世忠以及老上司張俊等人平起平坐。與此同時，岳飛又不驕不躁，虛心待人，敢打硬仗，勇擔責

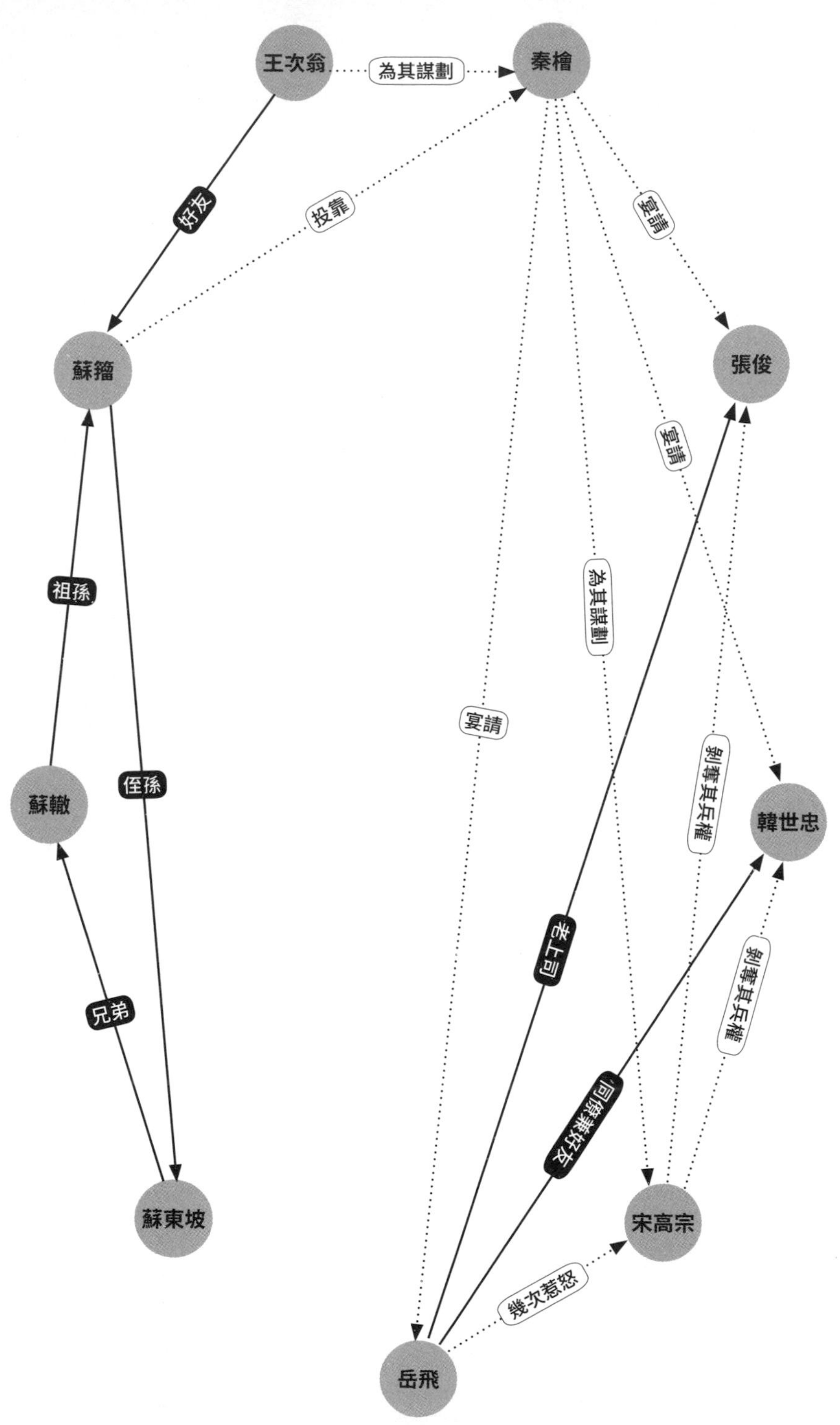

王次翁
為其謀劃
秦檜
好友
投靠
宴請
蘇籀
張俊
宴請
祖孫
為其謀劃
宴請
剝奪其兵權
蘇轍
姪孫
韓世忠
老上司
兄弟
剝奪其兵權
同僚兼好友
蘇東坡
宋高宗
幾次惹怒
岳飛

任，還不搶功勞，得到朝廷獎賞，首先分給部下和其他大將。所以，岳飛既能得民心，又能得人望，除了老上司張俊心胸狹窄，對他有些嫉妒之外，別的大將都和他處得來，尤其是韓世忠，幾乎成了岳飛的至交好友。

不過岳飛不懂政治，更不懂如何揣摩帝王心術，他在不經意間，幾次三番惹惱宋高宗，讓宋高宗對他起了殺機。

岳飛第一次惹惱宋高宗是建議立儲，勸宋高宗封養子為太子。這個建議嚴重戳傷宋高宗的自尊心，彷彿皇帝已經失去男性功能，不可能再有後代似的，將來只能讓養子承繼大統；同時又犯下武將過問皇帝家事的大忌，讓宋高宗從此對他百般提防。

岳飛第二次惹惱宋高宗是因申請增兵北伐，遭到宋高宗拒絕，他一怒之下，撂挑子不幹，不經朝廷批准，擅自離開部隊，去廬山為母親守墓。在宋高宗看來，岳飛這麼做純粹是要脅朝廷，所以龍顏震怒。後來岳飛回到朝廷，宋高宗惡狠狠地當面警告：「犯吾法者，惟有劍耳！」以後再敢不聽話，小心朕的尚方寶劍！

到紹興十一年，就是岳飛被害的這一年，岳飛又一次讓宋高宗光火。這年正月，十萬金軍渡過淮河，向南宋大舉進攻，宋高宗趕緊派大將迎敵，張俊、劉錡、楊沂中都參戰了。岳飛因患上重感冒，還缺乏糧草，遲遲沒有進軍，直到戰爭結束才趕過去。宋高宗認為岳飛患病是藉口，要脅朝廷才是目的，對於這樣能打仗又這樣不聽話的武將，他是非殺不可。

很多人都說宋高宗殺岳飛是怕他收復中原，迎回徽、欽二帝，危及他的皇位。實際上，宋朝對宗室子弟和太上皇的防範無比嚴密，宋徽宗和宋欽宗即使活著回來，也不可能重回寶座，只能老老實實地待在宮裡養老。宋高宗之所以想殺岳飛，真正的原因是他對岳飛既恨又怕，恨岳飛不聽話，怕岳飛有野心。

可是岳飛手握十萬精兵，又有關係很鐵的韓世忠幫忙，要殺這樣一個大將，風險是非常大的。首先，宋高宗必須防範岳飛的部下起兵復仇；其次，他還要防範其他大將怨恨朝廷，一個接一個造反。所以，他和秦檜定下計謀，挑撥離間，想法設法讓別的大將對岳飛產生不滿。

紹興十一年農曆四月，經過精心謀劃之後，秦檜發出邀請函，邀請張俊、韓世忠和岳飛趕回杭州，到西湖參加大宴，犒賞他們在抗金前線的功勞。但是，秦檜沒有同時把這三份邀請函發出去，他先發給張俊和韓世忠，隔幾天才發給岳飛。

張俊和韓世忠先趕到，只見宴席已經備好，朝中大佬在座相陪，有宰相秦檜，還有秦檜的狗腿子、剛剛當上副宰相的王次翁。這種規格的飯局肯定少不了宮廷御酒和山珍海味，張俊和韓世忠都眼巴巴地等著開飯，但是左等右等，宴席始終不開。

只聽秦檜對王次翁說：「哎，該來的不來，不該來的都來了。」

王次翁大聲問道：「敢問丞相大人，哪個該來的沒來啊？」

秦檜說：「當然是岳飛岳少保啊！他可是本朝功勞最大的將軍，岳少保不來，我們怎麼開席呢？」然後秦檜扭過頭來，對大廚喊道：「待岳少保來，益豐其燕具！」你們後廚做好準備，等岳少保來了，給他多加幾個硬菜！

直到六天以後，岳飛才收到邀請函，快馬加鞭趕過去參加飯局。這六天裡，秦檜和王次翁天天這樣表演，張俊和韓世忠光看不能吃，只能靠小點心充饑，對岳飛的不滿愈來愈強烈。第一，他們認為岳飛的功勞並不是最大，不應該被秦檜捧到天上去；第二，他們誤以為岳飛遲遲不來，是因為性情高傲，瞧不起他們倆。

六天過後，岳飛終於到場，推遲了六天的宴席終於開始。岳飛性情耿直，和張俊和韓世忠推杯換盞，完全不知道自己掉進了秦檜的圈套，完全不知道宴席上已經殺機四起。

就在這場宴席上，秦檜宣布宋高宗的聖旨，將岳飛、張俊、韓世忠都升了官，讓他們仨分別做了樞密使和樞密副使，相當於國防部長和國防副部長。表面上看，三個人的軍銜升到最高；實際上，他們從此再也不是開府建衙的大將，從此失去對各自軍隊的直接指揮權，只能在皇帝眼皮底下供職。

透過這場飯局，秦檜一舉搞定宋高宗交給他的兩個任務：第一，孤立岳飛；第二，剝奪三大將的兵權。我們完全可以這樣說，紹興十一年杭州西湖這場大宴，既是宋高宗殺害岳飛的鴻門宴，又是宋朝歷史上的第二次「杯酒釋兵權」。

當然，我們也不能過於誇大一頓飯的作用，宋高宗剝奪大將兵權，還用了其他招式：例如挑撥張俊和岳飛，讓他倆去瓜分韓世忠的軍隊；又拉攏張俊，假意承諾讓張俊獨攬兵權，只要他能找到岳飛謀反的證據；同時宋高宗還逐步削弱地方軍的力量，增強中央軍的實力，把忠心耿耿又沒有野心的老將都調到身邊當禁軍統領，以便對抗岳飛的岳家軍和韓世忠的韓家軍。

岳家軍、韓家軍都是「家軍」。家軍介於政府部隊和軍閥部隊之間，它不像政府部隊那樣完全聽命於朝廷，也不像軍閥部隊那樣完全聽命於某一個軍閥。宋高宗秉承祖宗家法，透過拚命供應糧餉和陰謀削奪兵權，將南宋初年大變局中有可能遍地開花的軍閥扼殺在萌芽狀態，又將岳飛和韓世忠等大將一手培養起來的家軍改編成政府軍。

紹興十一年農曆十月，完成所有布局之後，宋高宗下令逮捕岳飛；僅僅兩個月後，他又下旨將岳飛處死。宋朝皇帝當中，宋高宗是為數不多的陰險皇帝，城府極深，心狠手辣，表面上對你笑臉相迎，給你升官加爵，時機一到，馬上露出猙獰的獠牙。

什麼皇帝用什麼大臣，宋高宗陰險狡詐，幫他殺害岳飛的秦檜和王次翁同樣的陰險狡詐。秦檜是人所共知的大奸臣，不用再介紹，下面簡單說說王次翁。

王次翁出身於窮人家庭，靠刻苦攻讀考進太學，從太學畢業後沒有官做，靠做私塾先生養家糊口。他有個好朋友，名叫蘇籀，是蘇轍的孫子、蘇東坡的侄孫。蘇籀的詩詞曲賦都很漂亮，他寫過一句自敘詩：「東坡曾賞南溪雪，他日流芳好事孫。」意思是說自己繼承了蘇東坡的遺風。但是他人品很爛，為了當官，大拍秦檜的馬屁。王次翁做為蘇籀的好友，也拍秦檜的馬屁，而且拍得更加巧妙，顯得對秦檜無比忠心，只知有秦檜，不知有皇帝，很快就當上大官，一直做到參知政事，相當於副宰相。

紹興十一年西湖大宴，透過飯局來孤立岳飛，這個主意就是王次翁想出來的。岳飛兵權被剝奪以後，王次翁得意洋洋地回到家，給兒子講述這件事。他兒子竟然不以為恥，反以為榮，堂而皇之地將飯局經過寫入家傳。如果不是王次翁兒子的記述，我們後人很難知道岳飛被害之前竟然還參加過這麼一場飯局。

南宋初年的大將大多驕奢淫逸，拿著極高的俸祿，還貪汙軍餉、做走私生意，良田萬頃，妻妾成群，飲食奢華，連岳飛生前的好友韓世忠都不能免俗。但是岳飛出淤泥而不染，他廉潔奉公，生活克制，堪稱武將當中的道德典範。

令人憤懣的是，那個專制並黑暗的時代，道德上完美的岳飛雖然對國家有利，對民族有利，但是和皇帝愚蠢自私的個人利益並不一致，所以被奸臣算計，被昏君殺害。這是岳飛的悲劇，也是專制時代常見的悲劇。

岳飛兒孫在廣東的日子

話說八百多年前，廣州城中居住著一個超級有錢的外商，姓蒲，來自東南亞或阿拉伯半島，綽號「白番人」。

當時處於南宋前期，大宋只剩下淮河以南半壁江山，疆域狹小，人口稠密，老百姓不僅要養活自己，還要養活龐大的軍隊和官僚集團，還要非常屈辱地向北方的女真人繳納歲幣和歲絹，土地上的那點產出遠遠不夠。所以，上至朝廷下至商人都不得不從海洋貿易上想辦法，以廣州、泉州和明州（寧波）三大港口城市為支點，與東南亞諸國互通有無，用貿易利潤和海關稅收填補財政缺口。南宋極盛時期，大約有四〇%的財政收入來自海洋貿易，形成「頭枕東南，腳朝大海」的開放格局。

那時候，廣州官民對外商是非常友好的，那個姓蒲的外商不但取得永久居留權，還在廣州買地建房，結婚生子，甚至被允許建造高聳入雲的宗教建築。

當時廣州城裡級別最高的官員是岳霖，他不僅是廣州知州，同時是廣東經略安撫使，相當於廣州市長兼廣東省長兼軍區司令。岳霖有個兒子，名叫岳珂，年方十歲，曾跟隨岳霖去蒲姓外商家裡拜訪。

多年以後，岳珂根據回憶描寫在蒲姓外商家做客的情形：

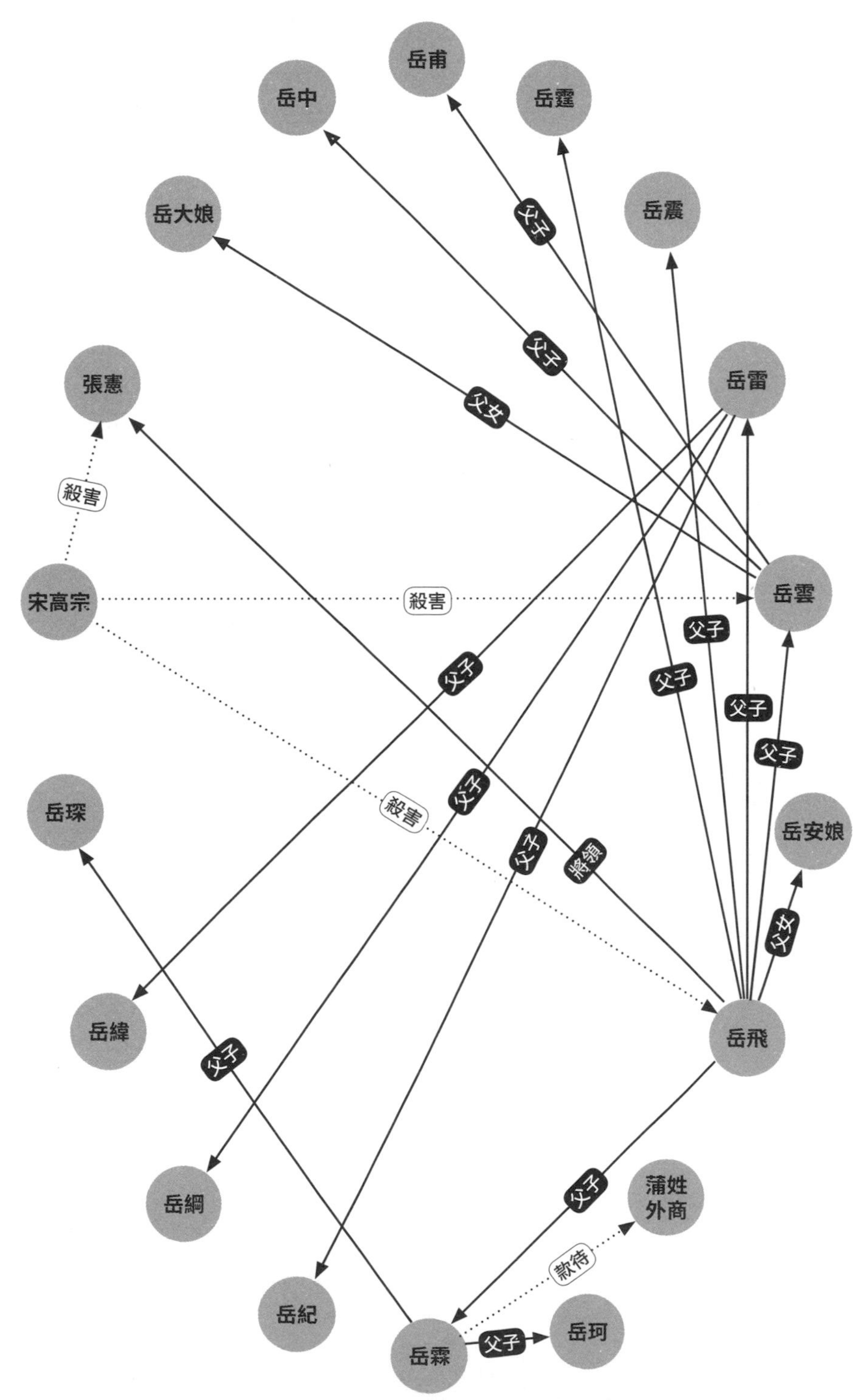

岳甫
岳中
岳霆
岳震
父子
岳大娘
父子
張憲
父女
岳雷
殺害
宋高宗
殺害
岳雲
父子
父子
父子
父子
父子
父子
岳琛
父子
殺害
岳安娘
父子
將領
父女
岳緯
岳飛
父子
岳綱
父子
蒲姓
外商
款待
岳紀
岳霖
父子
岳珂

「旦輒會食，不置匕箸，用金銀為巨槽，合鮭炙、粱米為一，灑以薔露，散以冰腦。」天一亮就聚餐，不用筷子，不用勺子，用金銀鑄成大槽，裡面盛著烤魚拌飯，用薔薇露來調味，用冰片來裝飾。

「樓上雕鏤金碧，莫可名狀。有池亭，池方廣凡數丈，亦以中金通甃，制為甲葉而鱗次，全類今州郡公宴燎箱之為而大之，凡用鉦鋌數萬。中堂有四柱，皆沉水香，高貫於棟。曲房便榭不論也。」所住的樓房雕梁畫棟，金碧輝煌。花園裡的小池塘用一片一片的黃金砌成，每片黃金都被打造成魚鱗形，僅僅這項裝飾就用掉幾萬兩黃金。正房客廳的四根柱子全是沉香木，又粗又直，撐起龐大沉重的屋頂。臥室、書房和其他小房間也是同樣奢華，就不用說了。

有一年春節，岳霖為了籠絡這個外商巨富，在衙門裡設宴招待，岳珂也參加了：「家人帷觀，余亦在，見其揮金如糞土，輿皂無遺，珠璣香貝，狼籍座上，以示侈。帷人曰：『此其常也。』」蒲某讓僕人在宴席四周架起帷幕，岳珂見他揮金如土，珍珠寶貝和名貴香料都隨意丟棄在座位上。蒲某的僕人還對岳珂說：「這是我們家老爺的習慣，他平常就是這麼奢華。」

又過大半年，岳霖病逝，剛過十歲的岳珂扶柩北上，離開廣州。北上途中，岳珂聽熟人談到蒲某：「其富已不如曩日。」那個姓蒲的外商啊，他已經不像過去那麼有錢了。

以上故事出自南宋《桯史》，對我們現代人了解南宋廣州的海外貿易略有一些幫助。

《桯史》是誰寫的呢？其實就是岳珂。岳珂是誰呢？他是岳飛的孫子。

岳飛在一一四二年（農曆一一四一年臘月）被宋高宗和秦檜害死，死的時候還不滿四十歲。但是古人結婚早，生育也早，當時岳飛已有五個兒子和一個女兒。女兒名叫岳安娘，五個兒子分別叫岳雲、岳雷、岳霖、岳震、岳靄（後來被南宋第二個皇帝宋孝宗改名為「岳霆」）。

嚴格講，岳雲並不是岳飛的親生兒子，而是義子。岳雲結婚更早，十幾歲就結婚生子。一一四二年，岳雲與岳飛同時遇害，遇害前已經生下兩個兒子和一個女兒，大兒子叫岳甫，二兒子叫岳中，女兒叫岳大娘。

岳珂的父親岳霖是岳飛第三個兒子，一一四二年才十三歲，尚未婚配，所以岳珂不可能見過祖父岳飛。那麼岳珂是什麼時候出生的呢？一一八三年，也就是岳飛遇害近半個世紀以後。

遙想當年，宋高宗殺掉岳飛、岳雲和岳飛的部將張憲，還不甘休，還抄了岳飛的家產，並將岳飛的家屬流放到廣東。

宋高宗在聖旨中說道：「岳飛、張憲家業籍沒入官，家屬分送廣南、福建路州軍拘管，月具存亡聞奏。」沒收岳飛和張憲的家產，將岳飛的家屬流放廣南，將張憲的家屬流放福建，交給地方官嚴加約束看管，每個月都要向朝廷報告他們的動向和存亡。

「廣南」是個大概念，包括廣東、廣西、海南，岳飛的家屬究竟被流放到廣南的哪個地方呢？

南宋短篇小說集《夷堅志》裡有一段記載，說是岳飛死後，其子岳霖和岳震攜家帶口抵達惠州，在惠州軍官兵馬都監的辦公室後面搭了幾間最簡陋的土坯房，兄弟二人共住一間，各睡一張單人床，平常吃飯、買菜、上廁所都要向兵馬都監交報告，經過批准才可以出門。這段記載說明，岳飛家屬被流放到惠州。

宋朝流放犯人和犯人家屬有兩種方式：一種叫「刺配」，就是在臉上刺字，然後發配到某個牢城營做苦力；一種叫「編管」，臉上不刺字，不去牢城營，但是必須離開家鄉，去朝廷指定的地方，在當地官員和官兵看守下居住。岳飛的家屬沒有被刺配，而是被編管，比牢城營自由一些。

有一定限度的自由，所以岳霖得以在流放地娶妻生子。岳霖在惠州成家，生了一個兒子叫岳琛，就是岳珂的大哥。岳雷在流放之前就成了家，流放期間又添丁進口，生下三個兒子，分別叫岳緯、岳綱、岳紀。

岳珂是在哪裡出生的呢？於史無載。不過我們可以肯定，他沒有生在惠州，因為他一一八三年才出生，而早在一一六二年，準備退位當太上皇的宋高宗就良心發現，赦免岳飛的子孫，准許他們離開流放地，返回家鄉。同年六月，宋孝宗即位，不但為岳飛平反昭雪，還授予岳飛的兒孫和女婿以官職。然後呢？岳飛的兒子、孫子、女兒、女婿都陸陸續續北上和東下，有的去了長沙（岳飛曾在此駐守），有的去了九江（岳飛曾在此定居），有的去了京城杭州，有的抵達任職所在地，走馬上任當了官，再也沒有人回到惠州那個傷心地。

岳飛一生戎馬倥傯，只有一次到過廣東。那是一一三二年，他和義子岳雲率領八千精兵追擊叛軍，從湖南追到廣西，又從廣西追到廣東，在廣東連州與部將張憲會師，隨後就領兵北上了。

而岳飛的兒孫則在廣東待了很長時間：三兒子岳霖和四兒子岳震在惠州住了整整二十年，孫子岳琛也在惠州出生。到一一八九年，岳霖又被任命為廣東經略安撫使兼廣州知州，最後於一一九二年死在廣州任上。

粗宰相去世以後

一一四七年，浙江臺州出了一樁稀里糊塗的亂倫案子：名叫呂摭的官二代突然遭到舉報。舉報人說這個呂摭大逆不道，竟然與庶母——也就是父親的小妾——亂搞男女關係。

古代中國最重倫理，兒子私通父妾，稱為「內亂」，是十惡不赦的大罪，嚴重程度與謀反相當。誰要是犯了這種罪，最輕的刑罰就是砍頭，搞不好還有可能凌遲。所以，臺州衙門接到舉報，馬上批捕，將呂摭披枷帶鎖，關進大牢。

呂摭有沒有私通父妾呢？據他自己說，絕對沒有這回事，他是遭到小人的誣告。可是臺州知州不信，每天都把呂摭揪出來過堂，每次過堂都會動刑，把呂摭打得皮開肉綻，痛不欲生。

臺州知州不僅逼供，而且誘供，誘使呂摭盡快承認，盡快在罪狀上簽字畫押，並向他承諾，只要簽了字，就不再打他，還會法外開恩，予以緩刑。呂摭迫不得已，供述自己確實與庶母有姦情。誰料臺州知州翻臉無情，不但沒有輕判，還把呂摭摁進囚車，連同簽字的有罪供狀一起遞解浙江提刑司。提刑司看了供狀，建議死刑，又將呂摭遞解到當時的京城臨安府，交給大名鼎鼎的奸相秦檜來處理。

呂摭能在秦檜手裡撿回一命嗎？絕對不能。秦檜用最快的速度將呂摭寫進死刑名單，用最快的

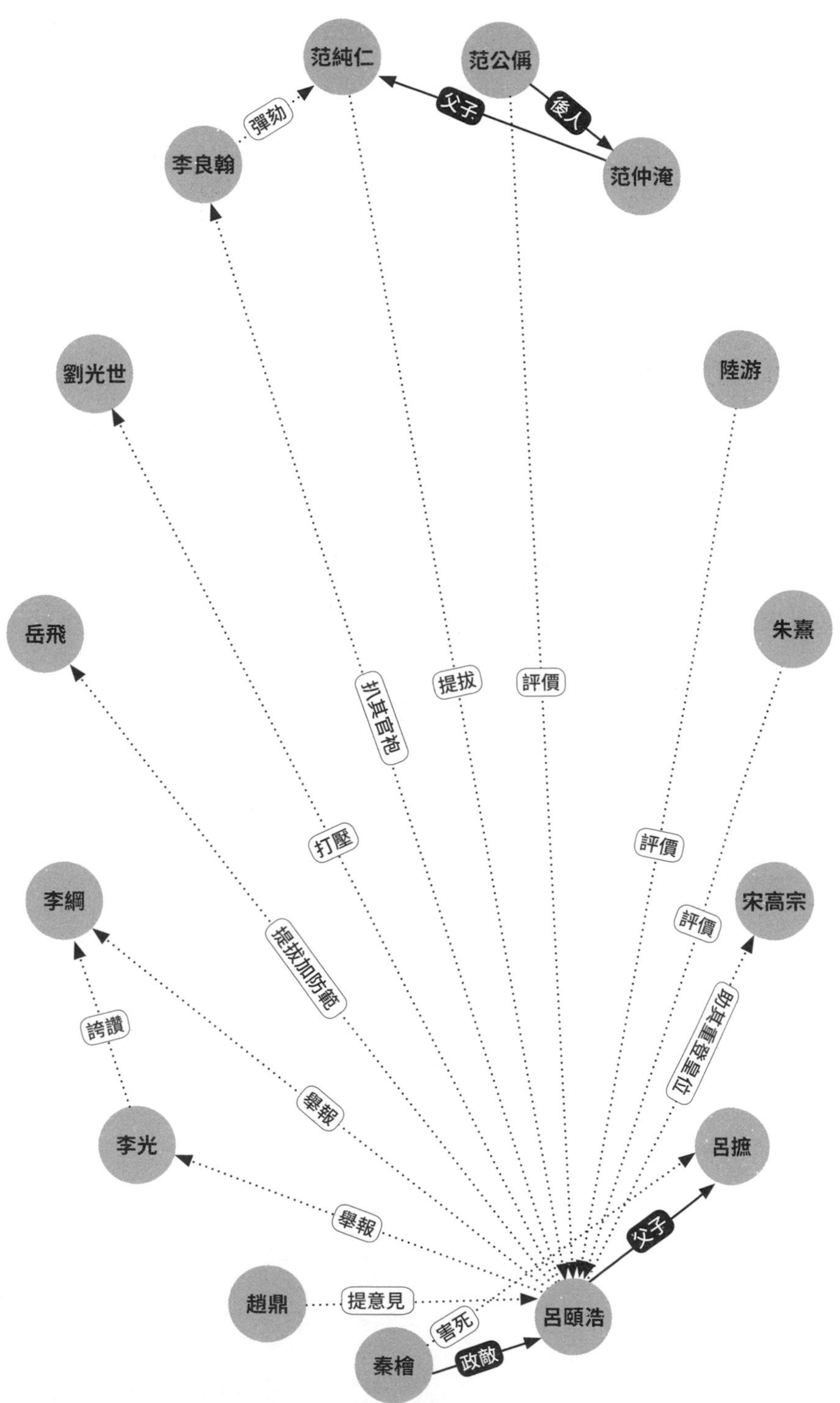

范純仁
范公偁
彈劾
父子
後人
李良翰
范仲淹
劉光世
陸游
岳飛
朱熹
扒其官袍
提拔
評價
打壓
評價
李綱
評價
宋高宗
提拔加防範
誇讚
助其重登皇位
舉報
李光
呂摭
舉報
父子
趙鼎
提意見
呂頤浩
害死
秦檜
政敵

速度交給宋高宗御筆勾決，又用最快的速度讓劊子手砍下呂摭的腦袋。做完這些事以後，秦檜非常開心，分別給浙江提刑和臺州知州寫信，誇他們在呂摭一案上表現出色，值得嘉獎，繼續努力，保證提拔。

南宋史書《建炎以來繫年要錄》分析這件案子的前因後果，認為呂摭是冤枉的，舉報人受到指使，故意對呂摭栽贓陷害，臺州知州收到上面的指示，才將呂摭屈打成招，將一樁莫須有的案子搞成鐵案。

那麼是誰指示臺州知州呢？其實就是秦檜。秦檜與呂摭並無過節，卻和呂摭的父親有過節。呂摭的父親又是誰呢？就是南宋初年先後兩次宣麻拜相的大臣呂頤浩。

呂頤浩，字元直，祖籍河北，生在山東，比抗金名將宗澤小十二歲，比主戰派大臣李綱大十二歲，比韓世忠大十八歲，比秦檜大十九歲，比岳飛大三十三歲。呂頤浩的曾祖和祖父都是平民，父親是個小官，家境並不富裕。二十四歲那年，他靠聰明才智和刻苦攻讀考中進士，由於朝中無人，三十歲才得以做官。此後多年，他一直在地方上任職，兢兢業業，精明能幹，逐漸從小小縣官升遷到方面大員。

北宋末年，金兵攻宋，呂頤浩被金兵俘虜，又僥倖得到釋放。宋高宗即位，他受到重用，防守長江，收撫土匪，扈衛太后，籌措軍餉，堅持追隨宋高宗，在金兵圍追堵截之下輾轉流亡，成了宋高宗倚仗的元老重臣。

一一二九年，苗傅與劉正彥兩位大將發動兵變，逼迫宋高宗禪位給太子。當時呂頤浩在南京駐防，收到韓世忠之妻梁氏和兒子呂摭的密報，立即召集韓世忠、劉光世、張俊等武將，平定兵變，幫助宋高宗重登大寶。宋高宗感激涕零，讓他做尚書右僕射兼中書侍郎，相當於右丞相。這一年，呂頤浩五十九歲。

平心而論，呂頤浩才能出眾，膽氣過人，在南宋初年大多數武將心目中極有威信。南宋人編撰《呂忠穆公軼事》一書記載：「公出將入相，素有威望，凡有施設，令出必行，凡招大寇，必單騎素隊入賊軍，雖十數萬眾，莫不聽命解甲。」呂頤浩發布命令，諸將都會聽從，而在招撫叛軍時，他竟敢單槍匹馬闖入敵營，憑藉個人威信和三寸不爛之舌，讓十幾萬叛軍放下刀槍。該書又說：「公每用兵，必親冒矢石，臨陣督戰，自大將韓世忠以下咸畏服。」大戰之時，呂頤浩親臨前線，親自督戰，韓世忠以及其他大將對他既畏懼又信服。

但是，南宋大儒朱熹對呂頤浩的評價卻不高。朱熹與弟子品評當朝人物，說到呂頤浩：「這人粗，胡亂一時間得他用，不足道。」（《朱子語類》卷一百三十一）呂頤浩是個粗人，雖說當了宰相，卻是個粗宰相，建國之初軍事危急，政事紊亂，朝廷迫不得已才用他，實際上他的才能並不值得稱道。

朱熹說呂頤浩是粗人，指的不是文化，而是性格。呂頤浩性格粗魯，我行我素，經常不把朝廷規矩和法律條文放在眼裡，雖然有才能，卻給他自己以及整個國家造成一些隱患。

陸游《老學庵筆記》記載，呂頤浩當宰相時，「有忤意者，遂批其頰。」哪個下屬不順從他的意思，他就上去扇人家耳光。這種行為完全違背宋朝官場上「與士大夫存其體面」的規矩，所以有下屬反駁道：「官吏有罪，當送大理寺准法行遣。」下層官員有過錯，應當交給法院判決，怎能任憑宰相凌辱呢？

范仲淹的後人范公偁《過庭錄》一書中也說過，呂頤浩年輕時，被范仲淹的兒子范純仁提拔過，因此將范純仁視為恩人，不許任何人指責。有一天，名叫李良翰的官員去政事堂（宰相辦公室）送公文，呂頤浩忽然想起此人彈劾過范純仁，「即命左右毀其朝服。」當場讓人扒掉李良翰的官袍。

曾敏行《獨醒雜誌》也收錄一則軼事，說呂頤浩剛當上宰相那會兒，一個小吏觸了他的黴頭，他竟然一巴掌打飛人家的帽子。小吏叫屈：「祖宗以來，宰相無去堂吏巾幘法。」自從太祖皇帝立國以來，本朝還沒有宰相打飛官吏帽子的先例。呂頤浩蠻橫地說：「去堂吏巾幘，當自我始！」你不是說沒有這個先例嗎？那我就開創這個先例！

另據南宋地方誌《景定建康志》記載，南宋初年，水匪張遇造反，呂頤浩親自招安，而張遇的部將劉彥不聽號令，被呂頤浩抓住，「截其兩足，釘於揚子橋柱。」將劉彥雙腳砍掉，在鎮江一座大橋的橋墩上活活釘死。

南宋立國，政權不穩，外有金兵，內有叛將，巨匪流寇四處肆虐，確實需要呂頤浩這樣的鐵腕宰相。然而呂頤浩性子太急，說話行事不按常理，想怎麼做就怎麼做，底下的文官、武將表面上怕他，內心未免怨恨。例如老將劉光世就認為呂頤浩不懂軍事，胡亂指揮。呂頤浩聽說劉光世背地裡批評自己，非但不虛心接受，還給劉光世穿小鞋，將劉光世的俸祿降了整整一半。岳飛帶兵有方，功勳卓著，呂頤浩一邊提拔岳飛，一邊又嚴加防範，不讓岳飛接近宋高宗，以免有一天蓋過自己。

武將認為呂頤浩處事不公，一些文臣也不贊同呂頤浩的做法。例如著名的主戰派大臣李綱，以及後來當上副宰相的李光，還有另一個主戰派大臣、後來當上宰相的趙鼎，雖然和呂頤浩私交不錯，但都對呂提過意見。呂頤浩有沒有聽取這些朋友的意見呢？沒有。他讓宋高宗將趙鼎下放到地方任職，又說李綱名不副實，不應該重用，還斥責李光軟弱無能，將李光降了兩級。李光給呂頤浩寫信，誇李綱忠心報國，呂頤浩卻拿這封信做憑據，向宋高宗檢舉揭發，說李光與李綱結黨營私，讓宋高宗罷了李光的官。

一一三〇年，宋高宗見呂頤浩愈來愈專權，暫時將其罷相，讓他去鎮江駐防，然後提拔看起來較懦弱、不太可能專權的秦檜當宰相。但秦檜資歷太淺，更加不能服眾，所以一一三一年，宋高宗又不得不讓呂頤浩重回相位，與秦檜一起協理朝政。當時呂頤浩為左僕射，秦檜為右僕射，按宋朝規矩，左相比右相高半級，所以呂頤浩處處壓制秦檜，兩人開始結怨。

呂頤浩執政時間長，樹大根深，許多御史、翰林學士和帶兵的將軍都是他提拔上來的，他授意老部下們告秦檜的刁狀，導致一一三二年秦檜首次罷相，兩人結怨更深。

一一三九年，呂頤浩病逝，這時候秦檜不但重登相位，而且把持朝政，開始報復呂頤浩的兒子，就是本文開頭那樁莫須有亂倫案的主角呂摭。呂摭立有大功，當年苗劉兵變，就是他與韓世忠的妻子送出密信，呂頤浩才能夠及時平叛，所以這位呂公子也算是宋高宗的恩人。想除掉皇帝的恩人是很難的，用貪汙受賄或結黨營私的罪名都不行，秦檜乾脆從倫理角度栽贓陷害，宋高宗想保都保不住，於是呂摭被殺，呂氏一門被破。

這裡絕對不是宣揚傳統的因果報應，說什麼呂頤浩用陰謀手段對付別人，別人也用陰謀手段對付他的後人之類。我想說的是，南宋前期那種政治環境下，當法治被人治取代，當檢舉揭發和栽贓陷害盛行，誰都不可能保住自己，誰都不可能成為真正的贏家。呂頤浩當然沒有贏，秦檜掌權以後處處提防，唯恐皇帝猜忌和政敵栽贓，其實也沒有贏。

宰相之子下天牢

一一五五年，南宋朝廷的天牢裡，有個剛受完酷刑的中年囚犯，衣衫襤褸，渾身枷鎖，正蜷縮在牢房角落裡的那張床上，高一聲低一聲地呻吟著。

這個囚犯大約四十歲左右，五官清秀，身軀消瘦，臉色灰白，蓬鬆的頭髮上沾滿灰塵和亂糟糟的草木屑，下巴上那綹鬍鬚也打了卷兒，掛著幾顆烏黑的血塊。再往他身上看，一襲青袍破破爛爛，千瘡百孔，簡直成了一張漁網。隔著袍子的孔洞，瞧得見裡面穿的那件小褂，本來潔白的褂子上也浸滿鮮血。

至於他身子底下那張床，說是床，實際上是一張油氈布上墊一層稻草，而那層稻草早就被汗水和血水搞得髒兮兮、潮乎乎，老遠就能聞到一股濃烈的黴味和腥臭味。

這樣一個囚犯被關在級別最高、防衛最嚴、插上翅膀也很難飛出去的天牢裡，又被打得這麼慘，他是誰呢？

他叫趙汾，是前任宰相趙鼎的兒子。

趙鼎又是誰呢？是宋高宗時期的大臣。一一三四年，趙鼎被宋高宗任命為尚書右僕射，也就是右丞相；到一一三五年，趙鼎又升任尚書左僕射，也就是左丞相。按照宋朝的官場制度，左丞相永

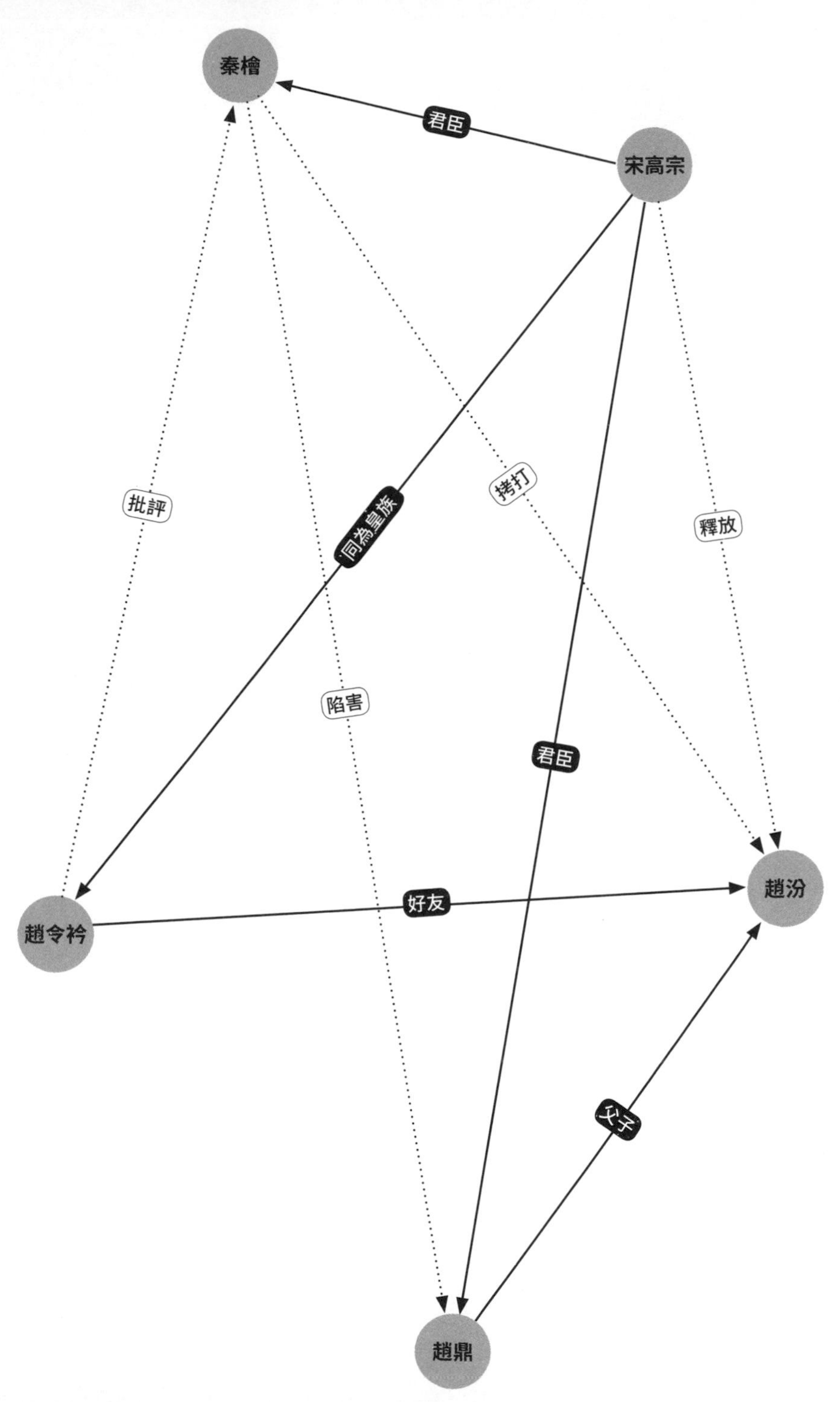

秦檜
宋高宗
君臣
批評
同為皇族
搒打
釋放
陷害
君臣
趙令衿
好友
趙汾
父子
趙鼎

遠比右丞相高半級（元朝皇帝卻來了個乾坤大挪移，讓右丞相位居左丞相之上），趙鼎身為左丞相，相當於一群宰相當中的領班宰相。

堂堂一個領班宰相怎麼會讓自己的兒子關進天牢、受盡酷刑呢？是兒子犯了國法嗎？不是，僅僅是因為他的兒子得罪了另一個宰相，也就是中國歷史上名聲最壞的那個宰相：秦檜。更準確地說，趙鼎的兒子並沒有得罪秦檜，是趙鼎自己得罪了秦檜。

趙鼎當宰相時，秦檜還是個小爬蟲，剛從金國逃回來沒有多久，官位比趙鼎低得多。但是秦檜比趙鼎聰明，吃透宋高宗恐懼金國的心理，知道宋高宗渴求早日向金國求和，所以他就向宋高宗提出一個看起來很合理的八字方針：「南人自南，北人自北。」這個方針的意思是說，南方人留在南方，受南宋的管轄，北方人留在北方，受金國的管轄，金國不再攻打南宋，南宋也不再接受從中原逃過來的難民。

對於秦檜的八字方針，宋高宗剛開始很滿意，但是趙鼎一句話就戳穿了秦檜的邏輯漏洞。趙鼎說：「陛下聖明，如果按照秦檜的辦法，那您就得拋下江山社稷，回到中原腹地去金國治下當個順民，因為您就是從北方逃過來的啊！」宋高宗恍然大悟，埋怨秦檜出了一個餿主意，罷了秦檜的官。

就在這件事上，趙鼎得罪了秦檜，從此讓秦檜懷恨在心。

幾年以後，趙鼎建議宋高宗早日確立皇儲，讓宋高宗大為不滿，認為趙鼎不夠忠心。這時候，秦檜又一次獲得宋高宗的信任，趁機落井下石，讓宋高宗把趙鼎貶出朝廷。

一一四二年，秦檜不僅達成宋高宗夢寐以求的宋、金和議，而且殺掉宋高宗最為忌恨的大將岳飛，他在宋高宗心目中的地位達到頂點，權力也達到巔峰。他授意親信搜查趙鼎的書信和詩集，從中挑出幾處所謂的證據，誣衊趙鼎在流放所在地串連皇室宗親，圖謀不軌。宋高宗大怒，將趙鼎流放到更加偏遠的地方。

一一四七年，趙鼎知道自己遲早有一天會被秦檜殺害，為了保住子孫不受牽連，他在流放地絕食自殺。

然而趙鼎萬萬沒有料到的是，秦檜竟然趕盡殺絕，不僅要除掉趙鼎的後代，還要把所有對議和不滿的大臣一網打盡。

有個名叫趙令衿的皇室宗親，私下裡罵過秦檜。趙令衿又和那些主戰派大臣來往密切，與趙鼎的兒子趙汾私交更好。秦檜先以「妄圖篡位」的罪名將趙令衿關進天牢，嚴刑逼供，再根據供詞去抓捕趙鼎的兒子趙汾。

一一五五年冬天，趙汾入獄。入獄那天，趙汾知道自己能活著出去的希望非常渺茫，他流著眼淚對妻子說：「先父死在秦檜手裡，為夫這回恐怕也難以倖免，以後就要靠妳一個人把孩子拉拔大了。」

趙汾的妻子悲痛欲絕，但她仍然強顏微笑地安慰丈夫：「夫君不必悲傷，我想聖明天子在位，不會讓秦檜繼續作惡下去，一旦朝廷查明冤情，我們夫妻肯定還有相見之日。」

趙汾長嘆一口氣：「哎，希望蒼天有眼，真如賢妻所言。」

趙汾被獄卒戴上鐵枷，鎖上鐐銬，丁鈴噹啷地朝牢房走去。妻子追上去問道：「夫君先別走，假如冤案得以昭雪，朝廷給你平反，我該怎麼報信進去呢？」

趙汾停下腳步，想了想說：「嗯，如果真有那麼一天，那就勞煩賢妻在牢飯裡給我送一枚『肉笑靨兒』吧！」

說完這句話，夫妻二人灑淚而別。

趙汾在天牢裡關了一個多月，每天都要忍受一番酷刑，因為審案的官員都是秦檜的馬前卒，他們透過嚴刑拷打，讓趙汾供出來更多對秦檜不利的人。

那一個多月裡，趙汾的身體垮了，精神也垮了，他雖然咬緊牙關不吐一個字，卻認為自己終究難逃一死。

突然有一天，已經完全絕望的趙汾竟然收到妻子送來的「肉笑靨兒」！更讓他意外的是，那不是一枚肉笑靨兒，而是整整一大筐肉笑靨兒！

趙汾不明所以，他心裡想：「看來秦檜今天要殺我了，我的妻子送這麼一大筐肉笑靨兒進來，是想讓我在臨死之前飽餐一頓，免得做個餓死鬼啊！」

他看著滿筐的肉笑靨兒，食不下嚥，抬起頭來對獄卒說：「勞煩獄卒大哥通知我的妻子，我想和她見最後一面。」

獄卒們笑了起來，紛紛說：「趙公子你還不知道嗎？秦相爺剛剛去世了，原來審案的老爺也罷官了，聖上開恩，已經下旨撤了您的案子，您現在可以回家了！」

原來就在那一天，秦檜惡貫滿盈，病死在家中，趙汾案子的幕後推手沒了，宋高宗頒布恩旨，將趙汾無罪釋放。

趙汾卸掉枷鎖，從天牢裡出來，外面陽光明媚，他左手提著那筐肉笑靨兒，右手抓著往嘴裡送。他大口大口地吃著，忍不住淚流滿面。

這個小故事結束了，現在有必要給出兩個解釋。

第一，趙汾入獄之前，讓妻子用一枚肉笑靨兒給他報平安，這肉笑靨兒是什麼東西呢？其實，肉笑靨兒是宋朝市面上流行的一道象形小點心。說穿了，就是小肉餅，像笑臉形狀的小肉餅。

將肉餡兒與澱粉打勻，用鹽和醬油調味，摁到一種特製的模具當中，摁結實，再磕出來，放入油鍋裡炸熟，一枚可愛的笑臉肉餅橫空出世，這就是肉笑靨兒。因為形狀像笑臉，所以肉笑靨兒被南宋人當成一種吉祥如意的小點心，適合給親人報平安。

第二，趙汾被陷害，是秦檜的主意。趙汾的父親趙鼎被陷害，也是秦檜的主意。那個皇室宗親趙令衿，之所以無緣無故被關進天牢嚴刑拷打，也是秦檜的主意。宋高宗為什麼縱容秦檜如此作惡呢？

因為秦檜對那些人的陷害恰好符合宋高宗的利益。

宋高宗和金國議和之前，需要秦檜出面替自己打壓主戰派；和金國議和之後，又需要秦檜壓制主戰派對他這個軟蛋皇帝的抗議和埋怨。趙鼎是議和之前主戰的，宋高宗要借秦檜之手趕走趙鼎；趙鼎的兒子趙汾在議和之後對朝廷不滿，宋高宗又要借秦檜之手打擊趙汾以及其他主戰派。

至於皇室宗親趙令衿則是長期與主戰派大臣聯絡，既違背宋高宗的議和大計，又觸犯了宋太宗以來就形成的「皇室宗親不得私自結交大臣」的祖宗家法。把趙令衿當成反面典型，抓進天牢收拾一頓，能讓其他皇室宗親意識到祖宗家法的可怕，意識到皇帝權力的無所不在。

問題是，秦檜做得太過分，執行宋高宗政策的同時，也塞進去不少私貨。為了一己私利，秦檜想殺掉所有對他不利的人，這是宋高宗所不允許的，會危及他一向表現出的「仁君」形象。所以，儘管秦檜一直對趙汾和趙令衿嚴刑拷打，宋高宗卻一直不許他殺掉趙汾和趙令衿。等秦檜一死，宋高宗馬上放人——反正這些人該受的罪都受了，殺雞給猴看的目的也達到了，幹嘛不放人呢？如果這些人將來有怨恨之心，那怨恨的也是秦檜，而不是他。

秦檜無論多麼奸詐，始終都是宋高宗的擋箭牌與黑手套。奸臣當然可恨，但是像宋高宗這樣任用奸臣、剷除異己、強化君權，卻將大好河山和千萬百姓都拋諸腦後的君主，更加可恨。

大師，名妓，南宋假鈔（上）

上高中時，我喜歡看「三言二拍」，尤其喜歡看「二拍」裡的《二刻拍案驚奇》。這是明朝小說家凌濛初改編的一部白話小說集，每集講述一個完整的判案故事。這部小說集的第十二回，回目叫作〈硬勘案大儒爭閒氣，甘受刑俠女著芳名〉，講的是南宋前期一樁公案。

話說南宋第二個皇帝宋孝宗在位時，浙江有一位名士陳亮，是理學大師朱熹的好友，同時又和臺州知州（市長）唐仲友相交。陳亮去臺州衙門做客，被唐仲友款待，並經唐某介紹，結識了當地官妓趙娟。陳亮喜歡趙娟，出錢為其贖身；趙娟也愛慕陳亮，願意跟隨從良。這本是兩廂情願、皆大歡喜的好事，卻被唐仲友一句玩笑話給耽誤了。

唐仲友問趙娟：「昨日陳官人替妳來說，要脫籍從良，果有此事否？」

趙娟磕頭道：「賤妾風塵已厭，若得脫離，天地之恩。」

唐仲友笑道：「妳果要從了陳官人到他家去，須是會忍得饑、受得凍，才使得。」

趙娟信以為真，誤以為陳亮家裡很窮，從良以後得過苦日子，於是便打消從良念頭，再也不見陳亮的面。

陳亮得知真情，對唐仲友大為不滿，拂袖離開臺州，去婺州（今浙江省金華市）找好友朱熹。

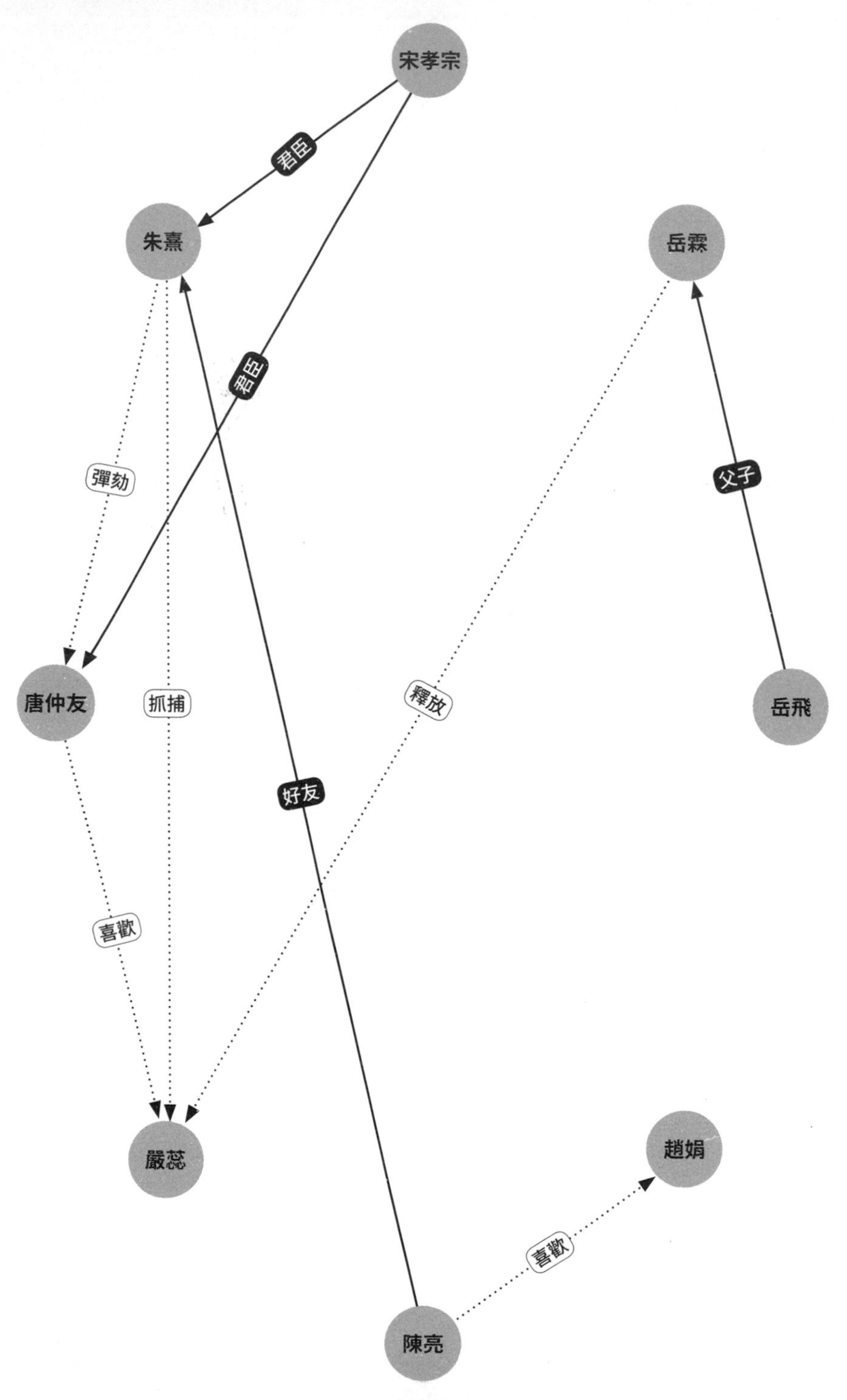
宋孝宗
君臣
朱熹
君臣
岳霖
彈劾
父子
唐仲友
抓捕
釋放
岳飛
好友
喜歡
嚴蕊
趙娟
喜歡
陳亮

當時朱熹的官職是「提舉兩浙東路常平茶鹽公事」，簡稱「浙東提舉」，既負責全省（路）的茶鹽專賣，又負責賑濟災民，對各州各縣官員也有監督和彈劾之權。陳亮見了朱熹，大講臺州知州唐仲友的壞話。

朱熹問：「小唐在臺州如何？」唐仲友這個臺州知州的工作能力怎麼樣啊？

陳亮說：「他只曉得有個嚴蕊，有甚別勾當？」他把全部精力都放在老相好嚴蕊身上了，哪裡還管工作！

朱熹又問：「曾道及下官否？」唐仲友有沒有提過我啊？

陳亮說：「小唐說公尚不識字，如何做得監司？」他說你連字都不認識，有什麼資格監督全省官員？

朱熹大怒，從此恨上唐仲友，一門心思要將其從臺州知州位置上趕走。

故事講到這裡，我來穿插兩句。陳亮說唐仲友「只曉得有個嚴蕊」，涉嫌誇張，然而唐仲友確實和嚴蕊關係密切。嚴蕊是誰呢？她與趙娟一樣，也是臺州官妓，只是名氣比趙娟更大，在官妓裡的地位比趙娟高，當時俗稱「上廳行首」，即排名第一的官妓。唐仲友在臺州知州任上，每次在後衙宴請賓客，幾乎都會讓嚴蕊作陪。臺州其他官員請客時，都不敢請嚴蕊到場，因為他們知道嚴蕊是知州大人的相好。另外，陳亮那句「小唐說公尚不識字」，也不能算是誣陷，因為唐仲友和朱熹一樣鑽研儒學，還出版過一部注解《荀子》的書，文人相輕，一向看不起朱熹的學問。

唐仲友看不起朱熹，朱熹要找唐仲友的茬兒。那麼唐仲友有沒有茬兒可找呢？《二刻拍案驚奇》第十二回這段故事裡，唐仲友居官清廉，愛民如子，唯一的缺點就是和嚴蕊來往太密切。按照宋朝法律，官妓是國家的財產，由當地官府監管，父母官可以在公務接待時讓官妓陪酒和表演歌舞，卻不許私自放官妓從良，更不許將官妓變成自己的妻妾。道理很簡單：如果某個官員私自讓其從良，就等於讓國有資產流失；如果與官妓發生男女關係，就等於監守自盜、侵吞國家財產。

在朱熹看來，唐仲友和嚴蕊來往密切，說明工作作風不太好，但還不算真正的違法亂紀，如果能抓到唐仲友與嚴蕊發生關係的證據，才可以將其拿下。怎麼抓這個證據呢？朱熹直接派人去臺州提審嚴蕊，刑訊逼供。《二刻拍案驚奇》原文寫刑訊逼供這段很詳細，又是打板子，又是夾手指，嚴蕊就是不招。嚴蕊說她和唐知州有來往是真的，那都是正當光明、合理合法，從來沒有更深一步的來往。

再說唐仲友那邊，一邊想辦法營救嚴蕊，一邊向朝廷告朱熹的狀，說朱熹挾私辦案，無憑無據對一個弱女子動刑。與此同時，朱熹彈劾唐仲友的奏章也到了宰相王淮和皇帝宋孝宗那裡。宋孝宗問王淮：「王愛卿，這事該怎麼處理啊？」王淮笑道：「兩個秀才爭閒氣耳，兩下平調便了。」意思是朱熹和唐仲友爭閒氣，不值得深究，把他們調走就不鬧了。宋孝宗聽信了，既沒有追究朱熹的責任，也沒有追究唐仲友的責任，這個由朱熹發起的案子稀里糊塗結案了。

嚴蕊呢？苦挨一番嚴刑拷打，卻沒能出獄。後來岳飛的兒子岳霖接任浙東提刑，負責一個省的司法工作，終於將嚴蕊無罪釋放。釋放之前，岳霖讓嚴蕊作一首詞，嚴蕊口占小令〈卜運算元〉：

不是愛風塵，似被前緣誤。花落花開自有時，總賴東君主。
去也終須去，住也如何住？若得山花插滿頭，莫問奴歸處。

岳霖欣賞嚴蕊的才華，為她脫去賤籍。又過一段時間，嚴蕊被南宋一位宗室子弟納為姬妾。關於南宋名妓嚴蕊的故事，《二刻拍案驚奇》講到這裡就結束了，但是真正的故事才剛剛開始。

首先我要說明，《二刻拍案驚奇》裡這個故事是有出處的，就是南宋末年文人周密寫的野史《齊東野語》。《齊東野語》第二十卷有個小節叫〈臺妓嚴蕊〉，故事梗概和前面講的一模一樣，陳亮、朱熹、唐仲友、嚴蕊以及岳飛的兒子岳霖，所有關鍵人物全部出場，只不過沒有那麼多對白而已。很明顯，明朝小說家凌濛初看過《齊東野語》，然後加以擴充，再改成白話文，就成就了〈硬勘案大儒爭閒氣，甘受刑俠女著芳名〉這個回目。

然後我還要說一句：從南宋周密到明朝凌濛初，從《齊東野語》到《二刻拍案驚奇》，關於嚴蕊和唐仲友的真實關係，關於唐仲友的官品和人品，關於朱熹查辦唐仲友的起因，全都寫錯了，統統悖離史實。

真實的歷史是，朱熹之所以查辦唐仲友，和文人相輕毫無關係，純粹是因為唐仲友的官品和人品都極其卑劣，在臺州知州任上做了太多天怒人怨的壞事。就連被凌濛初不惜筆墨使勁歌頌的名妓嚴蕊，做的事也不讓人恭維。

在臺州當知州時，唐仲友大肆挪用公款，殘酷壓榨百姓，並違背當時法令，將官妓嚴蕊占為己有。不僅如此，唐仲友竟然捏造公文，將一個因造假鈔而判刑的犯人從牢城營裡解救出來，藏進臺州衙門，再強迫該犯人為他製造假鈔。身為一州之長，唐仲友敲骨吸髓，貪汙受賄，作風糜爛，監守自盜，知法犯法，製造假鈔，即使放到古代官場上，也是罕見的窮凶極惡之徒。而朱熹身為浙東提舉，負責茶鹽專賣、賑濟饑民、監督浙東各州縣官員，查辦唐仲友不僅是他應該做的事，而且是必須做的事。假如朱熹放任不管，那反倒愧對朝廷和百姓。

唐仲友是怎麼製造假鈔的呢？朱熹又是如何搜集相關罪證的呢？名妓嚴蕊在唐仲友一案中又扮演了什麼角色呢？我們下回再說。

大師，名妓，南宋假鈔（中）

書接上回。

宋孝宗淳熙八年（一一八一年）農曆八月，朱熹在浙江東部賑濟災民有功，被宰相王淮舉薦，調任「浙東提舉」，即「浙東常平茶鹽司」長官。浙東常平茶鹽司衙門位於紹興，所以朱熹要趕往紹興上任。

上任途中，朱熹見到四十多個難民，衣衫襤褸，扶老攜幼，正要去紹興乞討。朱熹自掏腰包，給他們買了糧食，問他們是哪裡人。這些難民說他們來自臺州，因臺州大旱，莊稼歉收，交不上公糧，而臺州知州唐仲友卻逼著各縣官吏下鄉催繳，完不成任務就得坐牢，他們只得逃出來。

幾天後，朱熹正式上任，第一件事就是去臺州下轄的天臺縣查訪。剛進天臺縣，百姓就攔道告狀說：「朝廷給本縣規定的夏稅繳納指標是一萬二千匹絹和三萬六千貫錢，要求在八月底完成；而知州唐仲友為了討好戶部，加徵賦稅，命令天臺縣多繳二千五百匹絹，並要提前一個月繳完，如今縣裡的差役正挨家挨戶催繳夏稅。」朱熹立即給朝廷上奏章，讓戶部延緩夏稅徵收期限，禁止地方官加額徵收。

宋孝宗淳熙九年（一一八二年），朱熹又到臺州城裡查訪，他查考帳目時發現，唐仲友將國庫

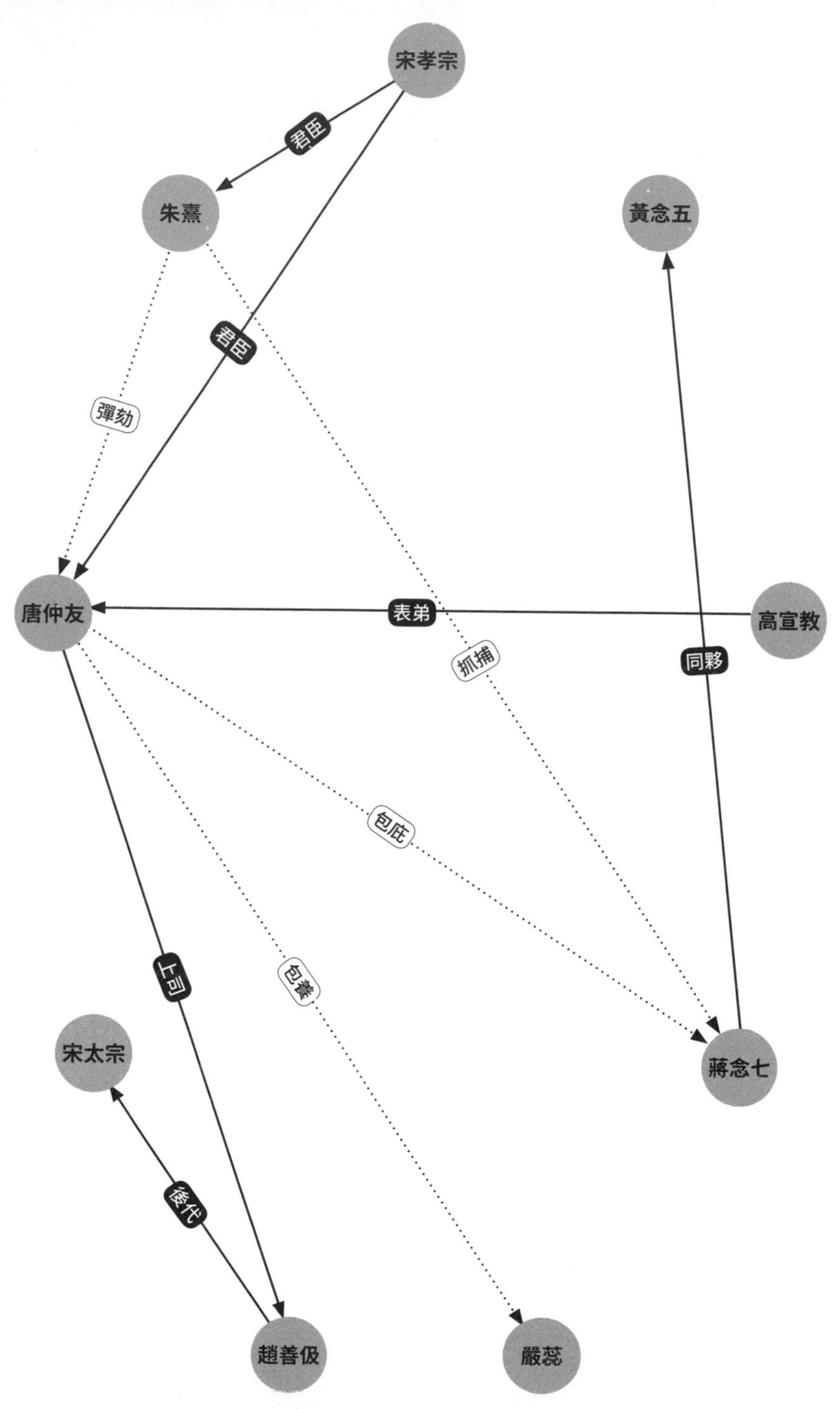

宋孝宗
君臣
朱熹
黃念五
君臣
彈劾
唐仲友
表弟
高宣教
抓捕
同夥
包庇
上司
包養
宋太宗
蔣念七
後代
趙善伋
嚴蕊

當成私人取款機，曾經取出一千四百八十二貫零二百六十三文錢，送給自己的大舅哥；還取出二萬八千六百一十六貫零六百八十二文錢，讓親信送回老家存放；又取出六百九十九貫零五文錢，給官妓嚴蕊買衣服。

然後，朱熹會見了臺州通判（副市長）趙善伋。趙善伋是宋太宗第八代孫，正經宗室子弟，早就不滿頂頭上司的惡行，像竹筒倒豆子一樣揭發唐仲友的所作所為。朱熹聽完驚呆了，原來唐仲友不只是貪汙腐敗，他竟敢在知州衙門裡私藏罪犯、製造假鈔！

朱熹半信半疑，而趙善伋言之鑿鑿地說：那個奉唐仲友之命印製假鈔的罪犯名叫蔣輝，婺州（今浙江金華）人，在老家排行第二十七，所以人稱「蔣念七」（「念」同「廿」）。目前蔣念七就住在後衙一間小屋裡，每天由唐仲友的老媽子金婆婆送飯。

臺州是唐仲友的地盤，朱熹一人勢單力薄，不敢打草驚蛇，於是趕回紹興，從浙東常平茶鹽司衙門裡挑選一批精兵強將，到這年的農曆七月才殺回臺州。朱熹派人闖進臺州衙門，專門搜捕蔣念七，讓其餘人等在州衙外面團團圍住。

再說蔣念七那邊，他正在後衙小屋裡印假鈔，給他送飯的那個金婆婆衝進去報信：「你且急出去！提舉封了諸庫，恐搜見你！」（《晦庵集》卷十九〈按唐仲友第六狀〉）意思是讓蔣念七趕緊逃走，因為浙東提舉朱熹朱大人正率領人馬一個倉庫一個倉庫地搜查，恐怕會搜到他。蔣念七往外跑，借一把梯子翻過後衙牆頭，剛好被在外面蹲守的朱熹手下逮個正著。

朱熹不僅抓了蔣念七，還抓走了與唐仲友來往密切的官妓嚴蕊。經過一番審訊，嚴蕊供狀如下：

一、她曾多次與唐仲友「踰濫」，即發生不正當男女關係；

二、唐仲友已經動用公款為她贖身；

三、她得唐仲友寵愛以後，臺州官吏人人皆知，有人想求唐仲友辦事，便透過她來牽線，讓她多了一個發財的機會。

我在嚴蕊的供狀裡讀到幾條記錄，摘抄其中兩條：

一、「臨海縣貼司徐新等，因差在城外三路及在城總店賣酒不行，並是賠錢送納，現經本縣陳狀，備申本州，乞免賣酒，許嚴蕊錢一百貫文省，託囑仲友免賣。徐新先將銀盞七只，付嚴蕊作當。……後仲友與免總店賣酒。」臺州臨海縣小吏徐新等人，奉命在本縣官營酒店裡賣酒，這種工作沒有油水，還要倒貼，徐新找到嚴蕊，請嚴蕊居間說情，讓唐仲友開恩免除這項倒貼錢的差事，如果說情成功，就送給嚴蕊一百貫錢，並用七只銀盃做抵押。結果呢？嚴蕊說情成功，唐仲友果然免除了徐新等人賣酒的苦差。

二、「嚴蕊及弟子朱妙，入宅打囑仲友，免斷楊準藏伉弟子張百二事，許錢一百貫文，並受過青紗、冷衫緞、水線、魚鮝等。」張百二是寧海縣官妓，犯罪在逃，被名叫楊準的人窩藏起來。

後來張百二與楊準都被抓捕歸案，即將判處徒刑，楊準便送給嚴蕊一百貫錢，以及一些絲綢和美食，託其向唐仲友說情。嚴蕊笑納錢物，與弟子朱妙（也是官妓）同去臺州衙門，囑託唐仲友在楊準案子上高抬貴手。

讀史讀到這裡，我們再和《二刻拍案驚奇》裡講述的嚴蕊故事對比一下，就能看出小說錯得有多麼離譜。第一，《二刻拍案驚奇》說嚴蕊守身如玉，與唐仲友只是柏拉圖式愛情關係，實情並非如此；第二，《二刻拍案驚奇》說嚴蕊很有骨氣，朱熹刑訊逼供下寧死不招，實際上她招供不少猛料；第三，《二刻拍案驚奇》說嚴蕊身分卑微而人品高貴，集美女、才女、俠女於一身，實則她貪財好利，憑藉她和唐仲友的不正當關係，干涉行政與司法。另外，《二刻拍案驚奇》還說嚴蕊給岳飛的兒子岳霖作了一首〈卜運算元．不是愛風塵〉，然而根據她自己的供狀，那首詞並不是她寫的，而是唐仲友的表弟高宣教寫的。

說完嚴蕊，下面我們再看蔣念七的供狀。

前文曾經提到，臺州通判趙善伋向朱熹透露，蔣念七本名蔣輝，籍貫婺州。其實趙善伋掌握的資訊並不精確——蔣念七的原籍在明州，也就是現在的寧波。此人心靈手巧，原以刻字為業，刻章、刻碑、刻書版的手藝出神入化。因為婺州的書坊很多，雕版印刷比較繁榮，蔣念七便在婺州謀生，所以趙善伋才把他當成婺州人。

在婺州謀生多年，蔣念七不再滿足於給書坊打工掙辛苦錢。宋孝宗淳熙四年（一一七七年），蔣念七與另一個刻字匠黃念五（即黃廿五）聯手製造假鈔，嘗到一夜暴富的甜頭。但「好景」不長，蔣念七很快落入法網。製造假鈔是重罪，相當於故意殺人，《水滸傳》中武松故意殺人，刺配孟州牢城營；蔣念七和黃念五偽造假鈔，則被刺配到臺州牢城營。

宋朝所謂「牢城營」，其實是軍隊和監獄的結合體，囚犯以軍人的身分（宋朝軍人地位低下）勞動改造，必須從事最苦、最累的高強度勞動。然而每座牢城營都充斥著腐敗和不公，只要犯人送上足夠多的賄賂，就能擺脫勞動，想做什麼就做什麼。蔣念七深知牢城營的貓膩，讓家屬稍作打點，雇了一個無業遊民替他進行勞動改造，居然大搖大擺走出牢城營，回到婺州繼續造假鈔。宋孝宗淳熙七年（一一八〇年），刑期未滿的蔣念七在婺州又找了一個同夥，印製了九百張鈔票，每張面值一貫，總共九百貫錢。

俗話說，沒有不透風的褲子。一一八一年八月，也就是朱熹走馬上任浙東提舉時，蔣念七又一次東窗事發，被婺州義烏縣（今浙江義烏）官差捉住。但在捉拿蔣念七的過程中，義烏官差沒有按照法律程序行動——本來應該先出具逮捕文書，再套上鐐銬枷鎖，而官差心急，沒有逮捕文書，直接給蔣念七套上枷鎖，隨即又異地刑訊逼供，打傷蔣念七的手骨。

蔣念七在婺州被捕，最後怎麼成了臺州知州唐仲友的座上賓呢？我們下回分解。

大師，名妓，南宋假鈔（下）

蔣念七犯案被抓，刺配期間繼續犯案，落在婺州（今浙江金華）官差手中。他是犯過案的人，有一些反偵察經驗，也懂得一些辦案程序，便託人送出消息，讓兒子到婺州衙門告一狀，告婺州官差非法逮捕、非法刑訊。與此同時，他還花錢買通法醫，「稱肩並背脊、脇、腳、手並皆打損及傷骨蹉跌。」（《晦庵集》卷十九〈按唐仲友第六狀〉）肩膀、後背、腰眼、手腳都被婺州官差打傷。

這時候，臺州知州唐仲友得知此事，認為蔣念七是個「人才」，堪作大用，於是讓親信去婺州提人，說蔣念七在臺州犯過案，原籍又在臺州（實則不是），理應由臺州審理。婺州官員不明所以，遂將蔣念七交給唐仲友審理。

唐仲友審理蔣念七了嗎？沒有，他把蔣念七當作貴客看待，安排到臺州衙門後院一個無人打擾的小屋裡，讓自己的老媽子金婆婆每天送飯，從一一八一年八月一直供養到一一八二年八月。

唐仲友是臺州知州，堂堂一市之長為何包庇並供養一個罪犯呢？因為他想利用蔣念七為自己謀取利益。和南宋哲學家朱熹一樣，唐仲友本人也是儒學大師，寫過一部《荀子注》，還整理過一部校勘精當的《楊子》。唐仲友想出版《楊子》和《荀子注》，又不想自掏腰包支付數目驚人的出版費用（古代雕版印刷成本較高），便讓蔣念七當技術骨幹，帶領一幫工人刻印這兩部書。紙張、印

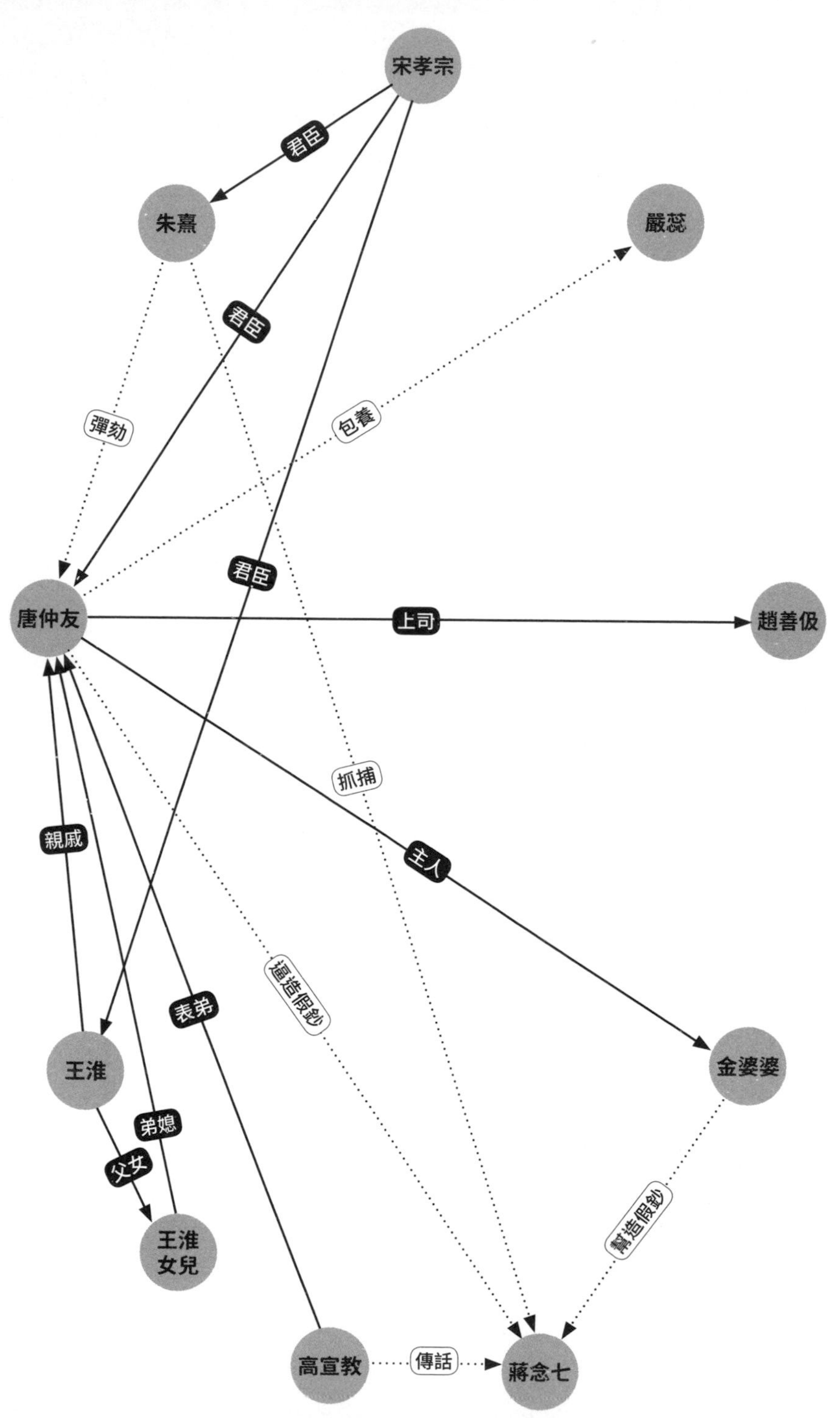

宋孝宗
朱熹
嚴蕊
君臣
君臣
君臣
彈劾
包養
唐仲友
上司
趙善伋
抓捕
親戚
主人
逼造假鈔
表弟
王淮
金婆婆
弟媳
父女
王淮女兒
幫造假鈔
高宣教
傳話
蔣念七

墨、排筆、棕刷以及各種顏料開支，還有印刷工人的報酬，都從公款裡走帳報銷。

一一八一年十月，《楊子》和《荀子注》刻印完工，唐仲友還不滿足，還想讓蔣念七「發揮餘熱」。十月初三那天，唐仲友親自駕臨蔣念七的小屋，劈頭就問：「我救得你在此，有些事問你，你肯依我不？」（《晦庵集》卷十九〈按唐仲友第六狀〉，下同）你小子該當死罪，是我讓你得以活命，我想讓你辦些機密大事，你能聽我的嗎？

蔣念七問道：「不知甚事？言了是。」知州大人想讓我做什麼？您吩咐便是。

唐仲友說：「我要做些會子。」我想讓你幫我印一些鈔票。

蔣念七惶恐地說：「恐向後敗獲，不好看。」印假鈔風險太大，萬一將來被人知道，您和我都不好收場。

唐仲友說：「你莫管我，你若不依我說，便入獄囚殺你，你是配軍，不妨。」你先別管印假鈔的風險，只管聽我的就是，否則我把你扔到監獄裡整死，反正你是勞改犯，整死你沒人問。

蔣念七嚇壞了，不敢不從。

第二天，唐仲友派金婆婆送去一塊梨木板和一張大紙，紙上描繪的是當時面值一貫的紙幣圖案。蔣念七果然心靈手巧，將紙幣圖案毫不走樣地刻在梨木板上。

南宋流行紙幣，名曰「會子」（南宋末年改名「關子」），雖說沒有現在的紙幣印刷精美，但也有一整套防偽標識，不僅僅是一套紙幣圖案就能仿造的。這套防偽標識體現在三方面：第一，紙張是特製的，必須使用四川出產的特種紙，當時叫作「會子紙」；第二，紙上有浮水印，普通刻字匠和印刷匠很難仿造出那種浮水印效果；第三，每張紙幣上都有戶部官員（或朝廷特許的地方官員）蓋的公章和簽的花押（類似於簽名）。這三個防偽標識中，第二個和第三個都難不倒蔣念七，難的是怎麼搞到印刷紙幣的會子紙。坦白說，蔣念七前面兩次印假鈔犯案，就是因為他用的紙不過關，容易被真正的行家看出真偽。

唐仲友能不能弄來會子紙呢？可以，但也挺難。從一一八一年十月到臘月，唐仲友一直在想辦法搞到會子紙。那兩個月期間，他可不捨得讓蔣念七閒著，便由表弟高宣教（「宣教」是宋朝低級文官的級別，全稱「宣教郎」）出面，監督著蔣念七刻完一部詩賦。高宣教對蔣念七說：「你若與仲友造會子留心，仲友任滿帶你歸婺州，照顧你不難。」小蔣你別擔心，只要你拿出十二分手藝給我表哥做假鈔，我表哥就一定照顧你，等我表哥任滿以後（宋朝知州三年為一任），會把你帶回婺州去，你的案子沒人敢管。

一一八一年臘月，唐仲友終於搞到一批會子紙，讓金婆婆裝到做針線的藤箱裡，交給蔣念七印刷假鈔。臘月中旬，蔣念七印出二百張，每張面值一貫。臘月底，又印出一百五十張，每張面值還是一貫。然後是一一八二年上半年，蔣念七在唐仲友命令下繼續印假鈔，總共印出二千六百張，面值總計二千六百貫。

您可能會問：蔣念七費盡心力刻出假鈔版來，唐仲友費心費力搞到一批印假鈔的特種紙張，他們為何不多印一些呢？一口氣印它幾十萬、幾百萬、幾千萬貫不好嗎？為什麼只印二千六百貫？

其實這和雕版印刷的缺陷有關。您要是觀摩過木版年畫的印刷過程，就知道雕版印刷在品質和數量上是有限制的。雕版得用質地堅硬的好木材，先縱切成木板，再晾晒好長一段時間，等它乾縮、定型，再刨平、刷油、拋光，然後才能刻字、畫圖。刻完字，畫完圖，刷上墨，把白紙鋪上去，用大刷子一刷，文字和圖案印到白紙上，似乎幾秒鐘就能印一張，一天能印上萬張。問題在於，雕版是木質的，會吸墨，刷印次數多了，那木板就會膨脹變形，再印下去就走樣了。所以，宋朝印刷匠印書和印錢都不敢過度使用印版，平均每印二百張左右，就得把那塊印版拿出去沖洗和晾晒，讓它休息幾天，才能繼續印刷。

唐仲友和蔣念七總共印了二千六百貫假鈔，如果全部投向市場的話，相當於多少錢呢？南宋前期，會子的通貨膨脹還不是十分明顯，購買力還是相當可觀。我查過宋孝宗時期會子和白銀的比價，平均每三貫會子就能兌換一兩白銀，二千六百貫會子大約可以兌換八百六十七兩銀子。八百六十七兩銀子又是多少錢呢？查南宋文言小說集《夷堅志》，當時杭州勞工階層每人每月大約收入三兩銀子，那麼八百六十七兩銀子就是一個普通工人二百八十九個月的收入，相當於他們不吃不喝奮鬥半輩子的積蓄。按南宋法令，官民私造會子，輕則抄家，重則砍頭，唐仲友命令蔣念七假造這麼多會子，應該砍頭才對。可是朱熹將此案連同各種證據奏報給朝廷以後，唐仲友並沒有受到什麼處分，反而被調到江西當提刑（相當於省司法廳長）去了。

朝廷為什麼不處分唐仲友？是犯罪證據還不夠充分嗎？不是，僅僅因為唐仲友有一門好親戚。這門好親戚是誰呢？就是當初推薦朱熹當浙東提舉的宰相王淮。南宋末年文獻《齊東野語》和明朝話本《二刻拍案驚奇》都說王淮是唐仲友的老鄉。近年還有學者考證，王淮是唐仲友的弟媳的哥哥。其實都不對，王淮實際上是唐仲友的弟媳的親爹。換句話說，唐仲友有個弟弟娶了宰相王淮的閨女。當朱熹帶人殺到臺州，圍堵臺州衙門，捉到造假鈔的犯人蔣念七時，王淮的女兒就在臺州衙門探親。於是唐仲友倒打一耙，寫奏章彈劾朱熹，說朱熹「搜捉轎簷，驚怖弟婦王氏」，硬是掀開家眷的轎子搜查，把弟媳王氏嚇病了。王淮接到奏章，心疼女兒，對朱熹甚是不滿，便對宋孝宗說：這案子沒必要深究，只是兩個文官爭閒氣而已。宋孝宗信以為真，將唐仲友調離臺州，派往江西做官。朱熹認為朝廷昏聵，宰相徇私，一怒之下辭官不做，回武夷山教書去了。

囉里囉嗦連講三回，終於把朱熹、嚴蕊和南宋假鈔案的故事給講完了。我為什麼要講這個故事呢？倒不是想證明古代官場有多麼腐敗，只是想說明歷史真相非常難得，當你讀歷史時，一定要反覆提醒自己，真實的歷史不是那麼容易就能讀到的。

文天祥的多面性

宋理宗寶祐四年（一二五六年），順利通過禮部考試的文天祥又去參加殿試，閱卷官將他的名次排在第五。殿試答卷和考生榜單提交上去，宋理宗親自審核，讀到文天祥的名字，眼前一亮，驚喜地喊道：「此天之祥，乃宋之瑞也！」（《堯山堂外紀》卷六十三）

文天祥本名雲孫，字天祥，他以字為名，用「文天祥」這個名字參加殿試。按字面意思理解，「天祥」即「天賜之祥臣」，這個美好寓意讓宋理宗龍顏大悅，將文天祥從第五名抬到第一名，並說文天祥是大宋瑞兆（文天祥後來改字「宋瑞」）。於是，文天祥成為那一屆的科考狀元。多年後抱著南宋流亡朝廷最後一位小皇帝跳海殉國的大臣陸秀夫，也與文天祥同榜，名次靠後。如果我們站在那一屆進士榜單前面，依次點數考生的名字，第一個當然是文天祥，第二十九個才是陸秀夫。

文天祥中狀元，有運氣的成分，但靠的主要不是運氣。首先他非常勤奮，勤苦攻讀，坐了十幾年冷板凳；其次他非常聰明，書法、格律、詞賦、古文，無所不通，無所不精，還雅擅下棋，著有《四十局勢圖》；另外他還很帥，《宋史》本傳云：「體貌豐偉，美晳如玉，眉秀而長，顧盼燁然。」身材高大，皮膚白皙，劍眉入鬢，顧盼生姿。北宋以降，狀元都是皇帝親選的天子門生，決定排名的不僅是成績，還有容貌和氣質，哪個皇帝都不願挑選一個長相猥瑣的考生當狀元，免得站在朝堂

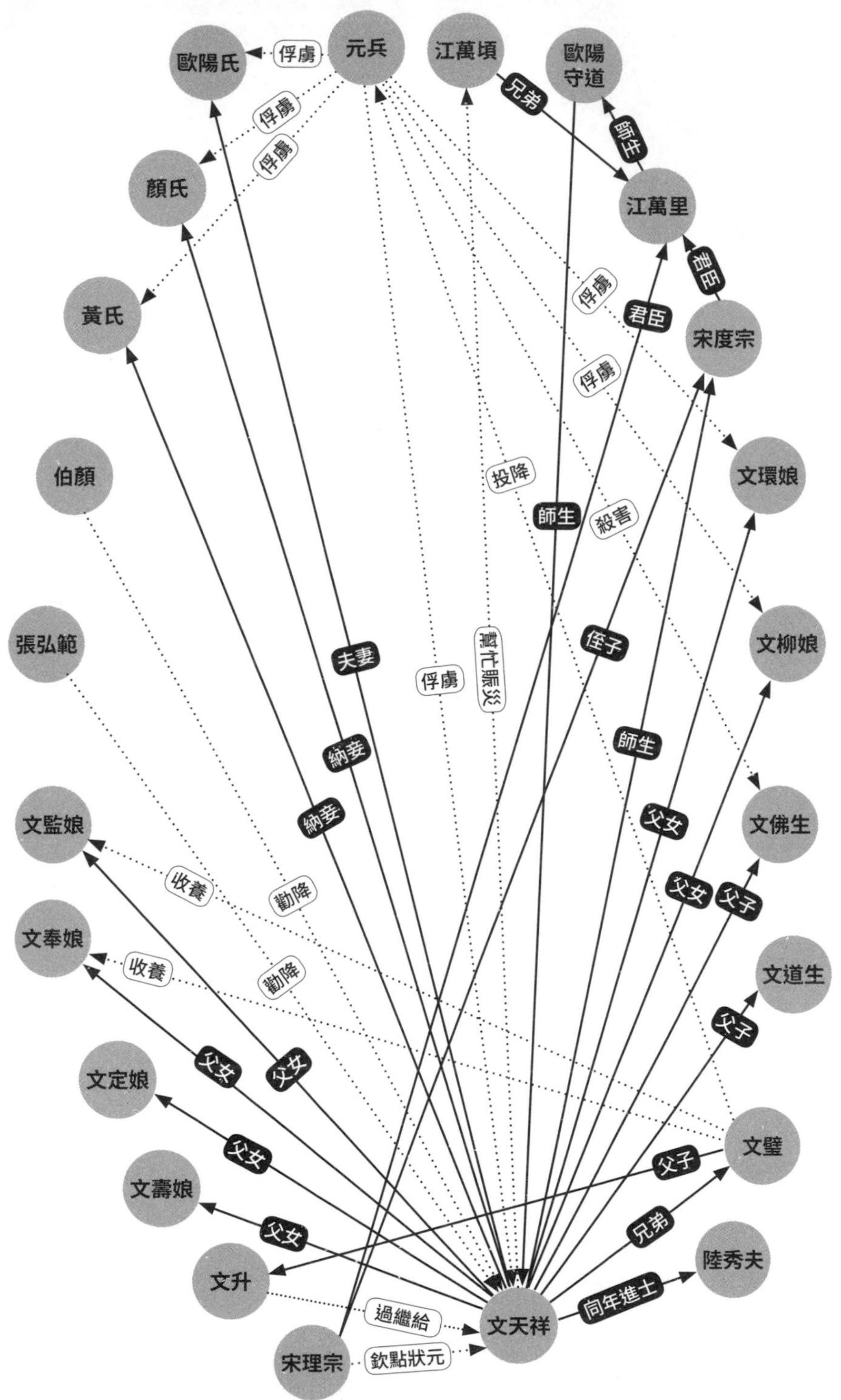

元兵
歐陽氏
俘虜
江萬頃
歐陽守道
兄弟
師生
顏氏
俘虜
俘虜
江萬里
黃氏
君臣
俘虜
君臣
宋度宗
俘虜
伯顏
投降
文環娘
師生
殺害
張弘範
幫忙賑災
侄子
文柳娘
夫妻
俘虜
納妾
師生
納妾
文監娘
父女
文佛生
收養
勸降
父女
父子
文奉娘
收養
勸降
文道生
父子
父女
父女
文定娘
父女
文璧
父子
文壽娘
父女
兄弟
文升
陸秀夫
同年進士
過繼給
文天祥
宋理宗
欽點狀元

上影響心情。而像文天祥這樣高大英俊的青年考生，自然在排名上占優勢。

中了狀元的文天祥沒有立即做官，因為他父親在他中狀元那一年去世，只能回到江西老家守孝三年。三年後，一二五九年，文天祥再次趕赴臨安，一邊等待朝廷分派官職，一邊陪弟弟文璧參加科考。文天祥兄弟四人，他是長子，文璧是次子。一二五九年那屆科考，文璧也中了進士。

一二六〇年，文天祥得到第一個官職，「簽書判官廳公事」，簡稱「簽判」，相當於市政府辦公室主任。但他不去上任，向朝廷申請了一個「祠祿」閒差，屬於只領工資不做事的官職。一二六一年，朝廷讓他擔任「祕書省正字」，相當於國家檔案館的中下層文官，他又要辭掉，被朝廷否決，只得上任。上任不到一年，朝廷將他下放到瑞州（今江西省高安市）當知州。一二六五年，知州任滿，文天祥重回臨安，升任禮部員外郎，相當於文化部中層官員。一二六六年，他又出任江西提刑，相當於司法廳長，這時候他剛滿三十歲。

在江西任上沒做多久，文天祥就被罷免了，原因是堂祖母去世，他私自回鄉奔喪守孝，御史彈劾他自由散漫，不守規矩，將公事當兒戲，未經批准就撂挑子。他辯解說，那位堂祖母是他父親的親媽（文天祥的父親曾被過繼），等於是他的親祖母，為親祖母守孝是禮法要求，不管朝廷批不批准，他都要遵守這個禮法，並不怕丟官受罰。

為堂祖母守孝期間，文天祥的小日子相當瀟灑。宋朝高薪養廉，俸祿高得空前絕後，所以文天祥腰包很鼓。他娶妻之後，又接連娶了七房小妾，他的兒女紛至遝來：一二六六年九月（農曆，下同），大兒子文道生落地；一二六七年正月，二兒子文佛生落地；一二六七年二月，大女兒文柳娘出生；一二六七年三月，二女兒文環娘出生……從一二六六年九月到一二六七年三月，僅僅半年，兒女忽成行。

一二六九年，為堂祖母守孝期滿，文天祥重回官場，先任寧國知府，再進京為官，給年輕的宋度宗講解儒家經典。當時權臣賈似道把持朝政，文天祥不屑去拍賈似道的馬屁，很快又被罷官，再次回到江西老家閒居。

上一回罷官，文天祥忙著娶妾；這一回罷官，文天祥忙著蓋房。他在老家文山買下幾十畝地，建造別墅。從他撰寫的《紀年錄》可知，這片別墅占地很廣，南北百餘丈，東西三十丈，折合土地五十畝。從他撰寫〈山中堂屋上梁文〉可知，這片別墅包括「種竹齋」、「見山堂」、「拂雲亭」、「澄虛閣」，光聽名字就能想像得到，各種建築錯落有致，是真正的園林別墅。文天祥對新居很滿意，對人生也很滿意，他拿自己和先賢做比較：「昔晦翁愛武夷而不能家，歐公卜潁水而非吾土，余何為哉？乃幸得之。」當年朱熹老夫子想在武夷山定居，無錢建房；歐陽修雖在潁州（今安徽省阜陽市）安家，潁州並非故鄉；再看我年紀輕輕就在故鄉坐擁豪宅，享受生活。這難道是因為我做過什麼貢獻嗎？非也非也，我只是比較幸運而已。

古代文人並不全是陶淵明，也有不少人過著精緻並奢華的生活。例如清朝文人袁枚，文壇上名滿天下，商場上長袖善舞，像文天祥一樣，早早地養美妾、住豪宅。但袁枚是自私型的，乾隆五十一年（一七八六年）江南大旱，南京城內難民擁擠，南京城外餓殍遍地，袁枚高臥家中，安享尊榮，唯恐被窮人搶了錢財，「已兩個月不敢出門矣。」（《小倉山房尺牘》）反觀文天祥，宋度宗咸淳六年（一二七〇年）江西歉收，他一邊出糧施捨，一邊給家鄉的父母官江萬頃寫信，籌劃賑災方案。

江萬頃是江萬里的弟弟，江萬里則是文天祥的師長。文天祥青年時代在江西白鷺洲書院讀書，老師叫歐陽守道，而江萬里是歐陽守道的老師，又是白鷺洲書院的創辦人，同時也是宋理宗和宋度宗器重的大臣。一二七三年，江萬里主政湖南，在長沙約見文天祥，對文天祥說：「觀天時人事，當有變，吾閱人多矣，世道之責，其在君乎？君其勉之！」（《宋史．文天祥傳》）時局即將大變，社稷面臨危險，老夫平生見過的人不少，恐怕只有你能擔當大任，你要努力啊！

江萬里對時局的分析和對文天祥的評價都很準。就在那一年，元朝發兵十萬，向南進發。一二七五年，元軍渡過長江，勢如破竹，江萬里守城失敗，自盡殉國。皇太后和皇帝緊急下詔，呼籲各路勤王，文天祥立即變賣家產，捐錢助餉，率領一萬多人北上抗元。《宋史》本傳記載：「天祥性豪華，平生自奉甚厚，聲伎滿前，自是痛自貶損，盡以家資為軍費。每與賓佐語及時事，輒流涕撫几曰：『樂人之樂者，憂人之憂；食人之食者，死人之事。』」文天祥天性奢華，喜歡享受，但是元兵渡江以後，他就將全部家產充作軍餉，從此過上儉樸生活。每次和幕僚談到國家大事，他都流著淚拍著桌子說：「受了君主的恩惠，就要替君主分憂；拿著國家的俸祿，就要為國家犧牲。」

文天祥是狀元，名氣大，號召力強。他領兵北上，又奉命東下，投奔他的人愈來愈多。一二七五年八月，他拱衛臨安、駐紮西湖時，麾下已有兩萬多人。朝廷給他的官職也愈來愈大，到一二七六年正月，他已是右丞相兼樞密使，同時掌握行政與軍政大權。但他成名太早，閱歷太淺，閒居時間長，為官時間短，既缺乏行政經驗，也缺乏軍事經驗。擔任丞相才一個月，元朝丞相伯顏就圍困臨安，文天祥代表南宋朝廷去談判，隨即成了伯顏的俘虜，南宋皇帝和皇太后也率領百官歸降了元朝。

皇帝投降，社稷傾覆，文天祥在元軍押送下一路北上。他試圖絕食殉國，餓了許久卻不死，以為是天意，於是改變計畫，在門客和親信幫助下逃走。他經歷九死一生，輾轉投奔在福建即位的宋端宗，繼續領兵抗元。從一二七六年到一二七七年，文天祥與元兵接戰十幾次，偶爾能打勝仗，但大多數時候都是慘敗。

一二七七年八月，文天祥在江西吉安永豐縣君埠鄉空坑村駐紮，元兵突然攻到，部將鞏信戰死，他的妻子歐陽氏、小妾顏氏、黃氏、次子佛生、女兒柳娘、女兒環娘都被元兵俘虜，他自己僥倖逃出。一二七八年臘月，文天祥與麾下殘餘部隊在廣東海豐縣五坡嶺上埋鍋造飯，竟然再次遇到元軍，麾下潰散奔逃，他被元軍俘虜，倉促中吞下早就準備好的自殺藥物，藥物卻失效了。

一二七九年初春，元軍與宋朝水軍在崖山決戰，宋軍大敗，大將張世傑犧牲，文天祥的同年進士陸秀夫抱著小皇帝跳海。差不多同一時間，另一支元軍圍困惠州，文天祥的弟弟文璧獻城投降。這年四月，文天祥被元朝大將張弘範從廣州押往北方，文璧趕去相見，那是兩兄弟最後一次會面。由於此時文天祥親生的兩個兒子都已去世，他將文璧的兒子文升立為嗣子。

文天祥在元大都被囚禁兩年多，元朝大臣和他當年的同僚多次勸降，都被他嚴詞拒絕。獄中蚊蟲肆虐，老鼠猖獗，有時炎熱潮溼，有時寒冷刺骨，便溺與汙水橫流，他安之若素，將生死與痛苦置之度外。他在獄中陸續得知，妻子歐陽氏被迫出家，小妾被蒙古人像賣牲畜一樣賣掉，女兒定娘和壽娘病死，柳娘和環娘成為蒙古人的奴隸，監娘和奉娘被弟弟文璧收養，長子道生病死在廣東，次子佛生則在江西空坑被俘不久就被元兵亂刀砍死。他肝腸寸斷，幾乎要瘋掉。

為了摧垮文天祥的意志，元朝統治者故意允許親屬通信。二女兒柳娘往獄中寫信，訴說為奴、為僕的痛苦，求他歸順元朝。他泣血寫道：「收柳女信，痛割腸胃，人誰無妻兒骨肉之情？但今日事到這裡，於義當死，乃是命也，奈何奈何！」沒有人願意讓妻兒老小受盡屈辱，但是江山已破，社稷已亡，我們只能為國而死，這就是命，不能擺脫。他接著又寫道：「可令柳女、環女做好人，爹爹管不得，淚下，哽咽哽咽。」他說的「做好人」，意思是好死不如賴活著，他深受國恩，必須為國捐軀，女兒卻不必求死，如果願意偷生，那就偷生好了，他這個當爹爹的決不強求。

一二八二年臘月，文天祥在北京柴市口（今東城區交道口）從容就義，享年四十七歲。

用我們現代人的眼光來評判，文天祥絕對不是完美人格。他一是迷信，八字、風水、拆字、麻衣相，無一不信；二是妻妾眾多，未免過於好色；三是早年貪圖享受，多次辭去朝廷差遣，不願去離家太遠和任務繁重的地方任職，光領工資不幹活兒。

即使用傳統士大夫的道德標準來評判，文天祥在「好色」這一點上也有瑕疵。前文說過，他曾在半年期間生下兩男兩女，當時正是為堂祖母（實際是親祖母）守孝期間。而按照儒家道德的嚴格要求，守孝期間是不能親近女色的。漢朝有個孝廉趙宣，為父親守孝二十年，偷偷生下五個孩子，地方官得知，取消其「孝子」稱號，並將其關進大牢。文天祥和趙宣一樣，都沒能做到真正的守孝。

好色是私德，與公義無涉，而文天祥在公義上絕對是人格典範。第一，他破家招兵，大公無私；第二，他抗擊侵略，忠心報國；第三，他並非武將，卻比武將還要勇猛，將個人生死置之度外，是頂天立地的大丈夫；第四，他信奉「捨生取義」的道德準則，為了恪守這四個字，頭可斷，家可破，高官厚祿和各種屈辱都不能動搖他分毫，這錚錚鐵骨，這堅定信仰，這宗教般的獻身精神，都是人類文明的元氣，無論到什麼時候都值得珍惜和歌頌。

不過，文天祥的能力和他的人格並不匹配。他雖然帶兵抗元，卻沒有軍事才能，更沒有軍事經驗，但他直到最後都不明白這一點，誤以為自己能夠力挽狂瀾。在〈指南錄後序〉中，文天祥分析宋軍敗亡原因，指責其他將領分兵據敵：「使予與兩淮合，北虜懸軍深入，犯兵家大忌，可以計擒，江南一舉遂定也。」如果我們能合兵，孤軍深入的元軍將陷入包圍，將被我們一舉滅掉，怎麼會亡國呢？然而，孤軍深入，快速奔襲，靠屠殺和掠奪支撐後勤，完全不要糧草輜重，正是蒙古軍隊的制勝法寶，雖然變態殘暴，卻非常有效，蒙古人靠這套戰術滅國無數，南宋守軍根本沒機會合兵，就算合了兵，也抵擋不住更野蠻、更殘忍、更具侵略性的幾十萬元兵。

文天祥起兵抗元時，與幕僚談論戰事和國事，口氣很大。他信奉孟子的主張，認為仁者得天下，蒙古兵殘殺成性，是為不仁，必然失敗。但是翻開真實的歷史，沒有哪個王朝是靠仁愛得天下的。包括宋朝開國時期，南滅南唐，北滅北漢，西南吞併後蜀，都伴隨著血腥屠殺以及無恥的姦淫擄掠。南唐後主李煜倒是符合仁君的標準，卻丟了江山和性命。

文天祥信奉孟子，將孟子學說奉為鐵律。孟子很自信：「王如用予，則豈徒齊民安，天下之民舉安。」齊王要是讓我輔佐，豈止是齊國老百姓得平安，全天下老百姓都能得平安。文天祥也很自信，一二七七年他在江西和元兵打游擊，竟然帶著妻妾兒女轉戰各地，既拖慢行軍速度，也影響軍心和士氣。但他認為家屬在軍中恰好可以穩定軍心，還以魏晉時期的晉朝大臣謝安為楷模，前方交戰時，仍然與幕僚好整以暇地下棋。其實謝安絕對不是高超的軍事家，老謝打贏淝水之戰，一半是靠敵軍組織渙散、容易自潰；一半是靠運氣好，碰上急於求成的前秦君主苻堅。假如苻堅不那麼心急，稍稍整編一下軍隊，謝安必定慘敗，東晉必定滅國，因為東晉的國力和軍力都遠遠不是前秦的對手。

孟子信命，做事一失敗，就認為是天意。文天祥更信命，他就義前在獄中編寫《紀年錄》，回憶一生經歷，多次提到奇怪的夢境和天象，都聯繫到個人命運和國家命運上。他被俘兩次，兩次自殺都不死，也歸於天意。第二次被俘前，他已經認為大宋國運消失，必將被蒙元取代。他和元朝丞相博羅辯論，博羅問他為何明知不可而為之，他打了個比方：「人臣事君，如子事父，父不幸有疾，雖明知不可為，豈有不下藥之理？盡吾心矣不可救，則天命也。」臣子忠於君主，如同兒子孝順父親，父親不幸得重病，兒子明知治不好，也要盡心去治，這就叫盡人事而順天意。

文天祥的邏輯有可敬成分，但他既然相信天命，既然認為國運已衰，帶兵轉戰時必然會有消極心理：「哎，反正天命不可違，大宋必敗，那我就抵抗一天算一天，做一天和尚撞一天鐘吧！」不用說，消極心理會讓他和他的部隊敗得更快。

從自信到消極，從奢華到儉樸，從翩翩書生到領兵帥臣，從狀元宰相到獄中囚犯，文天祥的人生經歷過多次轉變。但他的道德準則始終如一，他忠心報國、捨生取義的信仰始終如一。

文天祥是英雄，是性格立體、有情有義的英雄。他痛罵第一批降元的同僚，可是等到他弟弟文璧降元時，他變得無奈，不但不能與弟弟絕交，還不得不將安葬亡母和撫養女兒的重任託付給弟弟。他自己不怕砍頭，追求捨生取義，但並不強迫自己的女兒一起赴死，他非常開明地給予女兒自主權，這比用道德大棒逼迫別人去死的那些道德法西斯強上一百倍。

身為現代人，我們能向文天祥學什麼呢？我覺得一是要學他在信仰上的堅定，二是要學他在道德上的開明。

第三章

科舉關係

柳永改名

和孩子聊天，聊到北宋詞人柳永，孩子很奇怪：「這個人怎麼有好幾個名字啊？又叫柳永，又叫柳三變，又叫柳七郎……」

我告訴他，柳永本來的名字是柳三變，他參加過很多次科舉考試，一直考不中進士，想改變運氣，才改名柳永。至於柳七郎，那是因為柳永在同族弟兄中排行第七。

我還告訴他，柳永的同族弟兄很多，同胞弟兄卻只有兩個，他上面只有兩個哥哥，他在家裡排行老三。孩子馬上接口：「他叫柳三變，那他二哥是不是叫柳二變，大哥是不是叫柳大變？」

當然不是。柳永的二哥叫柳三接，大哥叫柳三復，哥仨的名字都帶個「三」字。三復、三接、三變，乍聽之下挺搞怪的，實際上寓意很深，文化含量很高。

「三復」出自《論語．先進》，說是孔子有個學生讀《詩經．大雅》裡的一首詩，大加讚賞，讀完又讀，如是三遍。

「三接」出自《易經．晉卦》。晉卦的卦辭上說，古代有位君王優待大臣，賞賜時出手大方，還能在一天之內接見三次。

「三變」出自《論語．子張》：「君子有三變，望之儼然，即之也溫，聽其言也厲。」一個

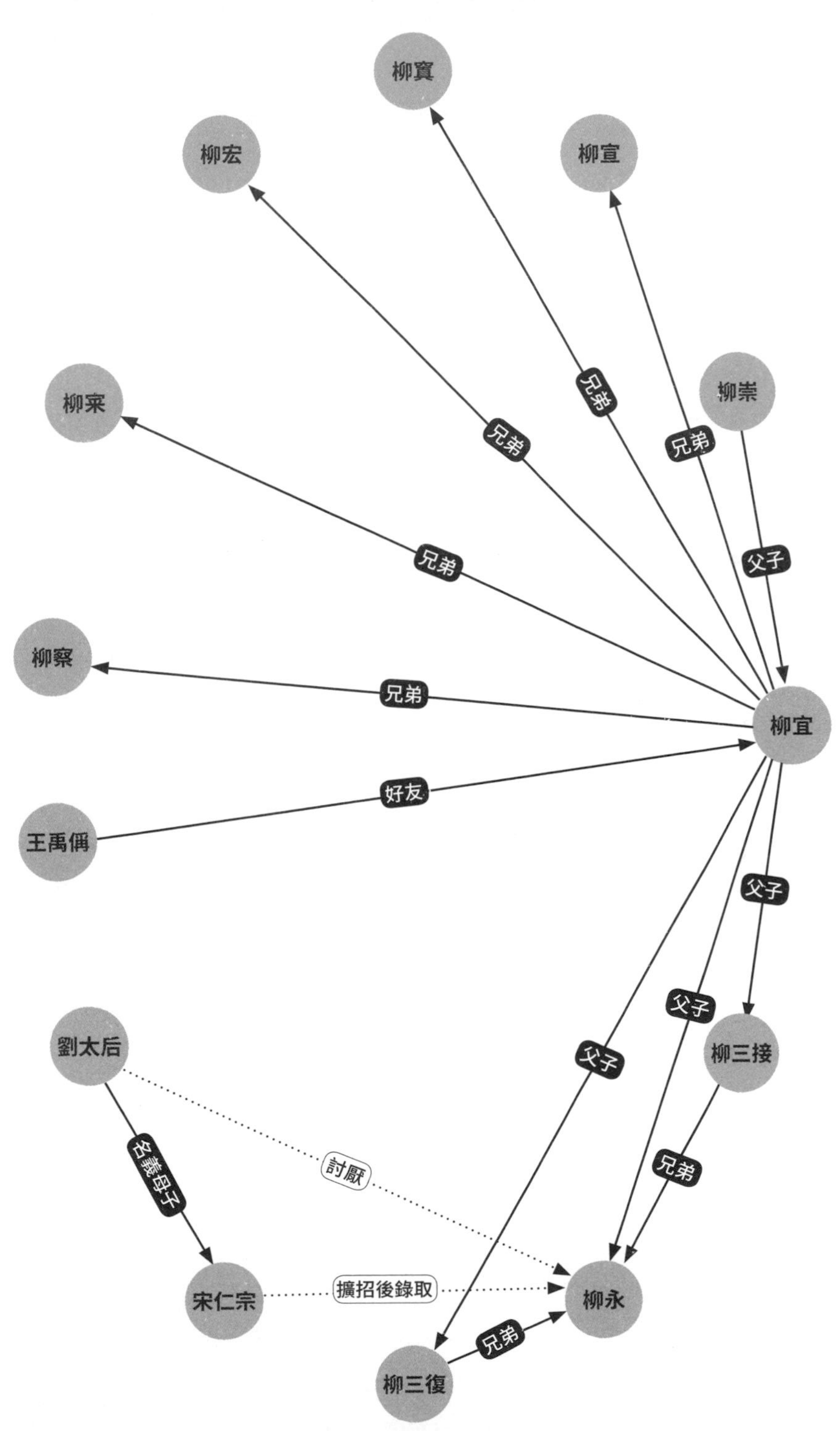

柳賨
柳宏
柳宣
柳崇
柳宷
柳察
柳宜
王禹偁
柳三接
劉太后
宋仁宗
柳永
柳三復
兄弟
兄弟
兄弟
兄弟
兄弟
父子
好友
父子
父子
父子
兄弟
名義母子
討厭
擴招後錄取
兄弟

有修養、有學問的紳士能讓人感覺到三種變化：剛見面時感覺莊重，剛接觸時感覺和藹，等到你真正和他打交道，又覺得他很嚴厲，原則性很強。

柳永兄弟三人的名字都是父親給取的。他們的父親名叫柳宜，字無疑，是北宋前期著名文學家王禹偁的好朋友，五代十國時曾在南唐君主李煜手下做官。北宋滅掉南唐，柳宜成為宋朝官員，先後當過縣令（縣長）、通判（副市長）、知州（市長）、侍郎（副部長）。柳永籍貫福建，但生在山東，他出生時，他爸柳宜正在山東當官。用我們現代人的說法，柳永是個官二代。

嚴格來說，柳永是官三代。他祖父柳崇在五代十國的閩國當過縣丞（副縣長）。柳永還有五個叔叔，分別叫柳宣、柳賓、柳宏、柳寀、柳察，與他爸柳宜一樣，名字裡都帶著一個寶蓋兒。這五個帶寶蓋兒的叔叔都中過進士，當然，柳永他爸也中過進士，是入宋之後以縣令身分考取的。身為縣令，已入仕途，居然還要去考進士，說明柳永他爸很有志氣。

一個有志氣的老爸，對孩子的期望值肯定不低。關於這一點，我們從柳永哥仨的名字上就能看出來。柳三復、柳三接、柳三變，「三復」寓意「努力學習」，「三接」寓意「被君王召見」，「三變」寓意「有學問、有修養的紳士」，由此可見父親對他們的期望有多高。

柳氏三兄弟有沒有辜負老爸的期望呢？應該說沒有。宋真宗天禧二年（一〇一八年），也就是柳永三十五歲那年，大哥柳三復中進士。宋仁宗景祐元年（一〇三四年），也就是柳永五十一歲那年，他和二哥柳三接一起中進士。古人云：「三十老明經，五十少進士。」科舉考試競爭激烈，錄取率極低，三十歲能中舉人，五十歲能中進士，已經算是了不起的精英了。

宋哲宗時期，大臣上官均上奏道：「今科舉之士雖以文章為業，而所習皆治民之說，選於十數萬之中而取其三二百。」（〈上哲宗乞清入仕之源〉）十幾萬考生參加科舉，從地方上的「解試」到禮部的「省試」，再到皇帝親自主持的「殿試」，一路過關斬將，一路優勝劣汰，最終能獲得進士身分的只有二、三百人而已。柳永哥仨全都考中，說明他們足夠努力，足夠有才華，也說明他們的運氣還算可以。

人們都說蘇東坡父子「一門三進士」，其實只有蘇東坡和弟弟蘇轍中了進士，他們的父親蘇洵到死都沒有考中。宋朝另一位文學家曾鞏一家是真的厲害，祖父曾致堯是進士，父親曾易占是進士，到曾鞏這一代，除了大哥曾曄，其餘的兄弟五人都中了進士。曾鞏考進士時，弟弟曾牟、曾布、堂弟曾阜、妹夫王幾、妹夫王無咎，六個人同時進考場，同時中進士，在科舉史上堪稱奇蹟。和曾鞏相比，甚至和蘇東坡相比，柳永的運氣都稍差一些，他考了很多年，失敗很多次，從青年考到老年，才終於考中進士。

宋真宗咸平五年（一〇〇二年），十九歲的柳永從福建老家趕赴京城開封，要參加那一年的進士考試。但他走到杭州就不想走了，杭州風景優美，娛樂場所櫛比鱗次，他聽歌買醉，沉醉歡場，竟在杭州一待三年，誤了考試。

宋真宗景德二年（一〇〇五年），柳永又跑到揚州，在揚州泡了三年。直到二十五歲時，才動身去開封，在開封複習一年功課，次年參加禮部考試，落榜了。他不氣餒，留在開封繼續複習，三年後再次參加考試，又落榜了。他還不氣餒，繼續留在開封，參加宋真宗天禧二年（一〇一八年）的科考，結果再次落榜。直到宋仁宗天聖二年（一〇二四年），柳永已經年過四旬，第四次進禮部考場，四度落榜。

宋人筆記《能改齋漫錄》第十六卷記載，柳永第四次考進士，本已考中，但他運氣不好，碰上宋仁宗親自驗看成績單，瞧見「柳三變」，便對主考官說：「這個人我知道，不就是擅長填詞嗎？『忍把浮名，換了淺斟低唱』，既然不要『浮名』，就讓他『淺斟低唱』去！」大筆一揮，從進士榜單上把「柳三變」給劃掉了。

《能改齋漫錄》的記載得自傳聞，不一定靠譜。另一部宋人著作《後山詩話》寫過：「柳三變遊東都南北二巷，作新樂府，骫骳從俗，天下詠之，遂傳禁中。仁宗頗好其詞，每對酒，必使侍從歌之再三。」說明宋仁宗不但早就聽說柳永的大名，而且非常喜歡柳永的作品。既然喜歡柳永，怎麼會故意和柳永過不去呢？更合理的解釋是，那時候宋仁宗尚未親政，科考和選官大權都掌握在皇太后劉娥手裡，劉娥秉性嚴厲，厭惡詞曲之類的「淺薄」藝術，所以把柳永黜落了。

《苕溪漁隱叢話》後集收錄一個流傳更廣的傳聞：柳永屢次不中，想繞開科舉，透過朝中大臣舉薦，獲得一官半職。某大臣在朝堂上舉薦柳永，劉太后聽到「柳三變」，就說：「是那個填詞的柳三變嗎？」大臣說「是」。太后臉色一變：「讓他接著填詞去，休想做官！」於是柳永對仕途絕望，從此放浪形骸，自稱「奉旨填詞柳三變」，天天與樂工和歌女泡在一起，走上了職業詞作者的道路。

從青年到中年，柳永除了考試，就是填詞，他的經濟來源可能是父親柳宜。他中年時，父親亡故，經濟來源斷絕，主要收入很可能是填詞的稿費。宋人筆記《醉翁談錄》丙集記載：「耆卿居京華，暇日遍遊妓館，所至妓者愛其詞名，能移宮換羽，一經品題，聲價十倍，妓者多以金、物資給之。」柳永沒改名時，字景莊，改名以後，字耆卿。柳耆卿生活放蕩，一有空就去逛妓院。別人逛妓院要花錢，他不但不花錢，還掙錢——他幫人寫歌詞，創作新的曲子，人家用金錢和東西資助他。

從四十歲到五十歲之間，柳永去過很多地方，在江南待過，在關中也待過。他在江南極有可能靠填詞謀生，到關中則可能是受了某個軍官或撫臣的聘請，給人家當幕僚，代寫書信，代擬文書，代作詩詞。古代文人科舉不利，走後面這條道路的很多，陶淵明、李白、杜甫、高適、司馬光、徐文長、錢大昕、袁枚都當過幕僚，倘若雇主升官或立下戰功，有可能將幕僚的名字上報朝廷，讓幕僚從私人祕書變成朝廷命官。

柳永留下的作品以詞為主，涉及人生經歷的極少，我們不知道他浪跡關中究竟是不是做了幕僚。反正到五十歲時，他仍然沒能進入官場。五十一歲那年，他聽說宋仁宗親政，不但要開恩科，而且要對多年考不中的考生予以照顧，降分錄用。柳永雄心再起，與二哥柳三接趕赴京城，參加這次恩科考試。進場之前，柳永特意改名字，棄用「柳三變」，改叫「柳永」。

名字一改，運氣似乎也改了，這回考試非常順利，柳永終於中了進士。實際上，柳永之所以能中進士，和改名沒有關係，只是宋仁宗不走尋常路，擴大了錄取規模。北宋通常每三年錄取一次進士，每次錄取三百名左右。但這次不一樣，宋仁宗竟然錄取了一千六百多名！很多像柳永一樣屢次失敗的考生，這回都揚眉吐氣了。

柳永的才華有目共睹，但是平心而論，他不太適應科舉考試，因為科舉不考填詞。即使考填詞，柳永也不一定能在考試中脫穎而出，無論設計得多麼公平、多麼精密的考試，都不一定能考出一個人的真實水準。像柳永那樣的絕代風采是考試考不出來的。

神童晏殊的副作用

先給您講個略帶奇幻色彩的小故事。

話說宋真宗即位不久，江西少年晏穎跟著他的哥哥來到京城，一起參加朝廷舉辦的神童考試。哥哥成績好，順利考中神童，被真宗皇帝親自接見，特旨授予「同進士出身」的學位。晏穎的成績稍微差點，雖說通過考試，但是沒能獲得學位，只獲得在翰林院讀書深造的機會。

晏穎不敢懈怠，發憤攻讀。多年後，宋真宗的皇后劉娥召見他，讓他寫一篇〈宮沼瑞蓮賦〉。他抖擻精神，使出洪荒之力，將這篇賦寫得神完氣足，妙筆生花，得到劉娥的賞識和賞賜。

晏穎興高采烈，捧著賞賜出宮，回到他和他哥哥下榻的寓所，向哥哥報喜。哥哥還沒來得及祝賀他，更大的喜事降臨了——宮中太監趕來傳旨，說劉娥皇后已經讓皇帝批准，授予他「同進士出身」的學位。

晏穎聽到這個喜訊，轉身走進裡屋，反鎖房門，半天也不出來。哥哥在外面拍門，他不開。喊他的名字，他不答應。哥哥急了，破窗而入，發現他竟然死了。他的書桌上放著一張紙，紙上寫著兩首詩。

第一首：「兄也錯到底，猶誇將相才。世緣何日了？了卻早歸來。」

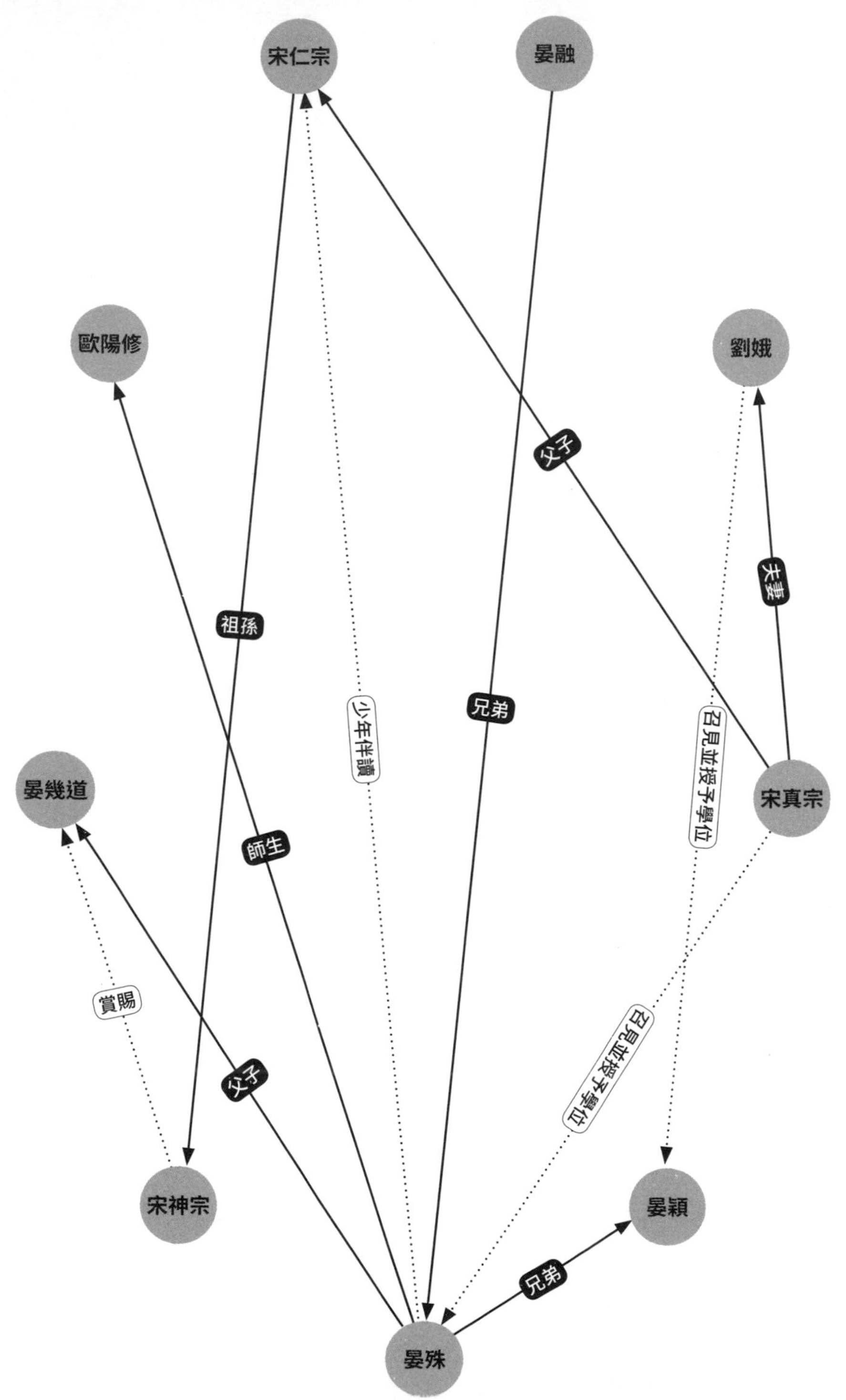

宋仁宗
晏融
歐陽修
劉娥
父子
夫妻
祖孫
少年伴讀
兄弟
召見並授予學位
晏幾道
宋真宗
師生
賞賜
父子
召見並授予學位
宋神宗
晏穎
兄弟
晏殊

第二首：「江外三千里，人間十八年。此行誰復見？一鶴上遼天。」

這兩首五言詩通俗淺白，洋溢著謝絕塵緣的道家氣息，是晏穎的絕筆。那一年，晏穎十八歲，他的哥哥二十三歲。

十八歲是最鮮活的年紀，如此青年才俊，獲得皇后賞識，正是輝煌人生的最好起點，怎麼突然就死了呢？宋人筆記《道山清話》記載了晏穎的死，也記載了他死後的結局：「章聖御篆『神仙晏穎』四字，賜其家。」章聖即章獻明肅皇后，也就是劉娥劉皇后。宋真宗晚年多病，劉娥獨攬大權，處理政務，成為事實上的女皇帝，正是她召見晏穎，也是她讓真宗授予晏穎學位。《道山清話》認為晏穎可能是神仙轉世，他進京考神童、拿學位，那是渡劫來的，如今神童已考，學位已得，俗事已了，塵緣已盡，所以擺脫肉身，回轉天宮。劉皇后尊奉晏穎為神仙，並親手刻下「神仙晏穎」四個字，賜給他們晏家。

晏穎肯定不是什麼神仙，《道山清話》的作者要麼迷信，要麼是故意往晏穎臉上貼金。照我們現在的推斷，也許晏穎有心臟病，得知自己學位到手，彷彿中了千萬大獎，興奮過度，心律失常，一口氣上不來，掛了。至於書桌上那兩首絕命詩，想必是後人以訛傳訛，偷偷補上的戲路。

讀者朋友們可能會犯嘀咕：不就一個學位嘛，值得那麼興奮嗎？

確實值得。晏穎和他哥哥被授予的學位是同進士出身，屬於較低等級的進士。我們知道，進士分為三等，頭等進士及第，二等進士出身，三等才是同進士出身。但不管哪個等級的進士，都非常難考，一旦考上，做官的機率基本上百分百。宋朝人考進士，程序繁雜，門檻很高，要參加州縣考試，參加省級考試，通過這些地方考試，解送京城，再參加禮部考試和皇帝親自主持的殿試。能走完整個程序並獲得進士學位的考生寥寥無幾。晏穎特別幸運，他壓根兒沒有參加地方考試和禮部考試，直接進京考神童，再機緣巧合地為皇后寫一篇文章，就成了進士，您說他能不興奮嗎？

當然，晏穎的哥哥更幸運，剛考上神童就成了進士，不像晏穎那樣還要等上好多年。晏穎的哥哥是誰呢？他叫晏殊，是宋朝最著名的神童。

宋朝所謂神童，那是得到朝廷認證的，是透過專門的考試選拔出來的。這種考試在宋朝叫作「童子科」，最初每兩三年考一次，後來每年考一次。考生都是小孩，年齡在十歲上下，先參加筆試，再參加面試。筆試主要是默寫《春秋》、《詩經》、《易經》、《論語》等經典，面試主要是考察他們隨機應變的能力和吟詩作賦的水準。北宋前期考進士，幾百個考生才能取中一個，錄取率極低；而童子科的錄取率要高得多，每幾十個小孩報名應考，就有一個能被取中。不過，被取中的神童一般「賜童子出身」，可以榮耀家門，卻不能做官，想要做官還得再考進士，並不太受關注。晏殊十四歲那年，帶著弟弟進京考神童，順利考中，竟然被「賜同進士出身」，小小少年與進士們平起平坐，等於是打破先例，拔高童子科的地位，也讓晏殊成了宋朝少年以及宋朝絕大多數望子成龍家長心目中的成功典範。

晏殊確實是成功典範。他出身貧寒，父親是個普通的衙役，母親是個普通的村婦，從他父親往上數四代，代代都是農民，沒有人中過進士，更沒有人當過官。他兄弟四人，大哥名叫晏融，自幼苦讀，曾在地方上參加科舉考試，第一場就被刷下來了，只得灰溜溜地回家種田。晏殊是老二，天資聰穎，六歲就能寫詩，十三歲就得到地方官的舉薦，十四歲進京考神童，獲賜進士學位，從此改變了他的人生，改變了他家人的生活，也改變了江西老家許多平民的教育觀念。

晏殊獲賜進士學位後，先是被選到翰林院深造，然後被派到東宮陪伴太子讀書，然後迅速升官，二十八歲成為代替皇帝起草聖旨的「知制誥」，三十歲成為皇帝的高級智囊「翰林學士」。三十二歲那年，宋真宗去世，宋仁宗即位，晏殊做為當年伴讀東宮的舊臣，升官升得更快，三十五歲就進入權力中樞，擔任相當於副宰相的樞密副使。宋朝最著名的清官包拯也當過樞密副使，但那時候包拯已經六十三歲，剛過而立之年就能進入權力中樞的北宋臣子，恐怕只有晏殊一個人而已。

晏殊成名早，做官早，沒有在底層官場大醬缸裡浸泡過，因此為人直爽，有一說一。他考神童時，發現考題是他以前做過的，就對皇帝說：「臣十日前已作此賦，有賦草尚在，乞別命題。」（《夢溪筆談》卷九，下同）皇帝聽說別的官員下班後都去吃喝玩樂，只有晏殊帶著弟弟閉門讀書，所以選派他到東宮陪太子讀書，他毫不隱瞞地說：「臣非不樂燕遊者，直以貧，無可為之具。臣若有錢，亦須往，但無錢不能出耳。」意思是他和別人一樣喜歡吃喝玩樂，只因為沒錢，才不得不閉門讀書。

晏殊出身貧寒，過慣了苦日子，所以相當儉樸。歐陽修是晏殊的門生，《歸田錄》中描寫過他的飲食習慣：切半張麵餅，放一根麻花，捲起來吃，不要菜。劉克莊《後村大全集》第一百零三卷也描寫過晏殊的節儉：平常寫完書信，將沒字的地方剪下來，留著下回再用。

可惜的是，晏殊輝煌的人生沒有被子孫複製，他正直和儉樸的品行也沒有被子孫繼承。他一生娶過三個妻子，生了八個兒子，這八個兒子基本上都沒什麼出息：大兒子早卒；二兒子花天酒地，嫖妓被抓現行，丟了烏紗帽（參見《續資治通鑑長編》卷二百二十六）；四兒子貪汙腐敗，辦事能力差，斂財能力強，遭御史彈劾（參見《續資治通鑑長編》卷四百七十四）；只有七兒子晏幾道才華出眾，擅長填詞，四十五歲之前浪蕩江湖，像柳永一樣與歌妓為伴，四十五歲之後才被宋神宗賞賜官職，派往河南許州許田鎮當一個小小的鎮監（鎮長）。百度百科上說晏幾道十四歲中進士，其實是把晏幾道和晏殊搞混了。事實上，晏殊只有一個兒子中了進士，就是那個貪汙腐敗被彈劾的四兒子。

晏殊的成功對家庭影響很大，我們很難說得清那些影響是好還是壞。他飛黃騰達，宣麻拜相，使他的平民父親和平民祖父都被追贈「太師」、「尚書」、「國公」等高官厚爵，絕對是光宗耀祖；

可是他的兒子們卻因他在權位和財富上打下基礎，變得不思進取，或者胡作非為，又敗壞了晏家的門風。再想到本節開頭那個故事，晏殊的弟弟晏穎之所以暴斃，或許是因為受到晏殊的刺激——哥倆同時考神童，哥哥一出手就拿到學位，弟弟等好多年還沒有學位，能不痛苦嗎？學位到手後能不興奮嗎？興奮過度能不暴斃嗎？

晏殊的成功也影響到他們家鄉的教育風氣。據宋人筆記《避暑錄話》記載，自從晏殊考神童而得官以後，江西少年摩肩擦踵地進京考神童，平民百姓渴望自家孩子能考中，將孩子和書放進竹籃裡，高高地吊到樹上去……為啥要吊到樹上呢？那些家長認為樹那麼高，籃子那麼窄，孩子只能乖乖地縮在裡面讀書，不至於到處瘋跑。

從〈局事帖〉看宋朝科舉是否公平

二〇一六年五月，中國嘉德「大觀——中國書畫珍品之夜」專場拍賣中，一幅名為〈局事帖〉的宋代書箚被華誼兄弟傳媒董事長王中軍買下，競拍價加上佣金，總成交價約九億零五百萬臺幣。

〈局事帖〉是北宋文學家曾鞏晚年寫給朋友的一封信，這封信內容很短，但是訊息量巨大，我們可以從這封信出發，窺探一下大宋王朝的官場生態和考試制度。

曾鞏在這封信中寫道：

局事多暇，動履禔福。去遠誨論之益，忽忽三載之久。跧處窮徼，日迷汩於吏職之冗，固豈有樂意耶？去受代之期雖幸密邇，而替人寂然未聞，亦旦夕望望。果能遂逃曠弛，實自賢者之力。夏秋之交，道出府下，因以致謝左右，庶竟萬一。余冀順序珍重，前即召擢。偶便專此上問，不宣。鞏再拜運勾奉議無黨鄉賢。二十七日，謹啟。

上面這些話文縐縐的，到底說的是什麼意思呢？翻成白話文大概是這樣的：

如今的官場人浮於事，閒暇很多，我在這裡祝願您吉祥如意，永遠幸福。和您離得遠，好久沒有聆聽您的教誨，時間轉瞬即逝，我們已經有三年沒見過面了吧？我在這個偏遠荒僻的破地方任職，每天處理的都是雞毛蒜皮的瑣碎工作，真不是我想幹的啊！雖然朝廷有調我回京的計畫，可是接任

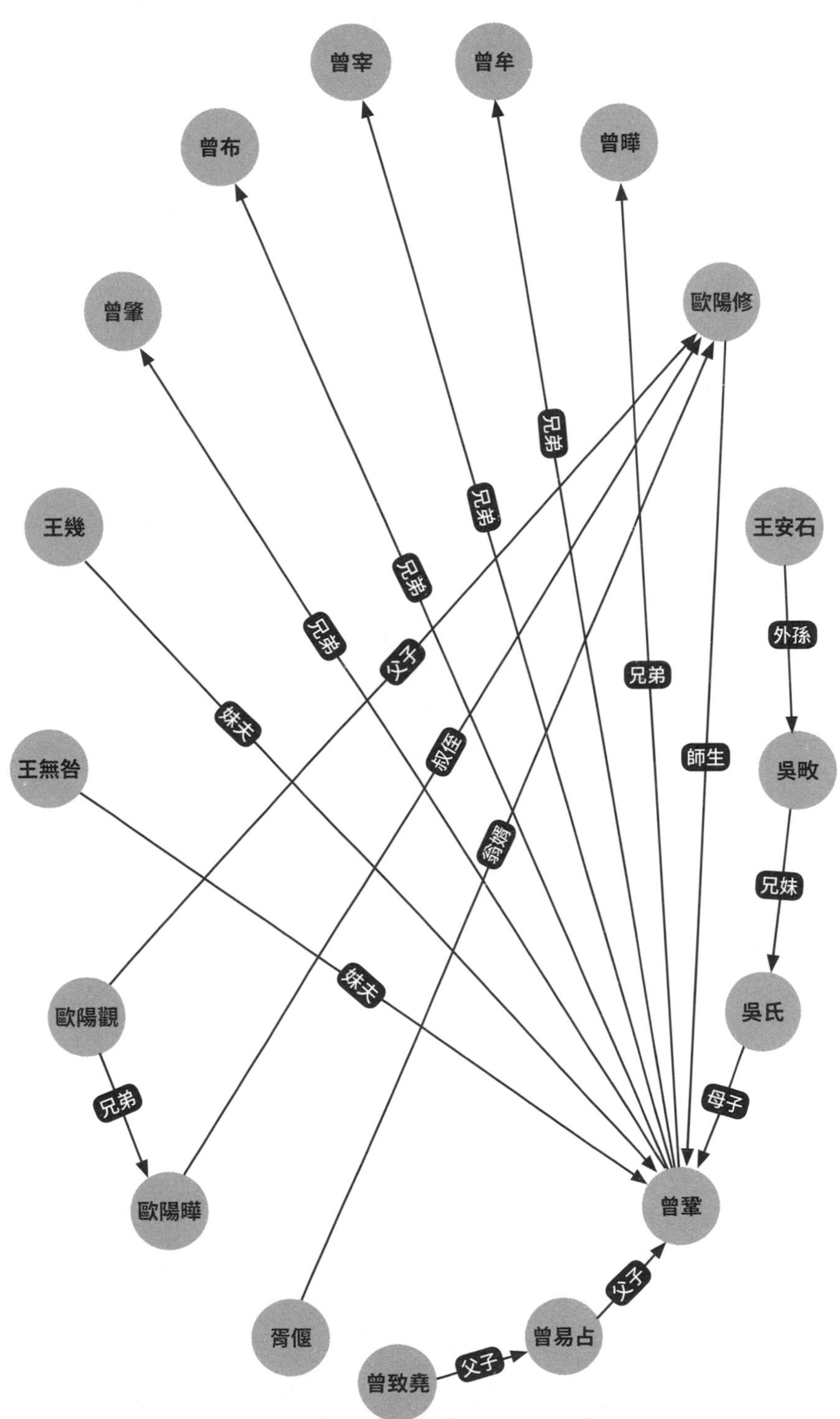
曾宰
曾牟
曾布
曾曄
曾肇
歐陽修
王幾
王安石
王無咎
吳敃
歐陽觀
吳氏
歐陽曄
曾鞏
胥偃
曾易占
曾致堯
兄弟
兄弟
兄弟
兄弟
兄弟
兄弟
父子
妹夫
叔侄
翁婿
師生
外孫
兄妹
妹夫
母子
兄弟
父子
父子

的人姍姍來遲，到現在一點兒消息都沒有，我只能在這裡朝夕盼望。如果真能離開這個地方的話，那不是因為我運氣好，而是得益於您這位賢者的努力幫忙。我估計今年夏秋之交應該可以辦好交接手續，進京接受新的工作，屆時我會從您的家門口經過，並透過您的家僕向您致謝，這樣才能把我對您的萬分感謝中的一分表達出來。最後祝您身體健康，升遷順利，別的就不多說了。曾鞏再次向運勾奉議無黨鄉賢致敬，寫於二十七日。

在信的末尾，曾鞏向「運勾奉議無黨鄉賢」致敬，說明這封信是寫給他家鄉的一位賢達之士（鄉賢）的。「無黨」應該是這位賢達之士的號（古代士大夫通常有號，如蘇軾號「東坡」，陸游號「放翁」），而「運勾奉議」則是此人的官銜。

「運勾」是「轉運使司勾當公事」的簡稱，這是在轉運使手下做高級祕書工作的官職，相當於省政府副祕書長。「奉議」是「奉議郎」的簡稱，屬於北宋文官三十個級別中的第二十四個級別，相當於八品官。據《宋史．職官志》，「運勾」這一官銜出現於宋神宗熙寧三年（一〇七〇年）以後，「奉議」這一官銜出現於宋神宗元豐三年（一〇八〇年）以後。另據《曾鞏年譜》，元豐三年時，曾鞏正在滄州當知州（市長），到元豐四年（一〇八一年），他被神宗皇帝調回京城。

結合信中提到的官銜，以及曾鞏自身的履歷，我們可以推斷出，這封信一定是寫於宋神宗元豐三年。這一年，曾鞏六十二歲，已經做了十餘年州縣官，他渴望回京任職的心情是非常強烈的。

既然曾鞏渴望擺脫地方工作，他為什麼不透過正當程序向朝廷提出申請，而是拐彎抹角向一位官銜比他還要低的老鄉求助呢？其實曾鞏有申請，只是朝中大臣正在鬧黨爭，掌權的一派大臣不想讓他進京任職，所以他只能透過私人關係請託，靠自己的朋友圈來達成願望。

我們知道，宋朝的商業繁榮，雖然已出現市民社會，但畢竟仍處於專制體制下的農業時代，歸根結柢仍然是個熟人社會。熟人社會裡，每個人都擺脫不了人情請託，而且在請託方面的資源和機會並不均等。

以曾鞏為例，他就擁有普通人難以比擬的家庭背景和官場人脈。

他的祖父名叫曾致堯，是宋太宗太平興國八年（九八三年）的進士，官至兩浙轉運使，相當於省長或常務副省長。他的父親名叫曾易占，是宋仁宗天聖二年（一〇二四年）的進士，官至節度推官，相當於地方法院院長。他的生母姓吳，出身於淮南望族，也是大政治家王安石的親戚——王安石的外公吳畋就是曾鞏母親吳氏的親哥哥。吳氏死得很早，她去世以後，曾鞏的父親又續娶朱氏，這位朱氏同樣出身於淮南望族，家有良田三萬畝。巧合的是，朱氏和王安石也是親戚——王安石的第二個妹妹嫁給朱氏的堂弟。

祖父是高官，父親是高官，生母和繼母都出身高貴，曾鞏小時候自然能享受到相對優裕的生活環境，自然能接受相對優良的啟蒙教育。按《宋史．曾鞏傳》記載：「（曾鞏）生而警敏，讀書數百言，脫口輒誦。年十二，試作〈六論〉，援筆而成，辭甚偉。甫冠，名聞四方，歐陽修見其文，奇之。」一生下來就很聰明，識字特別早，記憶力特別好，幾百字的文章讀一遍就能背下來，十二歲就能寫出格調不凡的議論文，十八歲時就聲名鵲起，並得到文壇領袖歐陽修的讚賞。您瞧，精英家庭教育出來的孩子就是這麼有料。

出身於精英家庭的孩子不但在所受教育上比普通孩子有優勢，而且科舉考試和公務員選拔考試中也比普通孩子占便宜。

曾鞏的父親曾易占一生結過三次婚，總共生下六個兒子，即曾鞏、曾曄、曾牟、曾宰、曾布、曾肇。這六個兒子當中，除了長子曾曄，另外五個都考中進士。最令人驚奇的是曾鞏考中進士那一次，他帶著弟弟曾牟、曾布和堂弟曾阜，以及妹夫王幾、王無咎，六個人同時參加由歐陽修主持的科舉考試，居然一個不落地全考中了。

宋朝科舉考試並不容易過關，據北宋大臣上官均〈上哲宗乞清入仕之源〉一文描述：「今科舉之士雖以文章為業，而所習皆治民之說，選於十數萬之中而取其三二百。」從地方科考到中央科考，從州試、省試再到殿試，平均每次有十幾萬名考生參加，而最終被取中的只有二、三百名而已。錄取率如此之低，考生們既要拚成績，更要拚運氣，曾鞏他們六人同時入場，同時考中，這種奇蹟從概率上是很難解釋的。最符合常識的解釋只能是曾鞏等人考場作弊，或者說他們雖然沒有作弊，但是主考官歐陽修出於欣賞曾鞏的緣故，有意無意地為曾家子弟開了綠燈。

宋代考生通過科舉考試，並不代表可以做官，還需要再參加類似現在國家公務員選拔考試的「關試」或「銓試」。後面這類考試中，制度上的不公平簡直是顯而易見的：每名考生都要先獲得兩名以上在職官員的保舉，然後才能進場。前面說過，曾鞏的父親和祖父都是高官，他們家和王安石有親戚關係，曾鞏又從小受到歐陽修的賞識，有了如此強大的官場人脈，別說獲得兩名官員保舉，就算要幾十個保舉都沒問題。而那些出身於平民家庭的考生就困難多了，他們的親戚都是平頭百姓，去哪裡找在職官員保舉他們呢？從這個角度看，宋朝的科舉考試或許只是在事實上不公平，而宋朝的公務員考試則從制度設計上就存在著嚴重的不公平。

有的讀者可能會提出反例：歐陽修出身貧寒，打小就死了父親，小時候沒錢購買紙筆，他媽媽用葦桿在泥地上教他寫字，後來不一樣考中進士並做了大官嗎？這說明平民子弟還是有機會的嘛！

沒錯，平民子弟並不是一點機會都沒有，只是和官二代們比起來，他們的機會實在太少罷了。我還要糾正一點多數人的誤解，歐陽修雖然出身貧寒，但他和曾鞏一樣屬於官二代，他的父親歐陽觀做過官。歐陽觀死後不久，歐陽修就跟著母親投奔做官的叔叔歐陽曄。歐陽修長大後被大臣胥偃看中，做了胥偃的女婿，當他參加公務員考試時，岳父胥偃正是他的保舉人之一。我們試想一下，假如歐陽修的父親和叔父都不是官員，假如他沒有碰上一個做官的岳父，他極可能像大多數平民子弟一樣下田勞作，而永遠失去讀書考試入朝為官的機會。沒錯，宋朝的教育環境和官場生態就是這麼不公平。

許多官員子弟即使不參加考試，也一樣能獲得做官的機會。舉個例子，曾鞏的祖父是大官，所以曾鞏的父親在中進士之前就已經做了兩任縣尉（警察局長）和一任司法參軍（法院院長）。再比如說，陸游的父親陸宰是大官，所以陸游十二歲那年就擁有「登仕郎」的官銜。

父親為官，所以兒子可以免試為官，在古代中國叫作「恩蔭」。兩宋三百餘年間，平均每年透過科舉考試和公務員考試做官的人是三百六十名，而透過「恩蔭」這一管道做官的卻有五百名。再以南宋嘉定六年（一二一三年）為例，該年吏部選官三萬八千八百六十四名，其中考試選官一萬零九百二十三名，只占二八％，而恩蔭授官卻多達二萬二千一百一十六名，占了五七％（其餘的官員名額透過捐資購買和吏員提拔獲得）。您看了上述資料，就知道宋朝官二代做官有多麼容易。

過去有學者為曾鞏作傳，說曾鞏年近四十歲才考中進士，進入仕途後又多年在地方任職，想做京官只能向熟人請託走關係，堪稱「仕途坎坷」。其實和絕大多數平民子弟比起來，曾鞏已經是幸運到極點了，您覺得呢？

假如王安石中狀元

根據北宋地理學家朱彧《萍洲可談》記載，王安石將近六十歲那年，從江寧知府的位置上退休，在南京鐘山腳下買地蓋房，隱居了。既然蓋了新房，當然要置辦家具，缺啥買啥吧。王安石盤點家具，發現家裡有一張藤床，不是新買的，也不是舊有的，是從江寧府衙帶出來的。

王安石問僕人：「是誰這麼大膽，竟然把公家的床搬到我的私宅來了？」

僕人回道：「報告老爺，是夫人讓我們搬的。」

王安石將夫人批評一通，讓她把床還回去。夫人不聽，說：「我喜歡這張床，就不還回去！」王安石百般勸說，夫人就是不聽。王安石急了，把鞋一脫，往那張藤床上一躺。夫人想攔沒攔住，見老伴四平八穩在床上躺著那副樣子，皺了皺眉，嘆了口氣，第二天就讓僕人把這張床還給江寧府衙了。

《萍州可談》解釋道：「王荊公妻，越國吳夫人，好潔成癖。公任真率，每不相合。」王安石的夫人姓吳，特愛乾淨，而王安石呢，特不講衛生，所以兩口子合不來，當王安石躺過那張床以後，吳夫人就再也不想要了，嫌髒嘛！

《萍州可談》沒有誇張，宋朝歷史上，王安石不講衛生是出了名的。南宋朱弁《曲洧舊聞》記

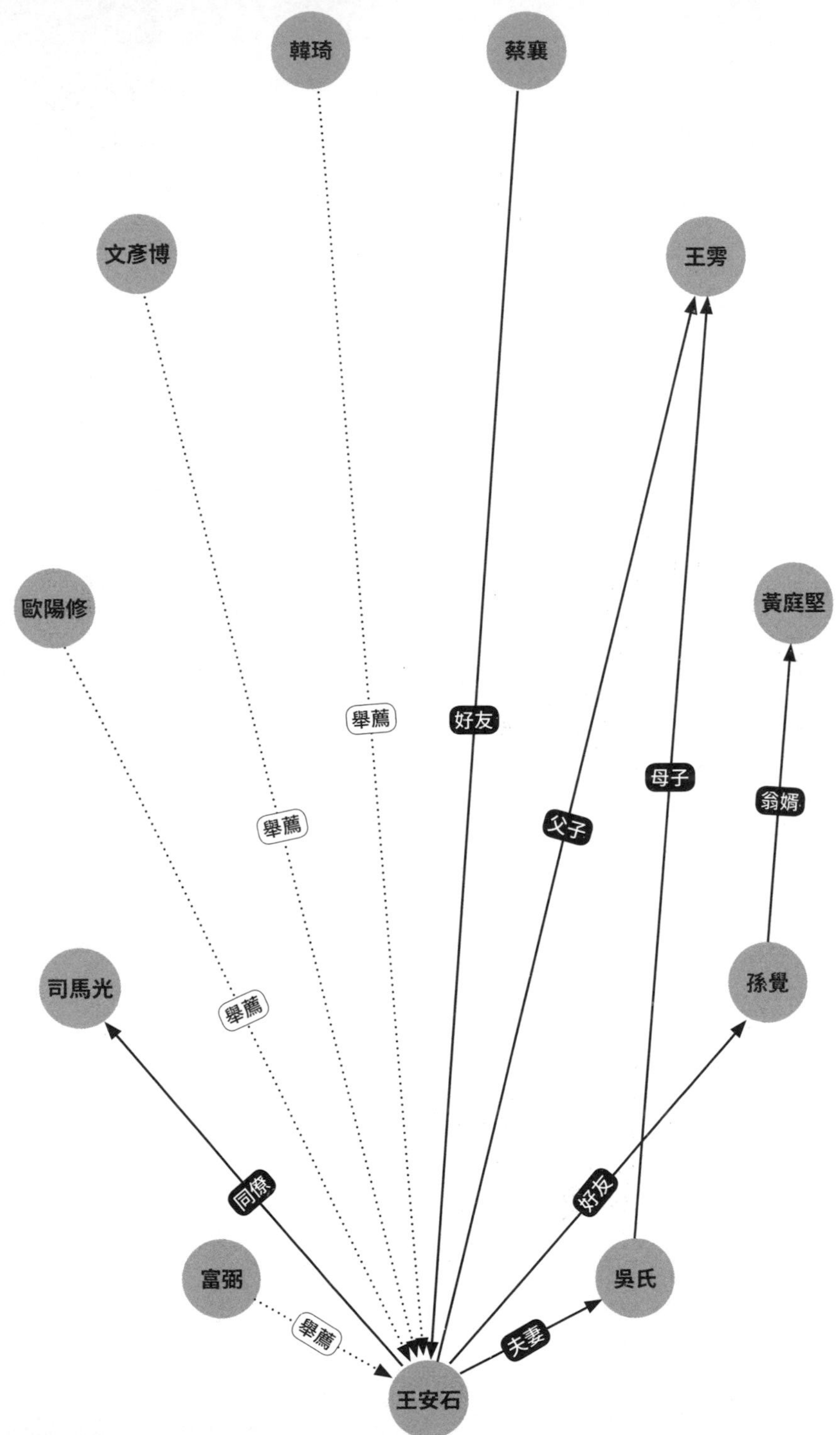

韓琦
蔡襄
文彥博
王雱
歐陽修
黃庭堅
舉薦
好友
母子
父子
翁婿
舉薦
司馬光
孫覺
舉薦
同僚
好友
富弼
吳氏
舉薦
夫妻
王安石

載：「王荊公性簡率，不事修飾奉養，衣服垢汙，飲食粗惡，一無所擇，自少時即然。」王安石粗枝大葉，不修邊幅，衣服髒了不換，飯菜臭了不嫌，從年輕時就是這樣子。

《曲洧舊聞》還說，王安石四十歲左右做京官，先當群牧司判官，再擔任知制誥（負責為皇帝起草詔書的文學近臣），與司馬光、呂惠卿、韓維、韓絳以及黃庭堅的岳父孫覺等人經常交往，這幫朋友定期去開封寺廟開設的浴池裡洗澡，但王安石從來不主動去洗，除非別人硬把他拽到浴池裡。

在飲食上，王安石也很不講究。據曾敏行《獨醒雜誌》記載，王安石去赴宴，無論坐在哪個位置，無論宴席上有什麼菜，都只吃離他最近的那道菜。有一回，下屬請王安石吃飯，飯後對王安石的夫人說：「我終於知道王大人愛吃啥菜了，原來他愛吃獐肉啊！」夫人笑道：「那一定是因為獐肉離他最近，下回你換成大白菜試試看。」果不其然，下屬又一次請王安石吃飯，特意把一盤白菜擺到王安石跟前，把獐肉放得遠遠的，王安石這回只夾白菜，至於那盤獐肉，他一筷子都沒動。

《獨醒雜誌》又記載，王安石當宰相時，他兒子王雱的小舅子來家做客，他用幾塊豬肉、一盆菜湯和兩枚芝麻燒餅招待人家。王雱的小舅子挑食，見燒餅中間薄、四周厚，就只吃正當中芝麻最多又最薄的地方，吃到最後，剩下一個「麵包圈」，扔餐桌上不吃了。王安石見狀，默默地拿起那個「麵包圈」，默默地啃起來。

以上故事說明，王安石很不講究，又比較節儉。

宋朝官員俸祿優厚，生活富足，大到造園，小到喝茶，都精益求精，力求雅致。王安石則不然，他連怎麼喝茶都未必知道。據彭乘《墨客揮犀》記載，北宋最精於茶道的大臣蔡襄很是傾慕王安石的才華，聽說王安石要來他家做客，趕緊取出最珍愛的一款小茶餅，燒開一壺最清冽的山泉，親自烹茶，讓王安石品嘗。卻見王安石從荷包裡捏一撮中藥，直接撒到茶碗裡，端起茶碗，咕嘟嘟，咕嘟嘟，連茶帶藥一飲而盡，然後放下茶碗，讚道：「嗯，好茶，好茶！」像王安石這麼喝茶，多好的茶都被他糟蹋了。

王安石不但不在乎物質生活，甚至連權位和名望都不放在心上。

《宋史．王安石傳》寫道：「少好讀書，一過目終身不忘。」說明王安石天分極高，智力極好。「屬文動筆如飛，初若不經意，既成，見者皆服其精妙。」說明王安石擁有頂尖的文學天賦和文學才能。腦袋瓜聰明，文學功底又好，參加科舉考試自然占優勢。宋仁宗慶曆二年（一〇四二年），二十二歲的王安石一舉考中進士，名次排在第四，僅次於狀元、榜眼和探花。

實際上，憑著王安石在殿試時的優異成績，本來應該中狀元。可惜他寫的策論劍拔弩張，無所顧忌，閱卷官討論再三，怕皇帝被王安石的論調惹惱，最後呈遞名次時，臨時把他壓到第四名，把第四名的考生提到第一名。第四名考生名叫楊寘，論成績連探花都不如，結果卻成了狀元；王安石本來是狀元，結果排到探花後面。但王安石絲毫不介意，因為他從來沒有把狀元當成自己的人生目標。

王安石中進士後，依例參加朝廷的銓選（國家公務員選拔考試），隨後被派到揚州擔任「簽書淮南節度判官廳公事」，相當於省政府辦公廳的高級祕書。他工作勤奮，文采了得，每天下了班還不休息，刻苦攻讀各種典籍，很受上司的欣賞。他的上司是下放到揚州的元老重臣韓琦，韓琦向朝廷舉薦王安石，想把王安石破格提拔為京官。但是，韓琦的薦舉竟然被王安石拒絕了，因為王安石也沒有把京官當成自己的人生目標。

這裡我要稍加說明：宋朝官員可以粗略分成三個等級，最高等級叫作「朝官」，最低等級叫作「選人」，中間等級叫作「京官」。宋朝的京官不一定在京城做官，它只是一種資格，一種地位較高並晉升較快的資格。選人升官很慢，通常要熬到幾年以後，還要由五名以上中高級在職官員的舉薦，再進京參加一次考試，才可能變成京官。而一旦成為京官，升官就快多了。韓琦大力推薦王安石，想讓王安石從選人變成京官，換成別人早就樂瘋了，但王安石不為所動。倒不是王安石故作清高，而是他有更為宏大的政治抱負。

王安石的抱負不是升官，而是強國和富民。二十九歲那年，他被調到浙江鄞縣當縣長，在鄞縣建學校，立保甲，興水利，給農民發放短期貸款，都收到不錯的效果，縣財政有錢了，老百姓的生活好轉了，文化教育和社會治安都大有長進。若干年後，他宣麻拜相，主持變法，很多改革主張其實都是在鄞縣摸索出來的實際經驗。

王安石在地方上政績突出，居官又極清廉，朝中大佬聽聞他的名聲，爭相舉薦，其中包括另一位元老重臣文彥博，以及當時的文壇大佬歐陽修。文彥博舉薦王安石當館閣學士，被王安石謝絕；歐陽修舉薦王安石當諫官，也被他謝絕。後來王安石去群牧司當了小小的判官，成了司馬光的同僚。

三十八歲那年，王安石接受宰相富弼的舉薦，擔任「三司度支判官」，相當於財政部的司局級官員。這個職位上，王安石摸清了朝廷的家底，認識到「冗官冗兵」和「積貧積弱」的巨大風險，漸漸形成富國強兵的變法策略。

四十七歲那年，王安石的主張得到新皇帝宋神宗的大力支持，兩三年內升任「參知政事」，相當副宰相，開始著手變法。五十歲時，他又升任「同中書門下平章事」，相當於正宰相，開始全面推行變法。

變法過程中，王安石態度堅決，六親不認。凡是阻撓變法的人，或者對變法細節提出不同意見的人，都受到他的打壓。歐陽修舉薦過王安石，王安石卻向宋神宗彈劾歐陽修：「如此人，在一郡則壞一郡，在朝廷則壞朝廷。」（《宋史．王安石傳》，下同）韓琦舉薦過王安石，王安石卻說韓琦「不經世務」，屬於「庸人」。開封府百姓反對變法，自斷手指，王安石說那些百姓是「蠢愚為人所惑動者」，還向宋神宗建議，禁止百姓擊鼓鳴冤，濫告御狀。至於他提出的「三不足」論：「天變不足畏，祖宗不足法，人言不足恤。」更是人所共知，無需贅述。

王安石變法不為權力，不為發財，他打壓一切保守派，也僅是對事不對人，絲毫不夾雜挾嫌報復的意圖。但他過於自信，過於強勢，沒嘗過理想主義的苦頭，不懂得妥協和漸進的妙用，所以失敗了，在失敗之後受到保守派更為強烈的反撲。他的激進改革和司馬光的激進反撲都是一心為國家謀福利，但他們都為國家造成了巨大創傷。

前文說過，王安石本來可以中狀元。ＯＫ，假設當年閱卷官沒有調整王安石的名次，假設他中了狀元，那麼會不會改變歷史呢？我猜不會。以王安石的強烈個性，狀元出身會讓他更加自信，會讓他升官更快，會讓狂風暴雨式變法來得更猛烈，最後遭遇的失敗也許會更慘。

當王安石掉進「誇誇群」

有那麼兩年，中國大陸的大學流行「誇誇群」。據說不管是誰，不管遇到什麼煩心事，不管是被當了還是失戀了，只要打開手機或電腦，在誇誇群裡一頓傾訴，馬上就會有一堆群友衝上來誇你，誇得你天上少有、地上無雙，誇得你精神煥發、雄心再起……

火力如此密集的誇獎，其實古人也經歷過，例如宋朝的文學家、政治家兼改革家王安石。

王安石是文學史上赫赫有名的「唐宋八大家」之一，同樣躋身於「唐宋八大家」的另一位文壇大腕曾鞏是他的至交，兩人結識於青年時代，剛見面就成了鐵哥們兒。曾鞏給王安石寫詩道：

此言此笑吾此取，非子世孰吾相投。

今諧與子脫然去，亦有文字歌唐周。（曾鞏〈發松門寄介甫〉）

這首詩大意是說：我的言語和喜好比較不合群，只有你能夠理解我，世界這麼大，只有你和我志趣相投，希望我能和你一起快快樂樂地歸隱山林，寫文章歌頌最美好的時代。

很明顯，這是一首誇王安石的詩。

曾鞏誇王安石，不僅當面誇，還向別人誇。宋仁宗慶曆四年（一〇四四年），曾鞏給朝中大佬蔡襄（北宋書法家、政治家，蔡京的堂兄）寫信，信末專誇王安石：

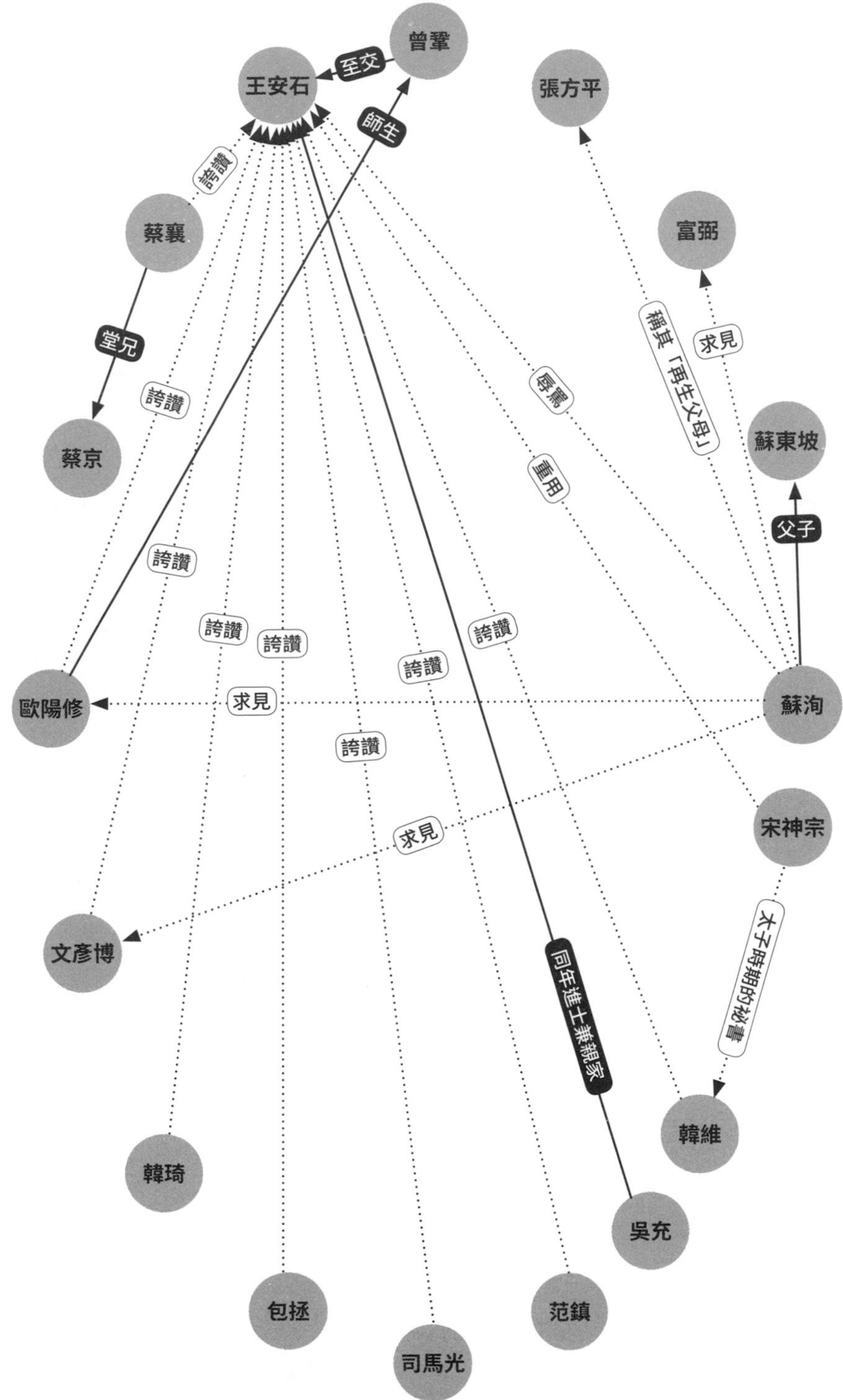
曾鞏
至交
王安石
張方平
師生
誇讚
蔡襄
富弼
堂兄
稱其「再生父母」
求見
誇讚
辱罵
蔡京
蘇東坡
重用
父子
誇讚
誇讚
誇讚
誇讚
誇讚
誇讚
歐陽修
求見
蘇洵
誇讚
宋神宗
求見
太子時期的秘書
文彥博
同年進士兼親家
韓維
韓琦
吳充
包拯
范鎮
司馬光

鞏之友王安石者，文甚古，行稱其文，雖已得科名，然居今知安石者尚少也。彼誠自重，不願知於人，然如此人，古今不常有。如今時所急，雖無常人千萬，不害也，顧如安石，此不可失也。執事倘進於朝廷，其有補於天下。亦書其所為文一編進左右，庶知鞏之非妄也。（曾鞏〈上蔡學士書〉）

我們不妨把曾鞏的誇獎翻譯成白話文：

我的朋友王安石，文章非常典雅，人品非常高尚，如今他已考中進士，但是知道他的人還很少。他太低調，不願意毛遂自薦，但他的學識和才能真是古今少有。當今這個時代，普通人才缺一千、缺一萬都不要緊，假如像王安石這樣的人才得不到重用，那可真是國家的一大損失。我希望您能把他舉薦給朝廷，讓他有機會匡扶天下。我把他的文章編成一本小冊子，隨信寄給您，您看過他的文章之後，就知道我對他的誇獎貨真價實，絲毫沒有誇大。

宋仁宗慶曆六年（一〇四六年），曾鞏又給另一位大佬歐陽修寫信，信末還是專誇王安石：

鞏之友王安石，文甚古，行甚稱文，雖已得科名，居今知安石者尚少也。彼誠自重，不願知於人，嘗與鞏言：「非先生無足知我也。」如此人，古今不常有。如今時所急，雖無常人千萬不害也，顧如安石不可失也。先生倘言焉，進之於朝廷，其有補於天下。亦書其所為文一編進左右，幸觀之，庶知鞏之非妄也。（曾鞏〈上歐陽舍人書〉）

不知道您注意到沒有，曾鞏向歐陽修誇王安石，與向蔡襄誇王安石的路子一模一樣，連用詞都是雷同的。例如「文甚古」、「居今知安石者尚少也」、「彼誠自重，不願知於人」、「如此人，古今不常有」、「其有補於天下」等，都是以前用過的詞。這好比網上那些試圖用收費誇誇群賺快錢的商家，圖省事，將誇人的話語大量發給他們低價雇來的水軍，讓水軍複製貼上發送，把進群買誇的客戶誇到噁心為止。當然，曾鞏與所有誇誇群的群主都不同，他不收費，並且只誇王安石一個人。

歐陽修是曾鞏的老師，他聽到曾鞏對王安石的誇獎，又讀了王安石的文章，對王安石也大加讚賞。一〇五四年，歐陽修給宋仁宗寫奏章誇獎王安石，請求仁宗皇帝破格提拔。一〇五六年，歐陽修又給仁宗寫一篇奏章，誇「王安石德行文學為眾所推，守道安貧，剛而不屈……久更吏事，兼有時才」（歐陽修〈薦王安石、呂公著劄子〉），意思是說王安石文章好，人品也好，不貪圖富貴，不屈從權貴，又在基層做過很多年，特別熟悉民情，工作能力特別強。

查《宋史．王安石傳》，在歐陽修向宋仁宗誇獎王安石之前，比歐陽修官級和威望還要高的大臣文彥博也誇過王安石。文彥博是這麼誇的：「恬退，乞不次進用，以激奔競之風。」王安石不逐利祿，不求官位，是官場的一股清流，希望朝廷予以提拔，讓王安石成為標竿和模範。

再查宋朝人詹大和編撰的《王荊文公年譜》，除了曾鞏、歐陽修、文彥博之外，王安石當地方官時的老上司韓琦、當京官時的老上司包拯、同年進士兼親家吳充，以及王安石年輕時的好友兼同事司馬光、范鎮、韓維等人，在王安石執政之前，都在不同場合誇過王安石。

這群猛誇王安石的高官群體當中，韓維是宋神宗當太子時的祕書，經常在神宗跟前誇獎王安石的才幹，每當神宗說「你這個方案很不錯」時，韓維就會回答：「回奏聖上，這個方案不是我想出來的，這是我的好朋友王安石想出來的。」宋神宗即位以後，很快重用王安石，很快聽從王安石的建議，很快搞起轟轟烈烈的變法改革。

換句話說，王安石之所以能夠宣麻拜相，之所以能夠推行自己的變法主張，和那麼多人在皇帝跟前誇他是分不開的。

不過，也不是所有的人都誇王安石，也有人罵他，例如蘇東坡的父親蘇洵。

蘇洵罵王安石，罵得很早，那時候王安石只是一個中等官員，還沒有顯露出變法傾向，還沒有觸動所謂保守派的利益，更不可能因變法給國家和人民帶來什麼危害。蘇洵罵王安石與政治見解沒有任何關係，純粹是看王安石不順眼。

蘇洵為什麼看王安石不順眼呢？來龍去脈是這樣的：宋仁宗嘉祐元年（一〇五六年），蘇洵帶著兩個兒子在京城開封參加進士考試，兩個兒子都考中了，蘇洵卻落榜了。那時候，蘇洵已經四十八歲，在此之前已參加過很多次進士考試，次次都落榜，他很沮喪、很灰心，想繞過科舉，透過官場推薦的捷徑免試當官。他向元老重臣文彥博上書，向另一位元老重臣富弼上書，向文壇領袖歐陽修上書，希望這些大佬讀到自己的文章，欣賞自己的才華，進而得到一官半職。除此之外，他還不停地著書立說，揣著作品參加開封文壇的各種聚會，一逮到機會就請人「斧正」，有一回碰到王安石。王安石天性耿直，認為蘇洵的作品迂腐可笑，大而無當，直言不諱地表示不屑。這下把蘇洵惹惱了，從此懷恨在心（參見《三蘇年譜》第一冊）。一〇六三年，王安石的老母親在開封病逝，京城名人都去祭拜，只有蘇洵不去，還寫一篇〈辨奸論〉，將王安石罵了個狗血淋頭，說王安石吃的是豬食和狗糧，長了一張囚犯的臉，註定不會有好下場。幾年後，王安石變法，蘇洵已經去世，保守派將這篇〈辨奸論〉批量印刷，廣為散發，用死去的蘇洵做先鋒，非常狡猾地攻擊王安石。

曾有學者懷疑〈辨奸論〉並非出自蘇洵之手，而是保守派偽造的。但我覺得這篇文章不像偽造。蘇洵這個人文筆極好，文章格局很大，但他一生都在追求名利，為早日做官狠拍家鄉父母官和朝中官員的馬屁。有個官員張方平在四川做地方官，被蘇洵尊稱為「再生父母」，但張方平只比蘇洵大兩歲而已。蘇洵還睚眥必報，最喜歡記仇，人品上離他的兩個兒子蘇東坡和蘇轍差得太遠。

至於王安石的格局則要比蘇洵大多了。蘇洵一生都沒有考中進士，經過歐陽修多次舉薦，年過五旬才得到一頂「霸州文安縣主簿」的小小烏紗帽，被人誇一次就感恩戴德，被人罵一次就記恨終身。王安石呢？少年成名，仕途順利，二十二歲中進士，二十六歲當知縣，四十九歲當副相，五十歲當宰相，成名前被很多人誇，變法時被很多人罵，但他對誇讚和毀罵都不放在心上，既不討好誇他的人，也不打擊罵他的人。好朋友曾鞏誇過他，他執政後並不提拔曾鞏，因曾鞏反對變法；文彥博、韓琦、歐陽修不僅誇過他，而且提拔過他，他執政後卻將這些大佬趕出朝廷，因大佬們反對變法；在他變法時期，反對變法的司馬光、范鎮、蘇轍和小官鄭俠都罵過他，他也從來不懷恨，還為鄭俠開脫罪名。他唯一感到遺憾的，是這些在道德上同樣優秀的賢人君子，始終不理解他的政治主張。

本節最後，我還想再補充一句：「誇誇群」在宋朝是很常見的。

宋朝選官制度比較獨特，將科舉和薦舉揉為一體：一個人考中了進士，還要再參加相當於公務員選拔考試的「銓試」，而銓試前需要獲得在職官員的點讚和舉薦；低級官員想成為中等官員，需要參加「朝考」，而朝考前又要獲得五名以上在職官員的點讚和舉薦。所以呢，每個官員都被其他官員誇過，誇誇群在宋朝官場到處都是，並不限於王安石和他的朋友圈。

宋朝學生如何回報母校？

二〇二二年初春，「艾瑞深校友會網」公布《二〇二二中國大學校友捐贈排名一百強》，北京清華大學以四十七億二千萬元（人民幣，以下同）的校友捐贈名列榜首，北京大學以四十一億九千七百萬元的校友捐贈排名第二。這份榜單上，有九所大學的校友捐贈超過十億元，就連排名墊底的幾所學校也分別收到幾千萬元的校友捐贈。

有評論說，功成名就的畢業生回饋母校，以前是劍橋、哈佛、麻省理工等西方名校的傳統，如今也成了亞洲各大學的流行風，值得慶賀。但我們只要翻開歷史，就會發現宋朝學生已經開始這樣做了。到南宋後期，太學甚至形成一個定例：成就愈大的學生對母校的回報也必須愈多。

用宋朝文獻的原話來講，這個定例是這樣的：

太學先達歸齋，各有光齋之禮……宰執則送金飯碗一只，狀元則送鍍金魁星杯盤一副。帥漕新除，各齋十八界二百千、酒十樽。（《癸辛雜識》後集〈光齋〉）

翻成大白話就是說，那些早年在太學讀書的達官顯貴重返母校都會給他們所在的班級捐錢、捐物。如果是宰相、副相、樞密使之類的朝廷大員返校，每人會捐一只金飯碗；如果是新科狀元返校，要捐一套鍍金的魁星杯盤；如果是剛剛被任命為安撫使、轉運使、常平使、提刑的高級地方官返校，

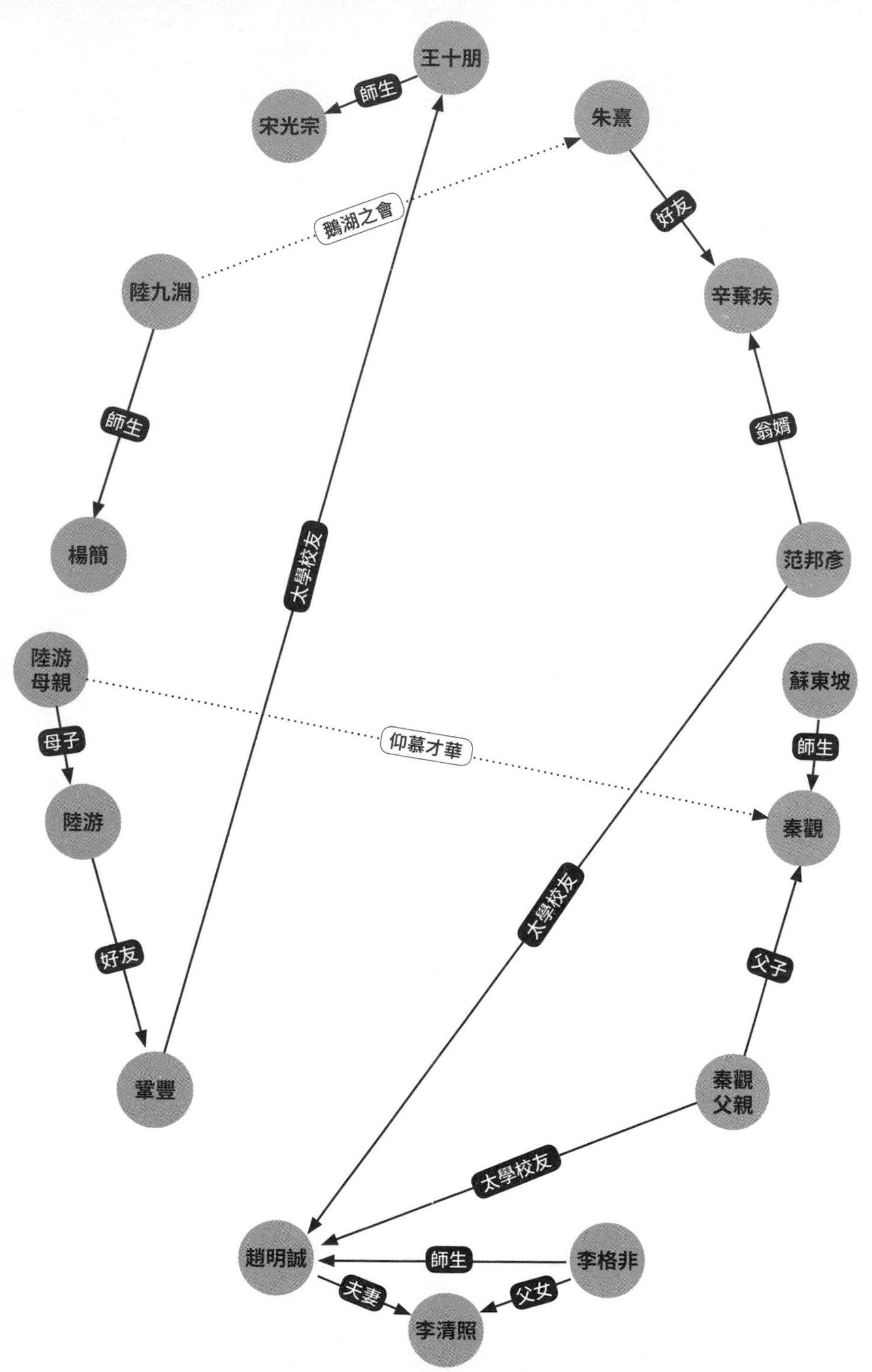

王十朋
師生
宋光宗
朱熹
好友
鵝湖之會
陸九淵
辛棄疾
翁婿
師生
太學校友
楊簡
范邦彥
陸游
母親
蘇東坡
母子
師生
仰慕才華
陸游
秦觀
太學校友
好友
父子
鞏豐
秦觀
父親
太學校友
趙明誠
師生
李格非
夫妻
父女
李清照

則要捐給本班第十八界會子二百貫，再加上十桶酒。

所謂「第十八界會子」，指的是南宋朝廷發行的第十八套紙幣，一二五〇年前後流通於江浙地區。查王仲犖先生古代物價考訂專著《金泥玉屑叢考》，南宋紙幣最初堅挺，後來貶值，面值二百貫的「十八界會子」可以兌換銅錢五十貫。如果購買稻米，購買力相當於現在十七萬五千元臺幣。

在南宋，「安撫使」管軍，「轉運使」管錢，「常平使」負責茶鹽專賣，「提刑」負責審理刑獄，這些官職的實權都相當於省長或副省長，如果從太學畢業的學生能混到這四頂烏紗帽裡的任何一頂，都算得上功成名就。可是，他們卻只捐給母校十幾萬元（不算額外捐贈的那十桶酒），而不是幾百萬、幾千萬、幾億，是不是太小氣呢？

我們不妨捋一捋。

首先，現在的學生出路很廣，既可以從政，也可以經商，還可以去搞科學研究，任何一所名校的畢業生中冒出來幾個億萬富翁，都不是什麼稀罕事，學校想得到大筆捐贈，有的是人脈，有的是機會。而宋朝太學是為培養和儲備行政人才而設立的，太學生的主要出路是當官，而當官的合法收入只有俸祿和朝廷賞賜。如果要求一個太學生為母校捐贈很多很多錢，就只能逼著他去當貪官。

其次，現代高等教育學校需要的經費極多，建教學大樓、建圖書館，建實驗室，設立各種獎學金，攻克理工類的高精尖課題，哪個專案都需要巨額資金，僅靠國家撥款是很難填補缺口的。宋朝太學卻是純粹官辦的小型文科院校，占地面積小得可憐，在校人數少得可憐，老師只教儒家經典，學生只攻儒家經典，有吃、有住、有書、有紙筆就夠，朝廷每年撥付的經費根本花不完，並不需要校友傾囊相助。

那麼問題又來了：既然不需要校友出錢，宋朝太學為什麼還要接受捐贈呢？

目的其實很單純：為了激勵在校學生，為了讓太學裡的各個班級在科舉考試中展開競爭。

相信細心的讀者朋友看得出來，那些從太學走出來的達官顯貴做捐贈時，並不是捐給學校，而是捐給班級。南宋後期，太學總共分為二十個齋，也就是二十個班級。每個班級都有一個固定不變的名字，包括「正心齋」、「誠意齋」、「循理齋」、「養正齋」、「持志齋」、「守約齋」、「習是齋」、「果行齋」、「觀化齋」、「存心齋」、「篤信齋」、「務本齋」……

無論哪個齋出了狀元，出了高官，出了大學問家，都只給那個齋捐贈。剛入學的太學生想知道哪個齋培養出來的人才更多，只要數數哪個齋獲贈的東西更多就行了。比如說，「存心齋」供著兩只金飯碗，說明此齋曾培養出兩個宰相。比如說，「觀化齋」新得幾百桶酒，說明此齋又有一批校友被任命為地方高官。在這些齋讀書的學子，喝著美酒，看著金飯碗，自然會有自豪感，自然會下意識地加倍努力，希望自己有朝一日也能飛黃騰達，光耀本齋。其他齋的學子在本齋裡看不到金飯碗，看不到鍍金的魁星杯盤，也一直沒機會品嘗某位校友送來的美酒，就會覺得羞恥，就會知恥而後勇，就會暗暗發下誓言：有朝一日必定讓自己的班級揚眉吐氣。

如今學校教學樓牆壁上，多掛名人畫像，中外名人都有。宋朝太學逢年過節，各班級則會將本齋的名人校友寫在教室大門上，大家集體朝他們的名字鞠躬行禮。

以南宋太學為例，狀元王十朋曾在「觀化齋」讀書，後來當上太子（登基後為宋光宗）的老師，被封龍圖閣學士，所以他的名字被刻在「觀化齋」大門上；理學名家楊簡（陸九淵弟子）曾在「循理齋」讀書，後來考中進士，做了知府，所以他的名字被刻在「循理齋」大門上；陸游的好友鞏豐先後在「存心齋」和「果行齋」讀書，後來考中進士，做到江東提刑，所以他的名字被刻在「存心齋」和「果行齋」的大門上，同時被這兩個班級的學生頂禮膜拜。這些做法都是用名人來激勵學生，我們現在是用全世界的名人來激勵，宋朝太學則只用校友中的名人，這樣更有親切感。

鞏豐、楊簡、王十朋，現代人看到這幾位的名字，可能並不熟悉，接下來說說那些能被大夥熟知的太學名人。

第一位，李清照的第一任老公趙明誠。趙明誠曾在北宋太學讀書，直到和李清照結婚時，還沒有從太學畢業。後來他不僅成了著名的金石學家，仕途上也相當了不起——南宋初年曾擔任江東安撫使，相當於省長兼軍區司令。

第二位，蘇東坡的高足秦觀（秦少游）。一〇八八年，秦少游經人舉薦，做了太學博士，相當於現在的正教授。可惜的是，剛到太學沒幾天，秦少游就被蘇東坡的政敵彈劾，丟掉了職位。而秦少游的父親早年則在太學讀書，據說他的父親仰慕一個名叫王觀的同學，才給兒子取名秦觀。更有意思的是，多年以後，陸游出生，陸游的母親仰慕秦少游的才華，所以給兒子取名陸游，字務觀，意思是希望兒子能像秦觀那樣有才華。

第三位，辛棄疾的岳父范邦彥。宋徽宗在位時，范邦彥在太學讀書，直到北宋滅亡，才被迫離校。北宋滅亡以後，北方成了金國人的天下，范邦彥考中金國進士，被派到蔡州息縣（今河南息縣）當縣令，他率領全縣官民歸降南宋，又成了南宋的官員。

宋朝名人當中，很多人都和太學有緣，有的是在太學讀書，有的是在太學教書。像李清照的父親李格非、蘇東坡的學生晁補之、范成大的堂哥范成象，當年都在太學待過。其中李格非擔任太學博士，晁補之擔任太學正，范成象擔任太學錄。太學博士相當於正教授，太學正相當於風紀官，太學錄相當於風紀官的助手。

還有兩位名氣更大的重量級人物，直接推動太學的創立和改革。這兩位重量級人物分別是范仲淹和王安石。

宋朝最初沒有太學，只有國子學，而國子學只收七品以上官員的子弟。宋仁宗在位時，范仲淹推行「慶曆新政」，一手清理官場，一手振興教育。范仲淹先是在京城開封設立「四門學」，招收八品以下官員的子弟。然後他又將四門學改成太學，並且開始擴招。四門學改名太學時，在校生最多不能超過二百人；幾年以後，太學擴招到六百人。這樣一來，基層官員也有機會把孩子送到太學讀書，享受最高規格的官辦教育。

宋神宗在位時，王安石推行變法，嘗試廢除科舉，只用太學培養行政人才。在王安石的推動下，太學繼續擴招，學生數量從六百人暴增到二千四百人。這二千四百人被分進八十個班級（南宋縮減到二十個班級），又按照考試成績分為「上舍生」、「內舍生」和「外舍生」，上舍生一百人，內舍生三百人，外舍生二千人。其中上舍生又分上、中、下三等：上等上舍生可以不參加科舉考試，直接做官；中等上舍生可以繞過解試和省試，直接參加殿試；下等上舍生可以繞過解試，參加省試和殿試。在宋朝，以上制度叫作「三舍法」，又叫「舍選法」。

宋朝科舉考試分為三個環節，第一個環節是參加地方州府官員主持的解試，第二個環節是參加中央禮部主持的省試，最後一個環節是參加皇帝親自主持的殿試。只有這三個環節全部過關，才能成為進士。進士再參加吏部主持的選官考試，才能得到官職。從解試到選官考試，淘汰率極高，成功率極低。可是再看太學生，居然有機會免試做官，或者繞過淘汰率極高的解試和省試，直接參加殿試，和普通考生相比，宛如搭上直達高鐵，實在是占了天大便宜。

不過，太學生也不是那麼好當的。王安石變法以後，各地學生想入太學，必須有州縣官員的舉薦信，還必須通過入學考試；剛進太學，最初只能當外舍生，不用繳學費，但也沒有任何津貼；外舍生每月一次「月書」，每季一次「季考」，每年一次「歲考」，每次成績都優秀才有資格變成內舍生，享受到每月幾百文的伙食津貼；內舍生也是考試不斷，連續三年品學兼優，經太學博士和太學正、太學錄多人保舉，才有資格升為上舍生；然後上舍生繼續考試，考試成績優異者才有機會當「齋長」、「齋諭」、「職事學正」、「職事學錄」，也就是班長、副班長、風紀股長、學藝股長；再經過太學官員舉薦，才有機會免試做官。

不僅考得勤，太學的紀律也很嚴格。南宋文人周密在太學讀書多年，我們不妨聽他講講南宋太學對違紀學生的懲罰手段。

最輕的懲罰是「關假」，三個月之內沒有假期，別人節假日可以出校門，違紀生不許。

稍重的懲罰是「遷齋」，從排名靠前的班級裡趕出去，轉到排名靠後的班級。如果本來所在的班級就墊底，那就去小黑屋就讀。太學裡的小黑屋類似監獄裡的禁閉室，當時叫作「自訟齋」，自做自吃，不許出去，不能和同學交談。

最重的懲罰是「夏楚」，也就是用荊條抽打屁股。實施這種懲罰時，集合全校學生，太學官員讓掌管風紀的學生宣讀罪狀，然後讓人剝去違紀學生的衣服，抽打幾下，趕出校門。

從北宋中葉到南宋末年，宋朝皇帝都非常重視太學教育，所以太學生的地位一直很高，在政治上也是一股不可小覷的力量。宋神宗在位時，親自到太學視察，見太學生學習刻苦，高興得賞賜每人美酒二升。那時候二升是一千二百毫升，裝酒足有一．二公斤，雖說不是蒸餾酒，但也能讓人喝到醺醺然。某些太學生愈喝愈興奮，竟然爬到樓上敲起鼓來，嚇得太學官員趕緊阻止。太學生卻喊道：「奉聖旨得飲！」我們是奉旨喝酒，誰敢阻攔？

北宋末年和南宋前期，每次朝廷重用投降派，太學生都群起上書，以至於人們給太學取了個綽號：「有髮頭陀寺，無官御史臺。」（《鶴林玉露》丙編卷二〈無官御史〉）一方面，太學生學習刻苦，生活清貧，彷彿帶髮修行的苦行僧；另一方面，他們又抨擊權臣，大膽敢言，好像沒有烏紗帽的監察官。

南宋哲學家朱熹與辛棄疾是好友，兩人曾經談論太學優劣。辛棄疾認為花錢養許多沒有實際才能的學生，不划算。朱熹卻提到一點：「太學作養風骨之士，亦是高遠氣象。」我覺得，朱熹的話很有道理。

第四章

師友關係

朋友的兒子犯罪，包公會怎麼判？

蘇東坡年輕時有個好朋友，名叫章惇，字子厚。

宋仁宗嘉祐二年（一〇五七年），蘇東坡中了進士，章惇也中了進士，這樣的關係被稱為「同年」。宋朝慣例，同年如手足，進入官場後，只要不成政敵，都會互相幫扶，一部分同年還會結成親家，從此世代交好。

王安石變法時期，蘇東坡和章惇政見不同，被章惇打壓。但在此之前，他們相交莫逆，簡直是無話不談的鐵哥兒們。宋仁宗嘉祐九年（一〇六四年），章惇在陝西某縣當縣令，請蘇東坡登山遊玩。蘇東坡恐高，不敢爬陡崖，而章惇身手不凡，三步兩步衝了上去，站在極險處拍手大笑，笑蘇東坡像女生一樣膽小，不敢冒險（參見蘇軾〈晚香堂蘇帖〉）。

章惇敢於冒險，不惜以身試法。他比蘇東坡小兩歲，高大，帥氣，身材魁梧，有武人之資，可惜生活上很不檢點，中進士之前，經常在京城飲酒宿娼，尋花問柳，甚至勾引良家婦女。有一段時間，他竟然和族裡一個長輩的小妾好上了，半夜翻牆而入，和那個小妾鬼混，結果被長輩發現。章惇急急如喪家之犬，忙忙若漏網之魚，提上褲子往外跑。長輩拎著棍子在後面追，章惇翻身上牆，「噗通」一聲跳下去。壞了，牆外有個老太太正倚著牆根坐著，章惇正好踩人家身上，幾乎把老太

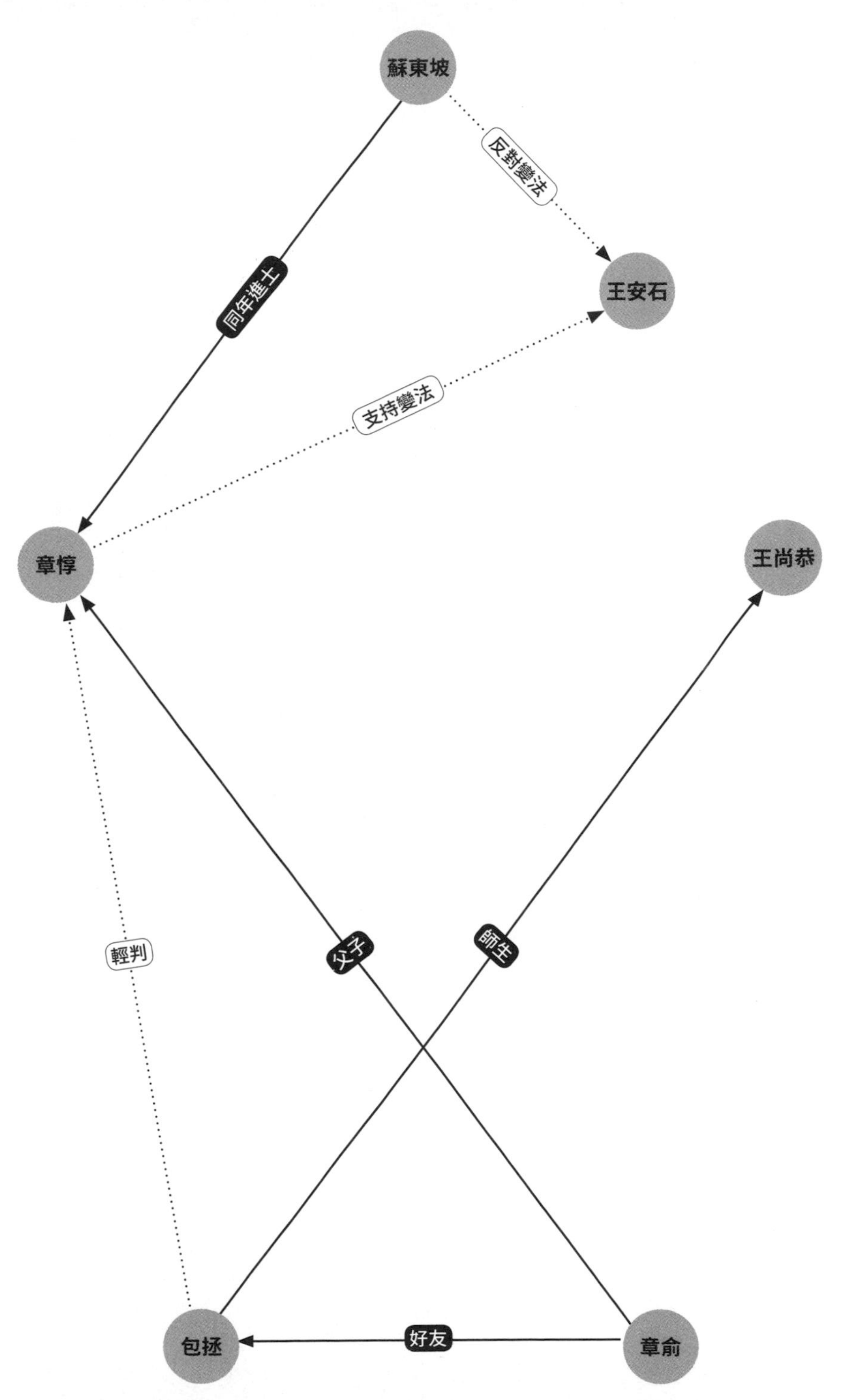
蘇東坡
反對變法
王安石
同年進士
支持變法
章惇
王尚恭
輕判
父子
師生
包拯
好友
章俞

太踩得背過氣去。

章惇的長輩不願意張揚家醜，忍氣吞聲，沒有報案。但那老太太不願意息事寧人，去開封府告了一狀，告章惇大逆不道，和長輩的妻妾通姦，還傷及無辜。結果可想而知，章惇自然是被扭送到開封府，等著府尹問罪。

那時候的開封府尹是誰呢？正是中國歷史上最有名的清官、大名鼎鼎的包公包青天。

傳說中，包公斷案如神，晝審陽間冤案，夜掌陰朝地府，審過的案子沒有一千也有八百。實際上，包公「倒坐南衙開封府」的時間只有一年半，在這個職位上審過的案子並不多，目前有據可考的只有三宗，其中一宗就是章惇的案子。

章惇的案子證據確鑿，案情明白，非常好審，也非常好判。根據北宋初年修訂的法典《宋刑統》：「和奸者，男女各徒一年半，杖一百。」與人通姦，男女雙方各處一年半徒刑，各打一百大板。《宋刑統》又規定：「奸小功以上父祖妾及與和者，謂之內亂。」與長輩的小妾通姦，稱為「內亂」。內亂是「十惡不赦」之罪，必須從重判處，重則凌遲，輕則砍頭，不許減刑，不許赦免，更不許用罰金來代替刑罰。同樣還是《宋刑統》：「諸誤殺傷人者，減故殺傷一等，……從過失法收贖。」過失殺人或者過失傷人的刑罰比故意殺人或故意傷人減輕一等，根據傷情輕重斟酌，可以用罰金來代替刑罰。

《宋刑統》是北宋初年在唐朝法律基礎上暫時修訂的法典，後來宋朝又出臺了許許多多的法令條文和司法解釋，分別稱為「條格」和「編敕」。宋朝官員判案，參照條格和編敕的時候多，參照《宋刑統》的時候少。不過，從漢、唐到明、清，法律原則一以貫之，從南宋時期修編的《慶元條法事類》來看，與《宋刑統》並沒有很大區別，同樣的罪行還是要處以差不多的判決。即使在清朝後期，較輕的誤傷可以用罰金來代替刑罰，和長輩的妻妾通姦仍然屬於十惡不赦的大罪，還是要砍頭或凌遲。

現在章惇的案子擺在包公面前，罪行是兩條：一條是誤傷老太太，一條是和長輩小妾通姦。包公該怎麼判呢？

答案似乎很明顯：包公鐵面無私，一定不會輕饒章惇，一定會要了章惇的小命。

可是，史學家司馬光《涑水紀聞》書中記載了包公的判決結果：「時包公知開封府，不復深究，贖銅而已。」包公沒有深究，對章惇僅僅是經濟懲罰，讓他賠老太太一筆錢。也就是說，包公放過章惇和長輩小妾通姦的大罪，只追究他踩傷老太太的過失。

這是為何？包公難道也會徇情枉法嗎？

要說徇情，包公和章惇還真的有些交情。章惇的父親章俞和包公同朝為官，而且私交不錯。換言之，章惇是包公的世交，是包公的朋友的兒子，可以被包公稱為「世侄」。

包公輕判章惇，卻不是因為交情，而是為了大局。什麼大局呢？不是朝局，也不是政局，而是整個社會的差序格局：士大夫是老百姓的尊長，父親是兒子的尊長，尊長的顏面必須維護，否則百姓不敬服官紳，兒子不敬服父親，尊卑無序，社會就亂套了。

就章惇一案而言，包公既要維護章惇他爹章俞的臉面，也要維護拎著棍子追趕章惇的那位長輩的臉面。包公認為如果追究章惇和長輩小妾通姦的案子，則章惇的父親和長輩臉面盡失，案情公布出去，老百姓背地裡肯定會議論：「這些士大夫幹的什麼事啊！滿嘴的仁義道德，一肚子男盜女娼，瞧他們家亂的，還配給我們做表率？呸！」

上述邏輯科學嗎？不科學。混亂嗎？有些混亂。但是，宋朝官員經常這樣葫蘆提判案，只要能維護上層和尊長的臉面，完全可以無視法律條文。

《名公書判清明集》是宋朝名臣的判例彙編，我從中挑出來兩件案子，請您看看當時官員的判案邏輯。

案件一：某個無恥變態的老混蛋對兒媳耍流氓，兒子告到衙門，父母官竟然將兒子打一百大板。那父母官給出的理由是：「父可以不慈，子不可以不孝，縱使果有新臺之事，只有為父隱惡，遣逐其妻足矣。」當爹的可以不慈，當兒子的不能不孝，即使父親對媳婦耍流氓，也應該隱瞞父親的惡行，將妻子趕走，讓父親沒有機會繼續耍流氓就是。如此判案的父母官絕非等閒之輩，竟是南宋名臣胡穎，此人和包公一樣，清正廉明，學問很大，威望很高，擁有不俗的政績和官聲。

案件二：某舉人與鄰居家的童養媳通姦，致其懷孕，鄰居告上衙門，卻遭到舉人同胞兄弟的毆打。您猜法官是怎麼判的？那個與人通姦的舉人本應判處徒刑，但因為是舉人，所以免予刑罰，派差役押送到府學，讓府學教授抽打二十荊條，警告不要再犯即可。舉人的弟弟毆打原告，本應判處杖刑，但他畢竟替哥哥出頭，「以愛兄之道」，無罪釋放。

舉人通姦竟然能免除刑罰，弟弟為哥哥出頭竟然能隨便打人，北宋法典《宋刑統》沒有這樣寫啊！南宋法典《慶元條法事類》也沒有這樣寫啊！堂堂父母官怎麼能不尊重法律條文呢？怎麼能胡亂判決呢？

宋朝官員並不認為他們是胡亂判決，因為他們都是儒家門徒，在儒家門徒的心目中，上下尊卑比社會公正更重要，封建禮教比法律條文更重要。用南宋理學名臣真德秀的話說：「吾輩聽訟，當以正名分、厚風俗為主。」（真德秀《西山政訓》）父子之間的名分可以超越法律，家醜不可外揚的禮俗可以掩蓋事實，判案不需要遵循法律，遵循儒家思想就可以了。

用儒家思想代替法律條文，不是包公的首創，更不是胡穎和真德秀的首創，其源頭可以追溯到二千多年前的西漢中葉。我們知道，西漢大儒董仲舒曾宣導「春秋決獄」，即用《春秋》這部被儒家認可的史學經典做判案依據。比如說，兒子殺人，被父親藏起來，按照西漢法律，包庇凶手要受重刑，但是董仲舒卻認為《春秋》上載有父親包庇兒子的案例，符合儒家「親親相隱」的精神，所以這個父親沒有罪，不用受到任何懲罰。

包公判章惇一案，與董仲舒的判案理念一脈相承，洋溢著濃濃的儒家氣味。過去人們一直說包公鐵面無私，執法如山，是宋朝的法家。實際上，包公骨子裡還是儒家弟子。

儒家與法家孰是孰非？春秋決獄是否有其合理之處？古代中國有多少法律條文在多大程度上吸納了儒家思想？這都是很大的學術問題，可能需要寫一部專著才能探討清楚。我想說的是，包公也是人，在官員權力缺乏制衡的環境下，他並非不可能徇私。據《宋史翼》記載，包公有個門生，名叫王尚恭，在開封府陽武縣（今河南省原陽縣）當知縣，一宗案子判得不公，老百姓上訴到開封府，請包公複審。包公一看狀子，此案已被門生審過，當即扔在地上，說：「既經王宰決矣，何用複訴？」既然王縣長審過，我還用複審嗎？

王尚恭是包公的門生，也是包公的下級，包公喜愛這個老部下，認為他不會犯錯，所以連案情都不看，直接發還。由此可見，包公不但有些武斷，而且比較護短。

大師抄襲，還是大師嗎？

宋朝中後期，江湖上流傳著這樣一個傳說。

說是有兩個年輕人一起在泰山讀書，連續十年都沒有下過一次山，那真叫「兩耳不聞窗外事，一心唯讀聖賢書」。其中一個年輕人學習尤其刻苦，不但不下山，連老家寄來的信都不敢輕易拆開，每次收到家信，瞧見信封上寫著「平安」兩個字，就隨手扔到廢紙簍裡去，唯恐勾起思鄉之苦，分了學習的心。他們讀書如此精進，學業當然大成，後來兩人學成出山，各自創派收徒，都成了宋朝有名的教育家。

這兩個人，一個叫孫復，一個叫胡瑗。孫復字明復，山西人，生於九九二年，剛過而立就在泰山辦學，被弟子尊稱「泰山先生」；胡瑗字翼之，陝西人，生於九九三年，祖上好幾代都在陝西安定堡定居，被弟子尊稱「安定先生」。

比孫復、胡瑗稍晚幾年，還出了一位名叫石介的學者。石介也曾創派收徒，桃李滿門，因為家在山東泰安徂徠山附近，所以被弟子尊稱「徂徠先生」。

孫復、胡瑗、石介都生在北宋初年，學問都很大，名聲都很響，門徒都很多，對宋朝乃至元、明兩朝的儒學發展都有極大影響，所以三人並稱「宋初三先生」。不過我們暫且不談石介，只講孫

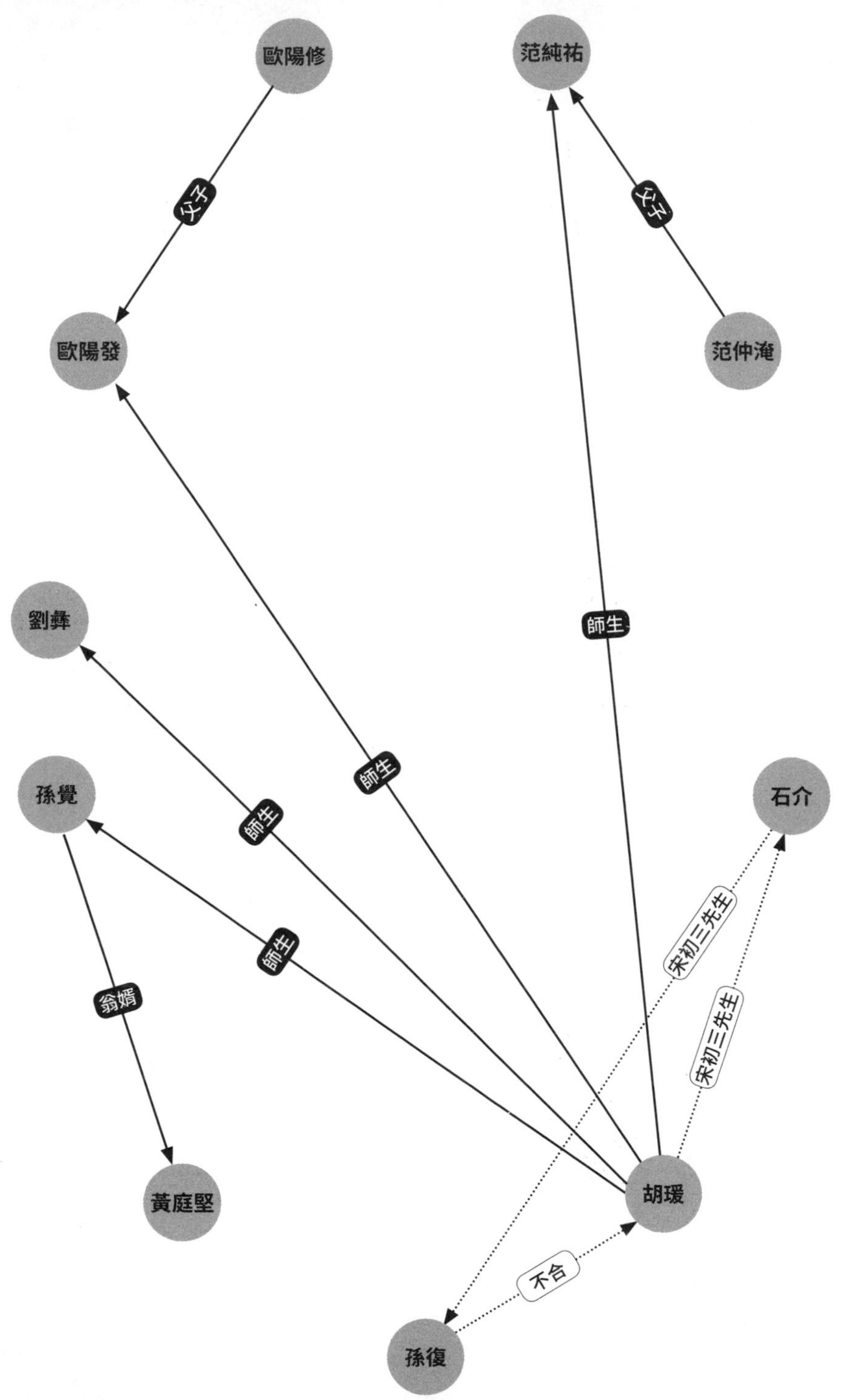

歐陽修
范純祐
父子
父子
歐陽發
范仲淹
劉彝
師生
師生
師生
孫覺
石介
師生
宋初三先生
翁婿
宋初三先生
黃庭堅
胡瑗
不合
孫復

復和胡瑗的故事。

孫復和胡瑗有很多故事，散布於正史和野史，其中真假參半，並不全是史實。比如說，本文開頭，孫復和胡瑗在泰山隱居讀書，同學十年，這就是宋、元時期一些讀書人編造出來的。人們之所以編這個故事，無非是為了勵志，想讓更多人學習先賢，坐得住冷板凳，耐得住寂寞，擋得住一切誘惑，哪怕是親情的誘惑。

孫復確實在泰山住過，並且不止十年，而是二十年。但那二十年當中，孫復可不是為了求學，而是為了辦學。孫復曾經多次參加科舉考試，一直沒中進士，於是退隱山林，辦起泰山書院，掌教大約二十年，相當於我們現代人考公務員失敗，棄政而從教，成了民辦學校的校長。至於胡瑗，根據最近三十多年來黃富榮、徐洪興、劉文仲、陳植鍔等學者的各自考證，他在中年以前或許和孫復通過信，卻沒有見過面，更沒有機會同住十年，一起在泰山苦讀。

還有一種說法出自《宋史．范純仁傳》，大意是說，孫復和胡瑗沒在泰山成為同窗，卻在河南商丘成了同窗——宋朝政治家兼文學家范仲淹在商丘執掌應天書院時，胡瑗和孫復都在該書院讀書，都是范仲淹的學生，都與范仲淹的兒子范純仁相來往，幾個好學生成立學習小組，共同探討學業。

最後這種說法載於正史，但也未必屬實。一〇三九年，胡瑗曾在蘇州府學教書，范仲淹命令另一個兒子范純祐拜胡瑗為師。宋朝和現在不一樣，那時候講究師道尊嚴，注重學術輩分，假如胡瑗是范仲淹的學生，那麼他就得與范仲淹的兒子平輩論交，不太可能又去當范仲淹某個兒子的老師。

現在我們能讀到的古代文獻，對胡瑗和孫復年輕時求學經歷的記載既不詳細，又互相矛盾。推想起來，這些記載要麼出自傳聞要麼是為了勵志而故意杜撰。胡瑗和孫復的名氣愈大，崇拜者愈多，附會在他們兩個身上的勵志故事也就愈多。

真實的故事往往並不勵志。比如說，《宋史》為孫復立傳，寫到孫復晚年名氣更大，被朝廷聘請到太學教書；與此同時，胡瑗也被聘請到太學教書。兩個聲名赫赫的大教育家成了同事，彼此之間的關係卻很差。《宋史．孫復傳》原文是這麼寫的：「復與胡瑗不合，在太學常相避。」孫教授厭惡胡教授，不想見到胡教授，胡教授一來，他就躲，瞧見了也假裝沒瞧見。

野史上對兩個人的關係也有描寫，司馬光的世侄邵博著有《邵氏聞見後錄》一書，說「先生惡胡瑗之為人」。這裡的「先生」，指的就是孫復，意思是說孫復看不慣胡瑗的為人。

南宋大儒朱熹給學生講課，學生問道：「胡瑗是大學者，孫復也是大學者，兩個大學者為什麼無法相處呢？」朱熹答道：「安定較和易，明復卻剛勁。」（《朱子語類》）胡瑗比較隨和，孫復比較倔強，他們關係不好，是因為性格不合。

朱熹將孫、胡兩人的矛盾解釋為性格不合，這個解釋可能正確，卻不夠透徹。孫復厭惡胡瑗，真正的原因出在胡瑗身上：胡瑗著書立說和編寫講義時，其實抄襲過孫復的文章。

有例為證。

胡瑗給學生講《春秋》：「齊以郎之戰，未得志於魯，今因宋、鄭之仇，故帥衛、燕與宋來伐魯。魯親紀而比鄭，故會紀侯、鄭伯，以敗四國之師。不地者，戰於魯也。」這段話與孫復〈春秋尊王發微〉裡的文字幾乎一模一樣：「齊以郎之戰，未得志於魯，因宋、鄭之仇，故帥衛、燕與宋伐魯。魯親紀而比鄭也，故會紀侯、鄭伯，及齊師、衛師、宋師、燕師戰，以敗四國之師。不地者，戰於魯也。」

胡瑗給學生講《禮記》：「大夫宗婦者，同宗大夫之婦，非謂大夫與宗婦也。覿者，見夫人也。」再看孫復〈春秋尊王發微〉：「大夫宗婦者，同宗大夫婦也。覿者，見也。」你看，兩段文字意思完全相同，只是在細微表達上有詳略差別。孫復撰寫〈春秋尊王發微〉在前，胡瑗在太學授課在後，分明是胡瑗引用孫復的書。引用而不註明出處，自然就是抄襲。

孫復治學，專精《春秋》。胡瑗則是博覽廣收，對經學、史學、音律、軍事、農書、曆法都有濃厚興趣。如果比較訓詁之嚴謹，注經之功底，胡瑗確實比不上孫復。胡瑗給學生授課，可以借鑑孫復的研究成果，也應該借鑑孫復的研究成果。但他應該徵求孫復同意，至少也要在課堂上以及自己的著作裡說明，哪些成果是孫復研究出來的，不然既不符合學術規範，也不符合道德規範。

不過我們也不能強求古人，畢竟古代還沒有智慧財產權方面的法律。古代知識分子刊印書籍，將前人成果歸於自己，傳抄別人而不說明，歷朝歷代都不鮮見。宋朝出版業繁榮昌盛，流傳於世的宋人筆記就有千種以上，如果我們留心翻閱會發現許多筆記的許多詞條都是重複的。北宋人寫過的朝野掌故，南宋人可能照抄下來。歐陽修記載的風俗趣聞，可能會被陸游再「記載」一遍。

就連數學小冊子都會犯同樣的毛病：北宋數學家賈憲和南宋數學家秦九韶的著作裡，我們能讀到魏晉南北朝數學家撰寫的例題；而在明、清數學家那裡，宋朝數學文獻裡的例題又會再次出現，有時連表述上都不差一個字。

我前幾年撰寫古代茶道方面的書籍，搜集了宋朝以後的大部分茶文獻，您猜怎麼著？明朝人出版的《茶譜》竟然將宋、元時期的幾種《茶錄》摘抄彙編，全不加注，假如不仔細對比，一定會把明代茶人著作裡的描述都當成明朝茶道，誤以為明朝文人還在堅守唐、宋時期的煮茶風氣。

扯遠了，現在繼續說孫復和胡瑗。孫復對胡瑗有意見，不僅因為胡瑗抄襲，而且因為胡瑗的門徒更多，課堂回饋更好，比他的影響力更大，教出來的學生更優秀。像歐陽修的兒子歐陽發，還有黃庭堅的岳父孫覺，都是出自胡瑗門下。《宋史·孫復傳》概括得簡略而精當：「瑗治經不如復，而教養諸生過之。」胡瑗做學術研究比不上孫復，但是教學方法卻比孫復強得多。

在整個古代中國，胡瑗都稱得上是相當前衛的教育大師。第一，他性格幽默，課堂氣氛活躍，學生剛開始瞧不起他，愈到後來愈喜歡他；第二，他兼重文武，讓學生走出書齋，關注時局，讀書之餘，還要練習騎射，他本人也文武兼修，協助范仲淹駐守西疆時，敢於打破老規矩，發明新武器，在練兵和屯田方面都做得相當出色；第三，他創了一個空前先進的教學方法：分齋治學。

在胡瑗之前，所有的官學和書院都要求學生專攻詩書（官辦武學除外），而胡瑗則宣導學生根據各自的興趣和專長，在詩書之外兼修一門實際學問，例如天文曆法、三角測量、工程建築、攻城守城……胡瑗在湖州府學教出來的門生劉彝，後來就成了一個水利專家，給城牆設計能自動開合的「水窗」，需要洩洪時水窗開啟，洪水退去水窗閉合。

前文說過，胡瑗抄襲別人的學術成果，道德上確實有汙點。一個道德上有汙點的教育大師，還算不算大師呢？我覺得算。因為道德汙點並不能掩蓋胡瑗的教育成績。我們不能總是把人品和成就混為一談，不能總是把詩人耍流氓說成是「愛情」，也不能總是把奸商搞慈善說成是「炒作」。道德是一回事，藝術成就和社會貢獻是另一回事。

范仲淹PK小表弟

不知道您有沒有聽過這樣一種說法：在單親家庭長大的孩子，更有可能出人頭地。

比如說孔子，他是跟著母親顏氏長大的，父親叔梁紇在他三歲時就死了（參見《孔子家語》）；還有孟子，剛生下來就沒了爸爸（參見《孟子注疏》）；還有歐陽修，四歲喪父，被母親和叔父帶大（參見《歐陽文忠公年譜》）；比歐陽修稍晚的黃庭堅也是這樣子，十幾歲時父親亡故，只得投奔舅舅李常（參見黃庭堅〈祭舅氏李公擇文〉）。

以上事例統統屬實，但不足以證明幼年喪父就能讓人成才。實際上，我們更有可能在身邊和媒體上見到相反的例子，例如父母離異或亡故，孩子在生活上受打擊，在精神上受刺激，變得內向、孤僻，甚至輟學、吸毒，走上犯罪道路……

我的意思是說，孔子、孟子、歐陽修、黃庭堅這些前輩先賢只是歷史長河中湧現出的小樣本，他們出身於單親家庭，卻能取得非凡成就，只是因為他們碰巧擁有特別強的自制力和抗壓能力，嘗盡人間冷暖、歷盡世態炎涼之後，不但沒有自暴自棄，還能將壓力轉化成奮發向上的動力。

下面我們要說的范仲淹，就是這樣一個特別勵志的小樣本。

范仲淹兩歲喪父，母親帶他改嫁到一戶姓朱的人家，所以他改姓朱，取名朱說。范仲淹在朱家

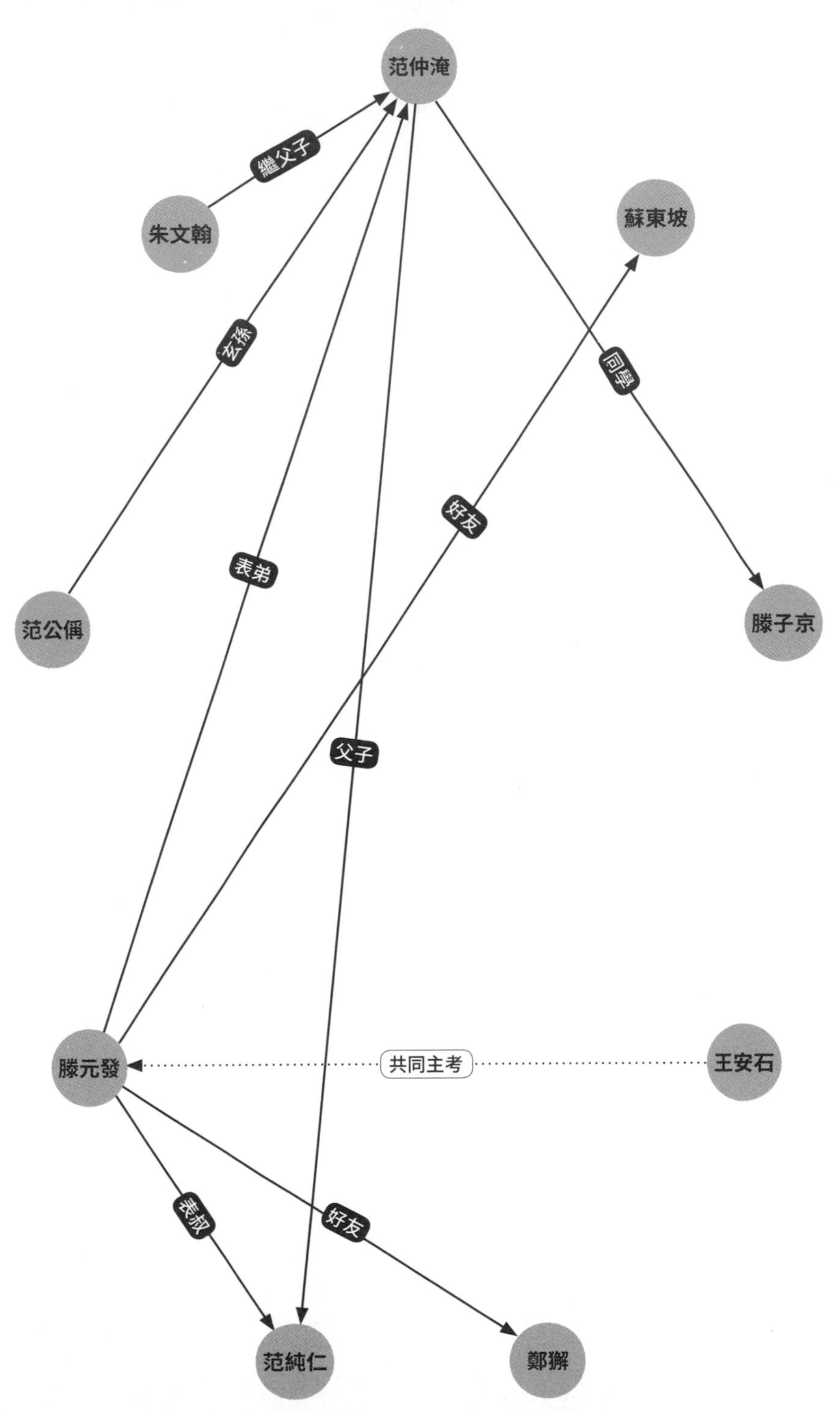

范仲淹
繼父子
朱文翰
蘇東坡
玄孫
同學
好友
表弟
范公偁
滕子京
父子
滕元發
共同主考
王安石
表叔
好友
范純仁
鄭獬

長大，在朱家讀書，一直以為自己就是朱家的子孫。直到有一天，他勸朱家的兩個同輩兄弟不要鋪張浪費，人家非但不聽，還嘲笑他：「吾自用朱家錢，何預汝事？」（南宋樓鑰《范文正公年譜》）我們花朱家的錢，和你這個外姓有啥關係？聽聞此言，范仲淹大驚，調查自己的身世，才知道他不姓朱，而是姓范。

知道身世以後，范仲淹恥於寄人籬下，背上書箱離家出走。母親跑出來追他，他說：「母親不要擔心，兒子可以自立，等兒子金榜題名那天，再回來接您。」然後他單槍匹馬趕到當時的「南京應天府」，也就是現在的河南商丘，憑藉優異成績考進應天府公立學校「應天府學」（與後來的「應天書院」不同）。那一年，他二十三歲。

范仲淹在應天府學晝夜苦讀，念書念到打瞌睡，就把冰冷的井水潑到臉上。他脫離了朱家的供養，斷絕了經濟來源，所以衣食拮据，生活上十分節儉。據宋人筆記《東軒筆錄》記載，青年范仲淹自做自吃，一天只吃兩頓飯：每天睡前熬一鍋粥，第二天早上，粥會凝結，他切成四塊，用布包起來，帶到學校，上午吃兩塊，傍晚再吃兩塊。冷粥寡淡無味，他只能用鹹菜疙瘩下飯，天天如此。

二十七歲那年，范仲淹如願以償考中進士。二十九歲那年，他被派到亳州（今安徽亳州）做官，將母親接到任上。

范仲淹文采出眾，格局宏大，居官清廉，能力超群，無論文治還是武功，都極有建樹，最後升任參知政事，相當於副宰相。

我們知道，宋朝是古代中國最為厚待士大夫的朝代，中高級官員的俸祿高到驚人地步。拙著《歷史課本聞不到的銅臭味》考證過，一〇四五年，范仲淹以「資政殿學士」出任「陝西四路宣撫使」兼「知邠州」時，把他的工資、祿米、衣賜、薪炭、貼職錢和職田的田租全部加起來，按購買力折算成新臺幣，至少達到年薪幾百萬的水準。

但范仲淹始終保持節儉的習慣，《宋史．范仲淹傳》說他「非賓客不重肉」，除非家裡來了客人，否則餐桌上最多只有一道葷菜。他把俸祿節存下來，在蘇州老家買了幾千畝田地，供養族裡的窮人，幫助沒錢讀書的范氏子孫讀書應考，幫助沒錢婚配的范氏子孫談婚論嫁，這就是中國家族慈善史上赫赫有名的「范氏義莊」。對於族人之外的讀書人，他也慷慨解囊，據他的玄孫范公偁《過庭錄》記載：「守陳，以己俸作布衾數十幅待寒士。」在陳州當官時，用自己的俸祿做了幾十條被子，送給當地的窮書生。

范仲淹還有一個表弟，家道中落，無力入學，也被范仲淹接到任上，與兒子們一起讀書。這位表弟本名滕甫，字元發。宋朝第七個皇帝宋哲宗在位時，太皇太后高滔滔垂簾聽政，權勢熏天。高太后的父親名叫高甫，所以滕甫必須避高甫的名諱，以字為名，改名滕元發，字達道。

我們查《蘇東坡文集》，可以查到一篇蘇東坡寫給滕元發的〈與滕達道第五十七簡〉，書信大意是說，蘇東坡在山東登州做官，買到登州出產的幾百隻鮑魚，寄給了滕元發。另外據宋朝皇族子弟趙令畤《侯鯖錄》記載，蘇東坡在鎮江金山遊玩時，滕元發「乘小舟破巨浪來相見」。這兩條文獻足以說明，滕元發和蘇東坡交情不淺。

多年後，滕元發去世，蘇東坡撰寫墓誌銘，介紹滕元發與范仲淹的關係：「范希文皇考，舅也。」范希文即范仲淹，皇考即父親，范仲淹的父親是滕元發的舅舅，所以滕元發是范仲淹的姑舅表弟。搞笑的是，很多學者讀到這句古文都會斷錯標點，當成「范希文，皇考舅也」，誤以為范仲淹是滕元發父親（皇考）的舅舅，結果把輩分搞錯至少兩代。

這也難怪，范仲淹生於九八九年，滕元發生於一〇二〇年，兩人輩分是相同的，年齡卻差了一代人。南宋時期，范仲淹的玄孫范公偁在《過庭錄》中寫道：「（滕元發）視忠宣為叔，每恃才好勝，忠宣未嘗與較。」「忠宣」是范仲淹的二兒子范純仁，他與滕元發年齡相仿，兩人一起玩，滕元發總是拿出表叔的派頭，欺負范純仁，而范純仁忠厚老實，從來不和這位小表叔計較。

范仲淹有四個兒子，都繼承了他的勤儉門風，生活很節儉，學習很努力，待人接物很厚道。和四個表侄相比，滕元發的表現就差遠了，他寄人籬下，卻心高氣傲，既不聽老師的管教，也不聽范仲淹的管教。據《過庭錄》記載，滕元發經常蹺課，跑到外面騎馬。有一回，他試圖馴服一匹劣馬，馬一尥蹶子，把他摔了個過肩摔，險些摔骨折。范仲淹狠狠教訓他一頓，但他不聽，頑劣如故。

《過庭錄》上還說，滕元發愛打球，球是用木頭刻成的，有小甜瓜大小，用一根曲棍去打，就和打高爾夫似的。范仲淹見他天天打球，很生氣，讓他把球交出來，然後當著他的面，讓手下人用鐵錘把球砸碎。鐵錘砸到球上，球沒碎，從地上反彈起來，正打在范仲淹額頭上。范仲淹抱著腦袋喊疼，滕元發站在旁邊幸災樂禍：「哼，真痛快！」范仲淹長嘆一聲，拿這小子沒辦法。

又據宋人筆記《梁溪漫志》記載，滕元發有個很要好的玩伴，名叫鄭獬，鄭獬與滕元發臭味相投，滕元發愛吃肉，鄭獬愛喝酒，兩人湊到一起，大碗喝酒、大塊吃肉，如同梁山好漢，江湖人稱「滕屠鄭沽」。他們曾去寺廟裡偷宰方丈的狗，被和尚們告到官府，差點兒挨板子。

另一部宋人筆記《避暑錄話》記載，滕元發醉醺醺地從外面回來，瞧見范仲淹讀書，作一個揖，問道：「表哥讀的是什麼書？」范仲淹說：「《漢書》。」滕元發捋起袖子喊道：「《漢書》裡有一個漢高祖，大字不識幾個，卻當了皇帝，你讀書有啥用？」范仲淹張口結舌，答不上來，只能抱以微笑，看著表弟大搖大擺地離開書房。這段故事說明滕元發反應敏捷，天資聰明，也說明他真的討厭學習。

正因為討厭學習，所以滕元發科舉失利：他在一〇四五年考進士，落榜了；一〇四九年再考，又落榜了。後來得知比他小幾歲的表侄范純仁都中了進士，深受刺激，開始把精力用在讀書上，終於在一〇五三年中了進士。

中了進士，做了官，滕元發的本性仍然沒變，骨子裡還是那個放蕩不羈的少年，在官場上屢出狂言。有一年，他和王安石共同主持科舉考試，將一份他認為比較出色的考卷排在高等。王安石懷疑他徇私舞弊，收受了考生的賄賂。他氣急，當場賭咒發誓：「苟有意賣公者，令甫老母下世！」（魏泰《東軒筆錄》，下同）我要是徇私舞弊，就讓我媽去死！那可是宋朝，是極為重視孝道的時代，拿母親賭咒發誓，說好聽些叫口不擇言，說難聽些就是大逆不道。王安石趕緊勸他：「公何不愷悌？凡事須權輕重，豈可乙太夫人為咒也？」你怎能這樣不孝呢？什麼事都要權衡輕重，怎麼能因為這一點點小事，就拿自己的親娘起誓呢？你傻啊你！

幸虧滕元發是在北宋繁盛時期當的官，朝廷風氣比較正，對士大夫比較寬容，無論是外圓內方的官員，還是劍拔弩張的書生，只要才能出眾，都有機會發出耀眼的光芒。范仲淹外圓內方，成就非凡，而滕元發個性張揚，同樣取得不凡的成就，甚至還當上開封知府。《三言二拍》裡有一位擅長斷案的「開封府滕大尹」，原型就是滕元發。

最後我想再補充一點。范仲淹寫過一篇膾炙人口的〈岳陽樓記〉，開篇「滕子京謫守巴陵郡，越明年，政通人和，百廢俱興」。這個「滕子京」是范仲淹的同學滕宗諒，並不是他的表弟滕元發。

沈括陷害過蘇東坡嗎？

多年前，余秋雨〈蘇東坡突圍〉寫過這麼一段文字：

沈括，這位在中國古代科技史上占有不小地位的著名科學家，也因忌妒而陷害過蘇東坡，用的手法仍然是檢舉揭發蘇東坡詩中有譏諷政府的傾向。如果他與蘇東坡是政敵，那倒也罷了，問題是他們曾是好朋友，他所檢舉揭發的詩句，正是蘇東坡與他分別時手錄近作送給他留作紀念的。這實在太不是味道了。歷史學家們分析，這大概與皇帝在沈括面前說過蘇東坡的好話有關，沈括心中產生了一種默默的對比，不想讓蘇東坡的文化地位高於自己。另一種可能是，他深知王安石與蘇東坡政見不同，他投注投到了王安石一邊。但王安石畢竟也是一個講究人品的文化大師，重視過沈括，但最終卻得出這是一個不可親近的小人的結論。當然，在人格人品上的不可親近，並不影響我們對沈括科學成就的肯定。

這段話大概意思是說，《夢溪筆談》作者、宋代博物學家沈括，因為與蘇東坡不合，常懷報復之心，再加上他嫉妒蘇東坡的才華與名氣，所以惡意舉報蘇東坡寫詩諷刺皇帝。然後呢？皇帝震怒，蘇東坡被捕，一代文豪過上流放生活。

余秋雨的說法肯定不是空穴來風，但卻違背歷史，同時也不符合沈括的性格和人品。

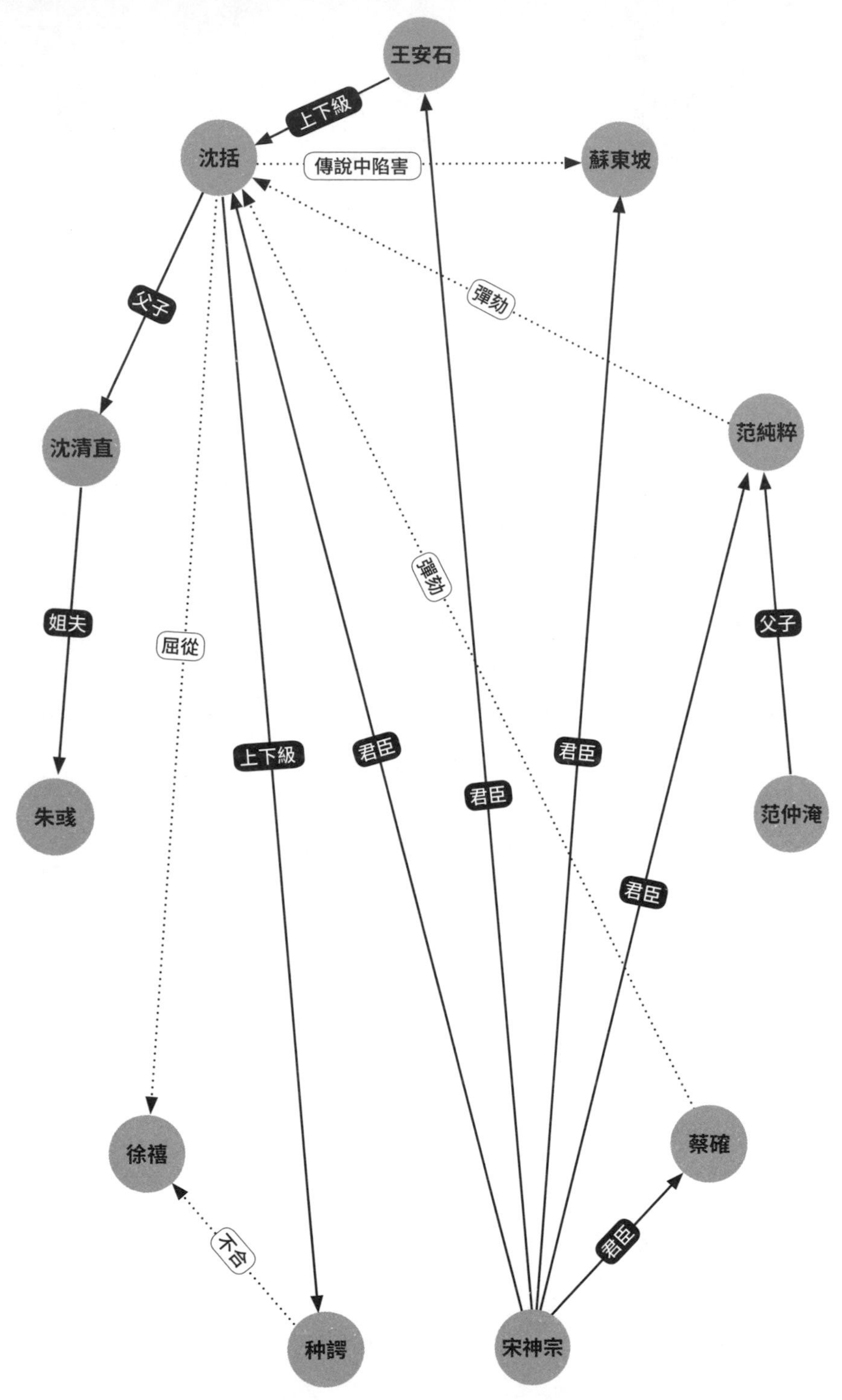

王安石
上下級
沈括
傳說中陷害
蘇東坡
父子
彈劾
沈清直
范純粹
彈劾
姐夫
屈從
父子
上下級
君臣
君臣
君臣
朱彧
范仲淹
君臣
徐禧
蔡確
不合
君臣
种諤
宋神宗

我們先看余秋雨這種說法的出處。沈括陷害蘇東坡的記載，出自宋朝史書《續資治通鑑長編》，而《續資治通鑑長編》這段敘事的依據是一本目前已經散佚的私人筆記《元祐補錄》。也就是說，《元祐補錄》才是最原始的出處。但引用過《元祐補錄》之後，《續資治通鑑長編》的作者又補充道：「此事附注，當考詳，恐年月先後差池不合。」原文意思是說，《元祐補錄》未必靠得住，還需要繼續考證。

古人說要繼續考證，但並沒有繼續考證，所以需要我們來完成這個考證工作。

《元祐補錄》說：沈括奉旨巡查浙江，路過杭州，向時任杭州通判的蘇東坡索要詩集，從詩集中找到「證據」，然後回京舉報，使皇帝黜免蘇東坡。實際上，沈括是在一〇七三年巡查浙江，而此後幾年內，蘇東坡仕途一直很順，不但沒讓皇帝不滿，還從副市長（通判）升職為市長（知州）。由此可見，要麼沈括沒有陷害過蘇東坡，要麼就是他的陷害毫無殺傷力。

再看沈括的性格，他謹慎、怯懦，甚至還有些逆來順受，絕對不是陰狠毒辣、背後下刀的人。一〇七三年，沈括巡查浙江之前，宋神宗曾經詢問王安石：「沈括這個人是否可信？」王安石誇沈括「謹密」——性格謹慎，做事縝密。在人浮於事、思想迂腐的大宋士大夫群體中，沈括確實是極其難得的技術官僚。他博學多才，聰明多智，為人謹慎，事事謀定而後行，既不保守，也不激進，王安石交辦給他的所有工作，他都做得又快又好。

至於沈括的怯懦性格，從他飽受虐待卻不敢還擊就能看出來。北宋地理學家朱彧《萍洲可談》書中描述，沈括的續弦異常狠毒，不但打罵沈括，還將沈括前妻所生的兒子趕出家門，而沈括連給兒子送飯都不敢，只能請朋友偷偷接濟兒子。朱彧是沈括的親戚——朱彧的二姐嫁給了沈括的兒子沈清直，比較熟悉沈括的家事，所以這段記載應該是可信的。

沈括不僅在老婆面前逆來順受，在上司面前也是俯首貼耳。王安石變法時期，沈括是得力幹將，最初深受重用，但他並不贊成王安石的所有政策。首先，他反對在河北邊境大栽桑樹（王安石想用桑林阻擋敵騎奔襲），認為這些桑樹會讓宋軍失去遠射優勢；其次，他反對讓河北百姓飼養戰馬，認為不如訓練射箭；最後，他還反對王安石宣導的戰車，認為那是不合時宜的春秋古法。不贊成歸不贊成，沈括卻從來不敢頂撞王安石。王安石讓他復原戰車，他就將全部精力都用在這項毫無意義的工作上，最後那些戰車也沒能派上用場。

除了屈從上司，沈括竟然還屈從下級。五十歲前後，沈括派駐陝西，抵禦西夏，以「經略安撫使」的身分統領西部文官、武將和所有兵馬。有個文官叫徐禧（本書第一章第一節提到過這個人），非要在一個不適合防守的地方修築城堡。沈括當然反對，但徐禧是皇帝親信，所以不敢得罪，最後還是聽從對方的主張。還有個武將叫种諤，與徐禧不合，既不願在徐禧修築的新城裡駐紮，也不願在徐禧危難時出兵救援。名義上，沈括是徐禧和种諤的上級，實際上他根本不敢指揮徐禧和种諤。

也許沈括以為只要屈己從人，就能皆大歡喜。可惜事與願違，他的鄉愿主義換來軍事上和政治上的雙重慘敗。一〇八二年，徐禧築造的永樂城被西夏攻破，二十萬宋軍慘遭覆滅，從此讓大宋永遠失去對西夏的軍事優勢。事後朝廷追責，將罪過都扣在沈括頭上。沈括本來是地方大員兼軍區司令，結果被貶為八品閒官。

再看王安石那邊，他對沈括的評價也有了一百八十度的大轉彎。最初，王安石誇獎沈括「謹密」，自從王安石第一次罷相以後，沈括在他眼裡就成了「壬人」。「壬」是十二地支裡的一支，代表水，壬人是像流水一樣搖擺不定的小人。沈括懂水利，知民情，思想相對開通，是變法的得力助手，為什麼會被王安石當成小人呢？因為王安石罷相之後，沈括公開上奏，請皇帝暫停那些不合理的改革。等到王安石復出，沈括又馬上閉嘴。王安石性格強硬霸道，怎麼能容忍沈括這種牆頭草呢？

王安石不能容忍沈括，許多大臣也對沈括激烈批判，其中既包括反對變法的保守派，也包括支持變法的新黨。有個變法派大臣，名叫蔡確，讓宋神宗遠離沈括。范仲淹的兒子范純粹一向反對變法，更是勸宋神宗砍掉沈括的腦袋，理由是大宋和西夏本無戰爭，沈括這種小人非要開戰，才給國家惹來兵禍。其實范純粹完全是睜眼說瞎話，宋、夏之間戰役不斷，對西夏開戰是宋神宗的主張，僅僅因為戰敗，沈括才當了替罪羊。

沈括為何會同時受到保守派和變法派的攻擊呢？其實與變法關係不大，兩派一起出動，幾乎都是攻擊沈括的人品——牆頭草，順風倒，王安石在位時不敢說話，王安石下了臺才提意見。這也是北宋中後期士大夫群體獨有的一種非常奇怪的道德評判標準：你沒和我站在一隊，我說你是小人；你最初在另一隊，後來站在我這隊，我還說你是小人。沈括相對務實，不願一直站在王安石那邊，結果就成了雙方都反對的小人。

現在回過頭來，再看沈括陷害蘇東坡那個傳說。

如前所述，該傳說的原始出處是《元祐補錄》，大概寫於南宋前期，距離沈括去世已有小半個世紀。南宋前期，王安石被主流輿論評為奸臣，沈括更是奸臣麾下的小人。《元祐補錄》作者講完沈括陷害蘇東坡的故事以後，又意猶未盡地追加一句：「軾知杭州，括閒廢在潤，往來迎謁恭甚，軾益薄其為人。」蘇東坡主政杭州，沈括閒居潤州（今鎮江），沈括拍東坡馬屁，更加受到蘇東坡的鄙視。蘇東坡主政杭州時，沈括早就搬到秀州（今浙江嘉興），說沈括從潤州跑到杭州去拍馬屁，那只是所謂「君子」對「小人」的想像而已。幾百年前的古人頭腦冬烘，邏輯混亂，容易將臆想當做史實；而我們生活在科學昌明、重視證據和考據的現代，就沒必要再犯同樣的毛病了。

蘇東坡的弟弟蘇轍是「兄控」嗎？

網路上很多文章談蘇東坡和弟弟蘇轍的關係，有的猛誇蘇轍是「大宋第一暖男」，有的說蘇轍不惜用官位給蘇東坡贖罪，為了拯救哥哥才一路做到宰相，還拿出鉅款為哥哥還房貸，處處以兄長為先，頗有「兄控」情節……

真實歷史上，蘇轍對蘇軾確實很好，但要說他是為了哥哥還房貸，為了哥哥才去當宰相，那就太扯了。

我們先簡單聊聊蘇軾和蘇轍的前半生。

唐宋八大家，蘇家占三個：蘇洵、蘇軾、蘇轍。其中蘇洵是老爸，蘇軾是大哥，蘇轍是小弟，關於這一點，人所共知。蘇洵總共生下三個兒子，大兒子名叫蘇景先，在蘇軾三歲（虛歲）那年不幸夭折了。照這個排行，蘇軾是老二，蘇轍應該算老三。

蘇軾和蘇轍同父，但未必同母，因為老爸蘇洵娶了一妻二妾，妻子姓程，兩個小妾分別姓楊和姓任。程氏生了蘇軾，史有明載，但蘇轍是誰生的呢？可能是程氏生的，也可能是楊氏或任氏生的。

傳說蘇軾還有個妹妹，人稱「蘇小妹」，嫁給蘇軾的得意門生秦少游。其實蘇軾根本沒有妹妹，只有一個姐姐，在眉山大家族中排行第八，人稱「蘇八娘」。蘇八娘嫁到眉山官宦之家，二十歲左

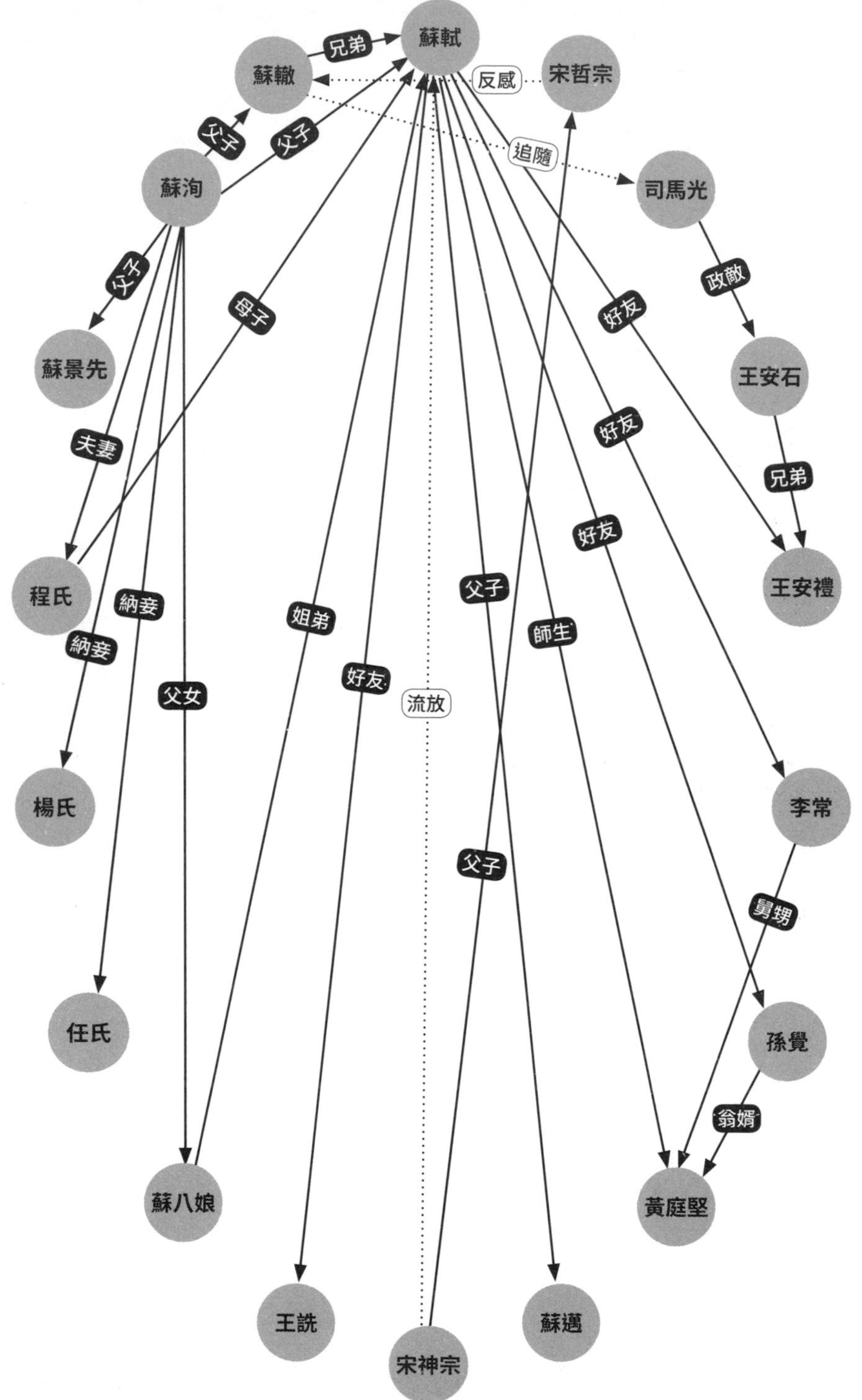

蘇軾
蘇轍
兄弟
宋哲宗
反感
父子
父子
蘇洵
追隨
司馬光
政敵
父子
母子
好友
蘇景先
王安石
夫妻
好友
兄弟
好友
程氏
王安禮
納妾
父子
姐弟
師生
納妾
好友
父女
流放
楊氏
李常
父子
甥舅
任氏
孫覺
翁婿
蘇八娘
黃庭堅
王詵
蘇邁
宋神宗

右被虐待至死，所以蘇軾哥倆做官以後，很長時間都不和姐姐的婆家人來往。

蘇軾和蘇轍在同一年結婚，那年蘇軾十九歲，蘇轍才十六歲。婚後第二年，哥倆就跟隨父親蘇洵進京考舉人，然後又考進士。蘇軾和蘇轍同時考中進士，但蘇洵卻因屢次落榜，這回根本沒有參加考試。考中進士後，蘇軾和蘇轍又參加國家公務員選拔考試（銓試），都沒過關。直到一〇六一年，兄弟二人再次進京，終於在最高級別的選官考試（制舉）中取得優異成績。當時蘇軾二十六歲，蘇轍二十三歲。

一〇六二年，蘇軾正式進入官場，被派往陝西做官，而蘇轍則謝絕朝廷的派遣，留在京城開封侍奉蘇洵。蘇軾在鳳翔府（今陝西寶雞一帶）當了三年「簽判」（全稱「簽書判官廳公事」，相當於市政府祕書長），蘇轍則留在開封侍奉老爸三年。也就是說，為了向父親盡孝，也為了讓哥哥安心工作，蘇轍放棄了早早做官的機會。用儒家倫理講，蘇轍同時做到「孝」和「悌」，堪稱道德標竿。

一〇六五年，蘇軾從陝西回到開封，改做京官。眼見哥哥回京，父親有人侍奉，蘇轍才前往河北大名府擔任「推官」（相當於市政府副祕書長），那是他在官場的第一份工作。

但蘇轍到大名府才一年，父親就去世了，蘇轍和蘇軾扶柩還鄉，丁憂守制，直到一〇六九年才再次進京。進京後，蘇軾在開封府做「推官」，蘇轍被派往陳州（今河南周口）做「教授」（相當於市教育局長）。此後十年裡，蘇軾仕途都很順利，從推官升通判（副市長），從通判升知州（市長），在各地崗位上不斷升遷。蘇轍呢？一直當副職，不過官銜也在緩慢升遷。

但是一〇七九年，蘇軾在浙江湖州當知州時，出大事了，著名的「烏臺詩案」來了。

關於烏臺詩案的前因後果，各種論述車載斗量，無需本書囉嗦，我們只需要看看蘇轍在此案中的表現。

案發之時，遠在湖州的蘇軾毫不知情，而正在南京應天府（今河南商丘）做簽判的蘇轍因離開封很近，收到好友王詵王駙馬的書信，趕緊派僕人騎快馬飛奔湖州。遺憾的是，那個僕人半道上耽擱，讓抓捕蘇軾的欽差趕到前面。當然，就算僕人能提前趕到湖州，也不可能扭轉案情，但至少可以讓蘇軾有個心理準備。

一〇七九年八月十八，蘇軾被押解到開封，當天深夜下了大獄。蘇轍先託京城友人打探案情，然後向皇帝宋神宗上書求情。這篇文章叫作〈為兄軾下獄上書〉，全文有幾百字，我們只摘錄其中最關鍵的幾句：

「臣早失怙恃，惟兄軾一人，相須為命，今者竊聞其得罪，逮捕赴獄，舉家驚號。」微臣早年喪父，與兄長蘇軾相依為命，如今得知他被捕入獄，全家驚恐，痛哭失聲。

「軾居家在官，無大過惡，惟是賦性愚直，好談古今得失。」我哥蘇軾本性並不壞，僅僅是天性耿直，愛發議論，被人抓住把柄。

「臣欲乞納在身官，以贖兄軾，非敢望末減其罪，但得免下獄死為幸。」微臣願意將所有官職還給朝廷，只求陛下開恩，不敢奢望您免去他的罪過，但願您能饒他一死。

蘇轍與蘇軾的兄弟感情向來深厚，這篇文章發於肺腑，絕無水分。

宋人筆記《萍洲可談》記載，蘇軾被捕，驚慌失措，妻兒在後面大哭跟隨，走到湖州西門時，蘇軾朝天高喊：「子由，以妻子累爾！」意思是希望遠方的蘇轍能聽見，自己生死未卜，只能將老婆、孩子託付給蘇轍。

另一部宋人筆記《避暑錄話》記載，蘇軾入獄，未知生死，讓大兒子蘇邁探聽案情，如果聽到宣判死刑的噩耗，就送一條魚到獄中。哪知一個月以後，蘇邁離京借錢，請親戚送牢飯，親戚誤送醃魚。蘇軾見魚大驚，寫絕命詩寄給蘇轍：「聖主如天萬物春，小臣愚暗自亡身。百年未滿先償債，十口無歸更累人。是處青山可埋骨，他年夜雨獨傷神。與君世世為兄弟，又結來生未了因。」詩意很明確，先說將家屬託付給蘇轍，又說希望來生還能和蘇轍做兄弟。

常有學者以「宋朝不殺士大夫」為理由，懷疑以上兩段記載的真實性。其實，宋朝皇帝從來沒有「不殺士大夫」這條祖訓。再翻開《宋史》，宋神宗曾將文官李逢凌遲，宋徽宗曾將王安石的外孫吳侔凌遲，宋欽宗殺死蔡京的兒子蔡攸，宋高宗砍掉太學生陳東的頭，又將「篡位」的大臣張邦昌賜死。到南宋中葉，更有宰相韓侂胄、大臣蘇師旦、狀元華岳等人被殺……所以在烏臺詩案裡，只要皇帝真的動怒，蘇東坡絕對難逃一死。

蘇東坡怕死嗎？那是肯定的。趨利避害是人之本能，喜生畏死是人之天性，就連蘇東坡也不例外。但在小命難保之時，蘇東坡第一個想到的總是蘇轍。

當時寧可罷官也要為蘇軾求情的人還有很多，我可以列出一個長長的名單，其中包括駙馬王詵、蘇轍的上司張方平、蘇軾的同鄉范鎮、蘇軾的同年進士章惇、蘇軾的學生黃庭堅、黃庭堅的舅舅李常、黃庭堅的岳父孫覺、王安石的弟弟王安禮……這些人都是官員，有的還是高官。後來蘇東坡出獄，流放黃州，這些求情者都受到牽連，有的被罷官，有的被降級，有的被罰款。

比較哥倆的性格，蘇東坡更加直率，更加幽默，更喜歡開人玩笑，所以樹敵較多。蘇轍呢？少年老成，城府較深，所以後半生升官更快。

宋哲宗在位時，奶奶高太后垂簾聽政，蘇軾兄弟都得到重用。蘇軾從杭州知州升禮部侍郎，又從禮部侍郎升禮部尚書。蘇轍從戶部侍郎升御史中丞，又從御史中丞升尚書右丞。宋朝採取的是群相制度，朝堂上一群宰相，其中「尚書右丞」只比「尚書左丞」低半級，相當於副宰相。到這時候，蘇轍的官位已經比蘇軾高了。

蘇轍為什麼能做更大的官呢？那時候實際上的國家元首並非宋哲宗，而是高太后。高太后非常謹慎，更喜歡生性謹慎的蘇轍。

但蘇轍有時候又太謹慎，謹慎到簡直欠揍的地步。舉一個最典型的例子：一〇九一年六月，西夏十萬大軍入侵陝西，屠戮軍民萬餘人。高太后召集群臣商討對策，另幾個宰相都主張出兵反擊，蘇轍卻極力反對。

蘇轍說：「凡欲用兵，先論理之曲直。我若不直，則兵決不當用。」出兵先看占不占理，如果我方不占理，堅決不能出兵。

蘇轍又說：「夏人引兵十萬，直壓熙河境上，不於他處作過，專於所爭處殺人，此意可見。此非西人之非，皆朝廷不直之故。」西夏幹嘛出兵十萬來打我們呢？因為我們對不起西夏。

蘇轍還說：「邊臣貪功生事，不足以示威，徒足以敗壞疆議，理須戒敕。」邊疆守將和西夏交戰，屬於貪功生事，於我大宋不利，朝廷應該申斥守將。

其實西夏一直在攻打北宋邊疆，王安石變法時期主動出擊，奪回失地，還修築許多堡壘。司馬光一執政，不僅將那些土地拱手送給西夏，還將堡壘拆除。做為司馬光的追隨者，蘇轍繼續堅持綏靖政策，處處對西夏退讓。他真實的想法是：西夏可以不遵守約定，我們大宋不能不遵守，因為一打仗就沒好果子吃，「兵起之後，兵連禍結，三五年不得休，將奈何？」（蘇轍〈潁濱遺老傳〉）假如我們穿越到宋朝，給蘇轍解釋「和平是打出來的，不是求出來的」這個道理，他不但聽不進去，還會罵我們「貪功生事」。

等到高太后薨逝，宋哲宗親政，蘇轍的相權很快就被剝奪，為啥？不僅是因為宋哲宗想要改換朝臣班底，也是因為少年皇帝年輕氣盛，早就對蘇轍軟弱無能的綏靖外交政策反感透頂。

假如拋開軍國大事不談，蘇轍倒是顯得親切可愛，像個真正的暖男。

蘇轍有幾首詩提到買房的事，其中一首五言詩的開頭是：「我老無定居，投老旋求宅。」另一首五言詩的開頭是：「我老未有宅，諸子以為言。」還有一首七言詩：「我年七十無住宅，斤斧登登亂朝夕。」詩意都差不多，都是說自己到晚年還沒有房子。

其實蘇轍早年在開封是有房子的，那是父親蘇洵買的，位於開封內城西門宜秋門（俗稱「老鄭門」）附近，取名「宜秋園」，又叫「南園」。蘇洵一輩子沒考中進士，晚年靠歐陽修舉薦才當上九品小官，俸祿極低，根本付不起房款，向同鄉大臣范鎮借了很多錢。這筆債由誰來還呢？主要是由蘇東坡償還。蘇東坡做官早，前半生的官位也比蘇轍高，有能力替父親還債。

烏臺詩案之後，蘇軾和蘇轍先後被貶，不在京師居住，於是託人賣掉宜秋園。此後蘇軾在黃州建造「雪堂」，蘇轍在筠州建造「東軒」，都屬於自建房。後來宋哲宗即位，二人回京，蘇軾在常州宜興買下一座農莊，蘇轍仍舊沒有買房，但在開封城郊買幾百畝農田，租給佃戶耕種。

蘇轍買房是在七十歲那年，地點是在河南許昌，房子是一座破舊的大院子，將近百間，被蘇轍擴建到百餘間。那是蘇轍第一次買房，也是最後一次。蘇轍官至宰相，俸祿極其優厚，為何到七十歲才買房？倒不是他不想買，而是他開銷太大。

千萬不要相信那些信口雌黃的網路文章，說蘇轍將全部積蓄都拿來幫助哥哥。從哥倆現存的信劄來看，蘇軾在經濟上幫助蘇轍的次數倒更多一些，因為蘇轍的女兒很多。

蘇轍總共生了七個女兒，其中兩個夭折。為了讓五個女兒出嫁得風光一些，蘇轍幾乎花光畢生積蓄。據蘇轍的孫子蘇籀《欒城遺言》書中記載，僅僅是第五個女兒出嫁，蘇轍就賣掉開封城郊的幾百畝地，換來九千四百貫銅錢，全部做為嫁妝。按照購買力推算，九千四百貫銅錢相當於新臺幣幾千萬元。

為了嫁閨女，竟然賣地、賣房，甚至還要借債，現代人聽了可能會感到稀奇，其實在宋朝司空見慣。宋朝家訓經典《世範》寫道：「當早為儲蓄衣衾、妝奩之具，及至遣嫁，乃不費力。若置而不問，但稱臨時，此有何術？不過臨時鬻田廬。」生了女兒就要早早地準備嫁妝，假如等到出嫁時才去準備，怎麼來得及呢？恐怕只能賣房子、賣地了。

宋朝盛行厚嫁之風，南宋初年跟隨宋高宗南渡的大臣李光生了個女兒，朋友寫信祝賀，李光回信道：「家有五女，賊盜不過其門。」你們就別祝賀了，我發愁還來不及呢！沒聽俗話說嗎？誰家要是生了五個女兒，連小偷都不屑於光顧他們家。而蘇轍剛好有五個女兒存活，所以蘇軾寫給同學章惇的一封信裡感嘆：「子由有五女，負債如山積。」我弟弟蘇轍不幸生下五個女兒，欠下一屁股巨債。

那麼好，答案來了：蘇轍做那麼大官？為啥買房那麼晚？是幫哥哥還債嗎？錯，是嫁女兒把錢花光了。

蘇轍的孫子為何要捧秦檜？

歷史上有些人物，自己愛惜羽毛，從不為非作歹，品格高尚，受人敬仰，但他們的子孫未必都是好人。比如說，陸游的兒子陸子遹就不是好人。陸子遹獻媚權貴，欺壓百姓，幾乎將治下農民逼上梁山，是偉人後代未必偉大的典型。

陸游總共生了七個兒子：大兒子陸子虡，二兒子陸子龍，三兒子陸子惔，四兒子陸子坦，五兒子陸子約，六兒子陸子布，七兒子陸子遹。

可能是人之常情，年齡愈小的孩子，愈容易受父母寵愛，七個兒子當中，最小的陸子遹最得陸游歡心。陸游有一首〈冬夜示子遹〉：「古人學問無遺力，少壯工夫老始成。紙上得來終覺淺，絕知此事要躬行。」很明顯，這首詩表達了陸游對陸子遹的厚望，希望陸子遹既多讀書，又多實踐，讀萬卷書，行萬里路。陸游還寫過一篇〈跋為子遹書詩卷後〉：「此兒近者所出，皆大進，論建安、黃初以來至元和以後詩人，皆有本末，歷歷可聽，吾每為汗出。」子遹這小子，近來學問大漲，談論魏晉及漢、唐詩人，字字有來歷，句句有出處，把我這個當爹的聽得出一身冷汗，感嘆後生可畏。陸游晚年整理詩稿，陸子遹出力最多，提出許多精彩建議，所以陸游常常對人說：「季子能傳吾衣缽矣！」我的小兒子能夠傳承我的衣缽了！

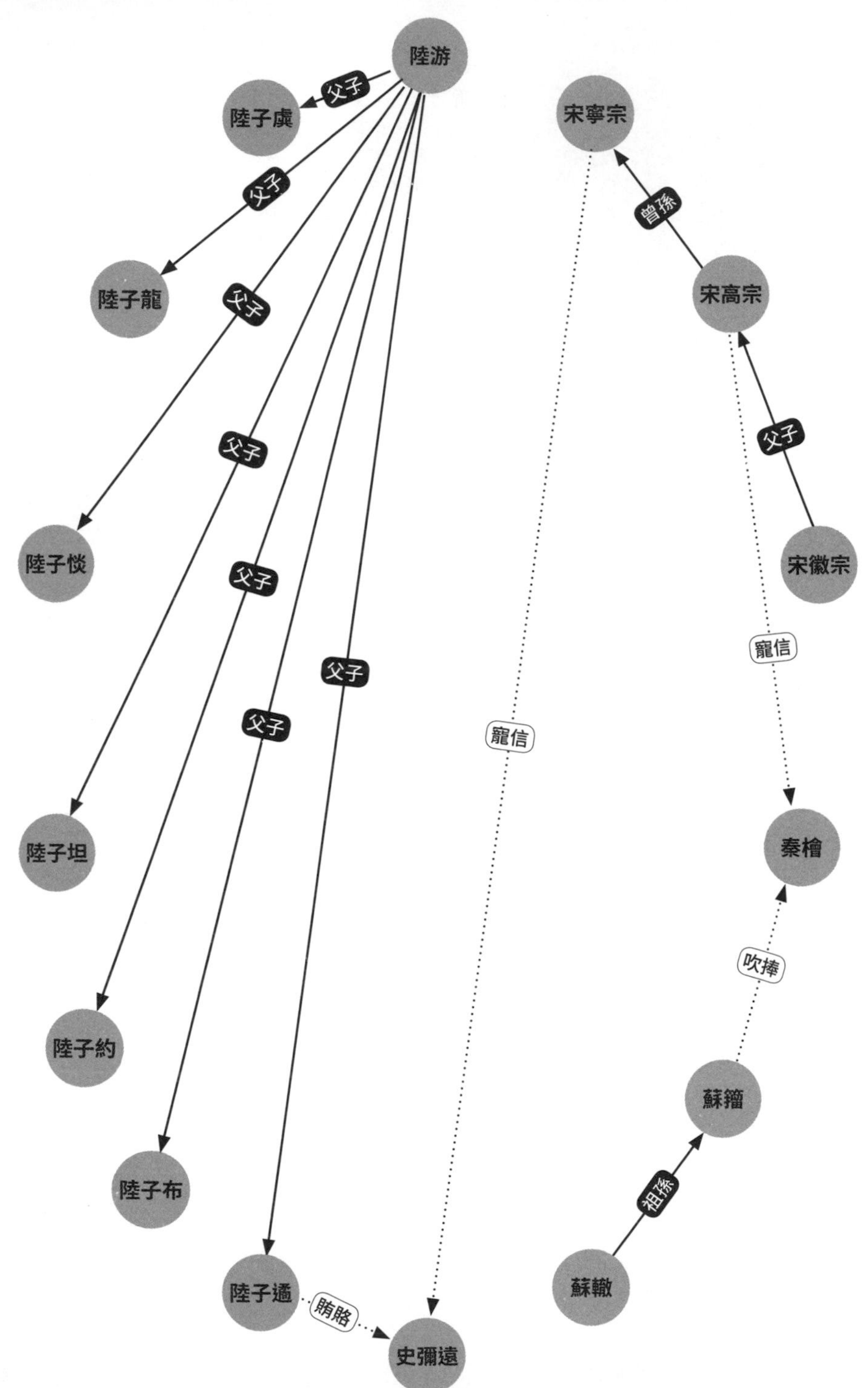
陸游
陸子虡
陸子龍
陸子惔
陸子坦
陸子約
陸子布
陸子遹
史彌遠
父子
父子
父子
父子
父子
父子
父子
賄賂
宋寧宗
宋高宗
宋徽宗
秦檜
蘇籀
蘇轍
曾孫
父子
寵信
寵信
吹捧
祖孫

陸游萬萬沒有料到，他最鍾愛、最看好的小兒子陸子遹，並沒有傳承他的衣缽，卻變成人品卑劣、手段毒辣的貪官。

南宋筆記《吹劍後錄》記載，宋理宗紹定年間（一二二八年～一二三三年），陸子遹在江蘇溧水當縣令，徵收農田六千多畝，將這批土地獻給著名奸相史彌遠。史彌遠不好意思白要，「以十千一畝酬之。」按照每畝萬文的價格支付給陸子遹。陸子遹呢？「追田主，索田契，約以一千二畝。」給農民支付補償款時，卻降到五百文一畝。從一萬文到五百文，整整降二十倍！農民會答應嗎？當然不答應，「相率投詞相府。」集體去宰相那裡告狀。

宰相是誰？史彌遠啊！就是他從陸子遹手中買的地，豈能不照顧陸子遹？史彌遠將告狀農民騙回去，隨即給陸子遹寫信。陸子遹大發雷霆，「會合巡尉，持兵追捕，焚其室廬，眾遂群起抵拒，殺傷數十人。……悉填囹圄，灌以尿糞，逼寫獻契，而一金不酬。」派兵抓捕告狀者，燒了他們的房子，殺傷幾十人，將餘黨關進大牢，用糞尿灌他們，強迫這些老百姓寫下自願上繳土地的保證書，最後一分錢補償也沒給。

陸子遹的惡行傳播出去，嚴重激發官民矛盾，溧水百姓「家家門首列置槍刀」，擺出一番武力暴動的架勢。南宋詞人劉宰氣得大罵陸子遹：「寄語金淵陸大夫，歸田相府意何如？加兵殺戮非仁矣，縱火焚燒豈義歟？萬口銜冤皆怨汝，千金酬價信欺予。放翁自有閒田地，何不歸家理故書？」你陸子遹抓捕百姓，殘殺無辜，搞得官逼民反，人人在心裡都痛罵你。你老爸陸游那麼好的名聲，全讓你這個不肖之子給敗壞了，你要是還有那麼一點羞恥之心，就趕緊主動辭職，回家再讀幾年書吧！

我必須說明，陸子遹在溧水胡作非為時，陸游已經去世幾十年了。換言之，陸游並不知道他最鍾愛的小兒子竟能壞到這個地步。如果陸游活著，一定會被氣死。

說完陸游的不肖子孫，我再說說蘇轍的不肖子孫。

蘇轍有三個兒子、十幾個孫子，其中一個孫子名叫蘇籀。從十四歲到二十三歲，蘇籀一直待在蘇轍身邊，由蘇轍手把手地傳授文化知識和詩詞格律。可以說，蘇轍培養時間最長、下功夫最深、在經史方面最有心得的孫子，就是蘇籀。

蘇籀著有《欒城遺言》，主要記載蘇轍晚年的言行。據該書記載：「公令籀作詩文，五六年後，忽謂籀曰：『汝學來學去，透漏矣。』」蘇轍讓蘇籀學習詩文，學了五、六年，有一天對蘇籀說：「嗯，不錯，你小子學出門道了。」該書還記載：「公每語籀曰：『聞吾語，當記之勿忘，吾死，無人為汝言此矣。』」蘇轍常常叮囑蘇籀：「平常聽見爺爺說什麼話，就記下來，別當耳旁風，爺爺將來死了，就沒人再給你說這些話了。」你看，就像陸游對兒子陸子遹寄予厚望一樣，蘇轍也對孫子蘇籀寄予厚望。

蘇籀不是進士，估計也沒有考過進士。如果他是平民子弟，只能一輩子在豫南務農（北宋滅亡之前，蘇東坡與蘇轍的子孫長期在如今豫南地區的許昌和平頂山定居）。但他是蘇轍的孫子，而蘇轍當過大官，所以蘇轍死後，他有機會得到恩蔭，進入官場。一一一四年，宋徽宗給蘇轍的子孫發放烏紗帽，蘇籀去河南三門峽（時稱陝州）當了個小官。幾年後，因為父母去世，蘇籀離開官場，去許昌守孝。一一二六年，金兵過河，中原淪陷，蘇籀去湖北、湖南一帶逃難。南宋初年，由於金兵不斷南侵，兩湖地區保不住，蘇籀又先後逃到浙江和福建。

蘇籀幼承祖訓，既有愛國熱情，也有滿腹詩書，逃難期間，他寫過許多蒼茫豪邁的長詩，也給南宋流亡小朝廷上過書。那時候他是主戰派，力勸宋高宗和相臣們厲兵秣馬，積累實力，痛擊金兵，收復中原。他給朝廷提過很可靠的建議，其中包括提高武將地位、取消對武將的猜忌、讓武將擁有真正的指揮權。他甚至還在詩裡表達過親自上戰場的渴望。

但他很快就變了。一一三八年左右，秦檜二次拜相，蘇籀給秦檜上書，投秦檜之所好，大談對金國求和的偉大意義：「易戰爭為誓盟，變甲胄為皮幣，改冤仇愾恨為恩惠，我之所得如此，復何求焉？……夫戰，不得已之舉也；和，名教之所許也。方且郊館勞犒，贈賄異禮，費雖千金，不逾於奔軍屠城之釁乎？」（蘇籀《雙溪集》卷八〈上秦丞相第一書〉）放棄戰爭，換來友好，賣掉鎧甲，賑濟百姓，放下兩國冤仇，由我大宋恩賞女真，如果能換來這一局面，我們還有什麼要求呢？戰爭，是不得已的；求和，是儒家道義所允許的。將大量錢財花在和平上，不比我軍苦於征戰、我民慘遭屠城更划算嗎？

半年後，蘇籀再次給秦檜上書，這回直接拍馬屁，先把秦檜比成周公和魏徵，然後又誇秦檜：「不受其名，不居其勳，此大賢高致，世俗固不識也。」（蘇籀《雙溪集》卷八〈上秦丞相第二書〉）您為國家做出巨大貢獻，卻不願意出名，不接受封賞，始終保持著高尚的操守和低調的本色，世俗之人怎麼能認識到您的偉大呢？最後蘇籀再次建議求和，並希望秦檜能開恩召見自己：「僕之膚受末學，過計私慮，何補千箕？其幼聞長者骨髓之論，拳拳不能置也。歸耕其分矣，再伏光範之門，尚幸一見。」（同上）所有國家大事都在您謀劃之中，小的才識學淺，思考一萬年也比不上您思考一瞬間，本來不該在您面前多嘴。可是小的自幼接受祖父和父親之教誨，明白國家興亡、匹夫有責的道理，實在是遏制不住這一片報國之心啊！小的無德無能，應該回家務農，可是臨走之前，希望能到您府上拜訪一次，不知道您能不能滿足小的這一點點願望呢？

我在想，假如蘇轍地下有知，見孫子如此無恥地對一個大奸臣搖尾乞憐，會不會氣得活過來呢？

本節講了兩個不肖子孫的故事，只想證明兩條道理：第一，文采好的人，人品未必同樣好；第二，精英家庭培養出來的孩子，不一定都是好孩子。

黃庭堅的朋友圈（上）

宋朝有個法號惠洪的和尚，寫了一部筆記體專著《冷齋夜話》，開篇講了這麼一個故事。說是北宋末年，某書生雇了一艘小船，搭船渡江。船到江心，突然刮來一陣颶風，剎那間波濤洶湧，巨浪滔天。

眼看小船就要被掀翻，船家連滾帶爬地衝進艙底，摸出幾隻火腿，噗通噗通扔進了水裡。

書生躲在艙底，正嚇得面無人色，見船家扔火腿，忍不住喊道：「船……船家……你……你怎麼扔……扔了？」

船家答道：「無緣無故起這場風浪，準是江神發脾氣，我們得送他老人家一些好吃的。您瞧，風浪是不是小了一些？」

果然，風不像剛才那麼猛，浪也不像剛才那麼大了。但是江面仍然沸騰得像一大鍋滾水，幾尺高的波濤仍然把小船顛成了海盜船。

「這……這不頂用啊！」書生說。

這時船家也躲到艙裡，他撓撓頭，紅著臉說：「可能江神嫌我們送的禮物太單薄。相公，您有沒有什麼值錢的東西？要是有的話，就送給江神他老人家吧！破財免災，破財免災！」

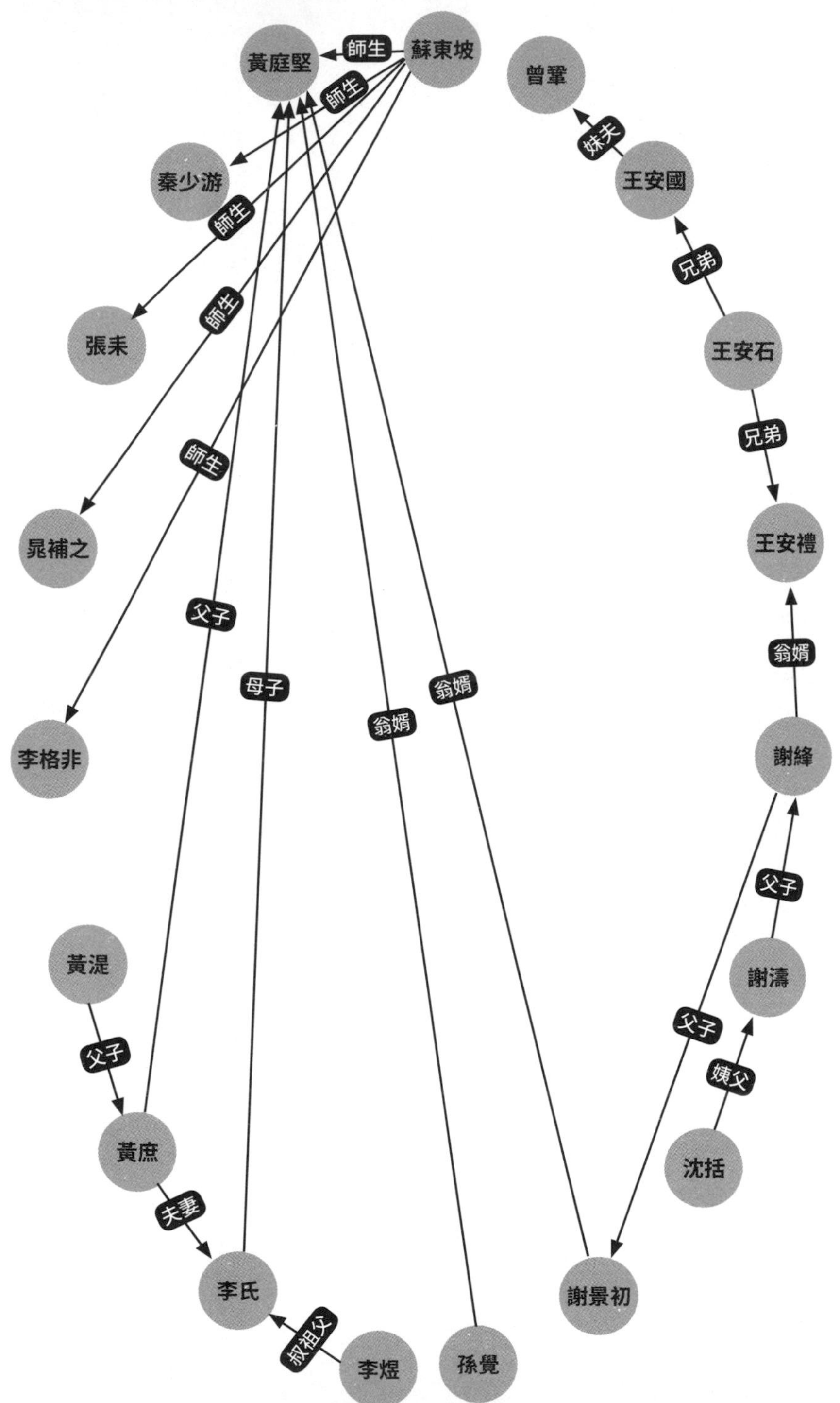

黃庭堅
師生
蘇東坡
曾鞏
師生
妹夫
秦少游
王安國
師生
兄弟
張耒
師生
王安石
兄弟
師生
晁補之
王安禮
父子
翁婿
母子
翁婿
翁婿
李格非
謝絳
父子
黃湜
謝濤
父子
父子
姨父
黃庶
沈括
夫妻
李氏
謝景初
叔祖父
李煜
孫覺

那書生從腰間解下一塊玉佩，雙手交給船家，讓他扔進水裡。

「不行啊！相公，江神還在發火呢！」

書生又從包袱裡摸出一塊硯臺，也扔進水裡。

不行，還是不行。

書生似乎明白了，自言自語道：「我有一把扇子，扇面上有黃庭堅的題字，莫非江神想要的就是這幅扇面兒？嗯，十有八九是這樣。」他從懷裡取出那把扇子，恭恭敬敬地展開，看了又看，愛不釋手。扇面題著一首唐詩：

獨憐幽草澗邊生，上有黃鸝深樹鳴。
春潮帶雨晚來急，野渡無人舟自橫。

落款：黃庭堅，某年某月某日書。

書生長嘆一聲，雙手捧扇，讓船家扶著，跪在艙底磕了幾個頭，然後將扇子扔進大江。

扇子剛入江水，風就停了，浪就平了。船家大喜，先給江神磕頭，又給書生磕頭，然後搖起櫓來，平平安安抵達對岸。

OK，故事講完，我們來分析一下其中寓意。

世上有沒有江神？肯定沒有。這個故事是不是真實發生過？估計也沒有。《冷齋夜話》作者惠洪和尚為何要寫一件沒發生過的事呢？目的很明顯，他想透過這樣一個故事來證明黃庭堅的書法有多麼寶貴和多麼受歡迎。

您想啊，江神發飆，索要買路錢，給火腿沒用，給玉佩沒用，給硯臺沒用，最後給了一把扇子，江神馬上放行。那把扇子並不寶貴，只因為有黃庭堅的題字，才變得寶貴。連法力高強的江神都貪求黃庭堅的書法，世人豈不是更加貪求呢？

黃庭堅是誰？他是宋朝著名的文學家和書法家，生活在北宋後期，和李清照的父親李格非是同一時代的人，字魯直，號「山谷道人」。

從年齡上說，黃庭堅比范仲淹小五十六歲，比歐陽修小三十八歲，比王安石小二十四歲，比曾鞏小二十六歲，比蘇東坡年輕九歲。

從籍貫說，黃庭堅是王安石的同鄉，也是曾鞏的同鄉，還是文天祥的同鄉。王安石是江西臨川人，曾鞏是江西南豐人，文天祥是江西吉安人，而黃庭堅是江西修水人。

從關係上說，黃庭堅是蘇東坡的學生。北宋後期有「蘇門四學士」的說法，指的就是宋哲宗在位時，拜在蘇東坡門下的四個文官，他們分別是秦少游、晁補之、張耒、黃庭堅。到北宋末年，又有「蘇門後四學士」的說法，指的是拜在蘇東坡門下的另四個文官，包括廖正一、李格非、李禧、董榮。和蘇門四學士相比，後四學士名氣較小，我們唯一熟悉的可能只有李格非，也就是李清照的爸爸。

蘇門四學士也好，蘇門後四學士也罷，他們向蘇東坡學習的主要是古文。宋朝人說的「古文」，近似於現代人說的「散文」。這種文體不追求押韻，不注重對仗，結構自然，表達自由，說理透徹，敘事生動，從記錄歷史和傳播思想的角度來講，它比對仗工整、辭藻華麗的漢賦要實用得多。該文體由唐朝的韓愈宣導，被宋朝的歐陽修接棒，在蘇東坡手中大放異彩。

但是平心而論，黃庭堅的古文並不怎麼樣。蘇東坡寫古文，行雲流水，非常瀟灑。黃庭堅的古文呢？乾巴巴的沒有韻味。古人將黃庭堅的文章和詩詞結集成《黃山谷集》，今人也整理出版過《黃庭堅集》和《黃庭堅全集》。感興趣的朋友可以在這幾部集子中任選一個版本，讀讀裡面收錄的古文，再和蘇東坡的名篇〈記承天寺夜遊〉做個對比，就能感覺到兩者差距有多明顯。

很明顯，黃庭堅拜蘇東坡為師，並沒有學到蘇東坡在古文方面的長項。

那麼黃庭堅的長項是什麼呢？其實是書法。

蘇東坡是書法家，黃庭堅也是書法家。「唐宋八大家」裡有蘇東坡，沒有黃庭堅。可是「宋四家」裡，蘇東坡和黃庭堅的名字都赫然在列。「唐宋八大家」是明朝人推選的八個古文高手，「宋四家」則是南宋人或者元朝人推選的四個書法名家，包括蘇軾、黃庭堅、米芾、蔡襄（一說蔡京），簡稱「蘇黃米蔡」。

蔡襄是著名奸相蔡京的堂兄，字君謨，他的書法最受蘇東坡推崇。蘇東坡說：「蔡君謨天資既高，積學深至，心手相應，變態無窮，遂為本朝第一。」蔡襄先天聰明，後天努力，練字練到心手合一的境界，筆勢縱橫，變化無窮，在書法上堪稱大宋第一。

但是近代大儒康有為卻把黃庭堅排在第一。他評價道：「宋人之書，吾尤愛山谷，雖昂藏鬱拔，而神閒意濃，入門自媚。」宋朝書法名家輩出，只有黃庭堅的書法是康有為最愛。黃庭堅的字偏瘦、偏長，彷彿大樹聳立，鬱鬱蔥蔥，卻又氣定神閒，韻味無窮。康有為認為學書法如果以黃庭堅為師，就不會走彎路，一出手就有精氣神。

康有為自己就是書法名家，他如此推崇黃庭堅，說明黃庭堅確實有不凡之處。如果黃庭堅的書法水準稱不上高超，也不可能躋身「宋四家」，和米芾、蔡襄、蘇東坡並駕齊驅。

書法是一門藝術，搞藝術不僅靠努力，更要靠天分。黃庭堅天分如何？不得而知，但我們卻知道他的家庭出身相當了不起。

北宋江西有三大世家：一個是「臨川王家」，就是王安石的家族；一個是「南豐曾家」，就是曾鞏的家族；另一個就是「分寧黃家」，即黃庭堅的家族。這三大世家從五代十國時期就發了跡，此後世世代代出進士、出官員，家族勢力龐大，人脈也很廣。

黃庭堅所在的分寧黃家發跡更早，祖上有人在唐朝當過宰相，還有人在五代十國的南唐做官。

黃庭堅的曾祖黃中理沒有做官，卻在江西老家創辦兩座書院，是馳名江西的教育家。黃庭堅的祖父黃湜在北宋初年中了進士，父親黃庶在宋仁宗一朝中了進士。

黃庭堅的父親黃庶當過知州，相當於市長；三叔當過監察御史，相當於國家監察委員會委員；四叔當過國子監司業，相當於教育部副部長。再看黃庭堅這代人。他大哥黃大臨當過縣令，相當於縣長；四哥黃叔獻當過湖北轉運使，相當於省長。

分寧黃家發跡很早，根基極深，世世代代與名門望族甚至皇族結親。比如說，黃庭堅的母親李氏就是南唐後主李煜的侄孫女，黃庭堅本人則先後迎娶大臣孫覺和另一位大臣謝景初的女兒。謝景初字師厚，出身於江南望族「富陽謝家」。

北宋江南有兩大世家，一個是「錢塘沈家」，就是《夢溪筆談》作者沈括所在的家族；另一個是「富陽謝家」，就是黃庭堅岳父謝景初所在的家族。

錢塘沈家和富陽謝家是在吳越國王錢鏐統治江南時發跡，此後世世代代出進士、出官員。舉例言之，錢塘沈家出了沈括、沈遼、沈遘，並稱「三沈」。「三沈」在北宋中葉與蘇軾父子「三蘇」齊名，其中沈遘在宋英宗一朝還當過開封知府，位高權重，聲名遠播。而富陽謝家則出了謝濤、謝絳等人，其中謝濤娶了沈括的姨母，等於是沈括的姨父；謝絳則是王安石的親戚。

錢塘沈家、富陽謝家、臨川王家、南豐曾家、分寧黃家，這些家族長期通婚，彼此之間是盤根錯節的親戚關係。沈括的大姨嫁給富陽謝濤，生下兒子謝絳；謝絳又結婚生子，女兒嫁給王安石的弟弟王安禮，兒子謝景初則成了黃庭堅的岳父；王安石還有一個弟弟王安國，娶了曾鞏的妹妹。也就是說，錢塘沈家的女兒嫁到了富陽謝家，富陽謝家的女兒嫁到了臨川王家，臨川王家的兒子娶了南豐曾家的女兒，富陽謝家的女兒嫁給分寧黃家的兒子。透過婚姻關係，江南兩大世家與江西三大世家緊密地連在一起，我們的主角黃庭堅也就成了沈括、曾鞏、王安石等人的親戚。

名門望族的家庭出身，根基深厚的親朋關係，都給黃庭堅帶來極大優勢。具體帶來哪些優勢呢？請看下節內容。

黃庭堅的朋友圈（下）

黃庭堅的舅舅名叫李常，是北宋著名的藏書家。李常青年時代在廬山讀書，藏書近萬卷。後來李常考中進士，進入官場，將藏書和書房捐給世人，命名為「李氏山房」。蘇東坡是李常好友，為李常寫過一篇〈李氏山房藏書記〉，對李常刻苦讀書和捐獻藏書的善舉大加讚賞。

李常是蘇東坡的好友，也是司馬光的好友。王安石變法失敗，司馬光當上宰相，向少年皇帝宋哲宗和垂簾聽政的老太后推薦李常，讓李常當上戶部尚書。戶部尚書是管財政的，相當於財政部長。而在此之前，李常還當過御史中丞和吏部尚書，前者相當於國家監察委員會主任，後者相當於人事部長。

有這麼閃亮的舅舅罩著，黃庭堅的成長之路自然是一帆風順。父親亡故後，他投奔李常，在李常官衙裡讀書，從書法到文章都受到精心點撥，早早地就考中進士。古人常說：「三十老明經，五十少進士。」進士錄取率極低，一個人能到五十歲考中進士，就很了不起了。黃庭堅卻在二十三歲那年就中了進士。

宋朝科舉要經過三級考試：解試、省試、殿試。解試是地方考試，由市長或省長級別的地方官主持；省試是中央考試，由教育部長或文化部長級別的京官主持；殿試也是中央考試，由皇帝親自

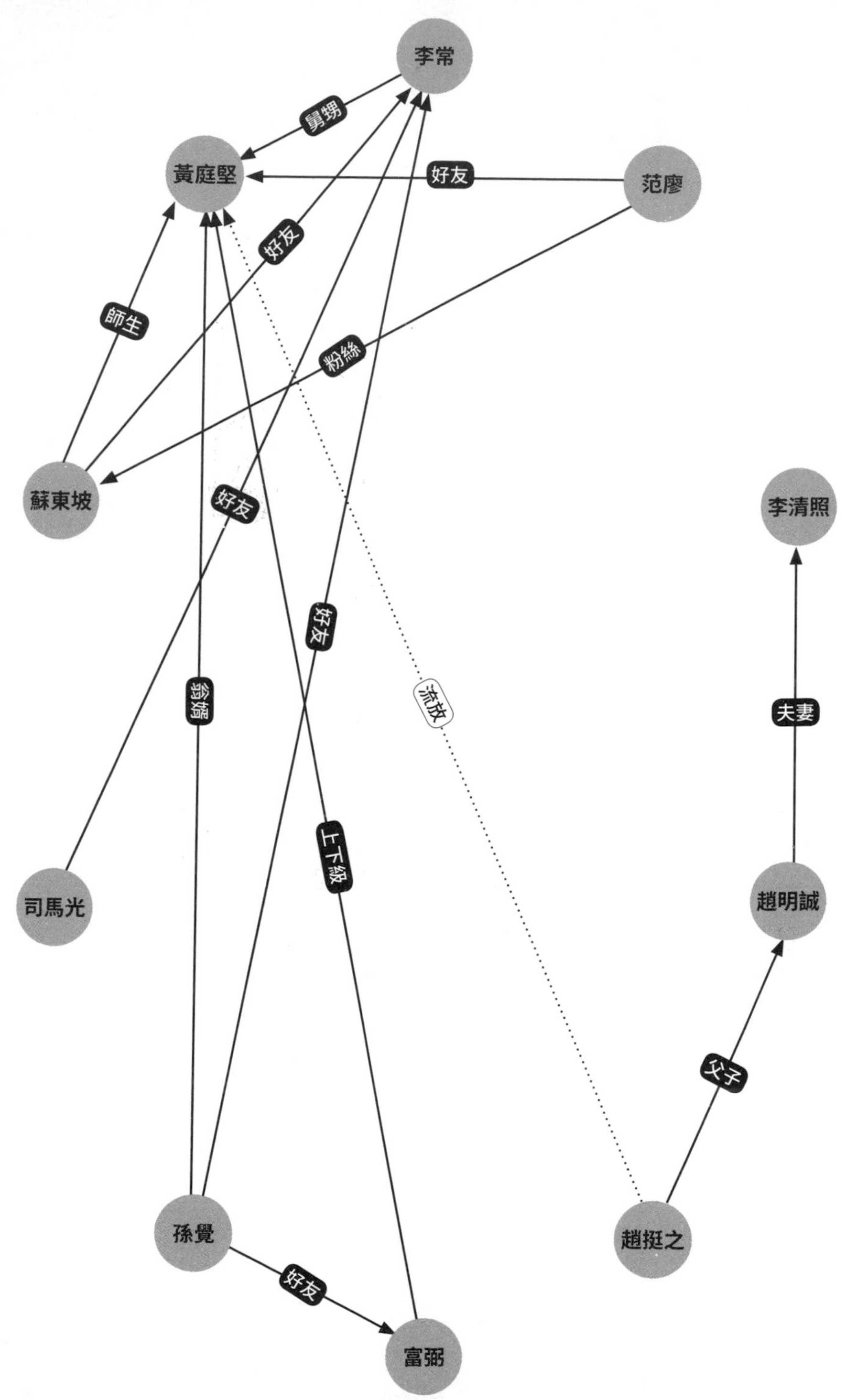

李常
舅甥
黃庭堅
好友
范廖
好友
師生
粉絲
蘇東坡
好友
李清照
好友
翁婿
流放
夫妻
上下級
司馬光
趙明誠
父子
孫覺
趙挺之
好友
富弼

主持。黃庭堅十九歲在江西老家參加解試，一次就過了，而且中了第一名。他為什麼能得第一？首先肯定是書法漂亮、成績優異，其次與家庭背景也有關係。分寧黃家是江西數一數二的望族，從黃家走出去的高官燦若繁星，地方官怎麼能不給黃家面子呢？怎敢不讓黃家的考生名列前茅呢？

不過，解試是很不嚴格的考試，地方官擁有幾乎不受限制的裁量權，很多有後臺的考生甚至可以不參加考試，直接就被地方官錄取。到了省試環節，考題是保密的，考場是封閉的，考卷是糊名的，比解試要公平，也比解試難得多。一般來說，凡是能通過省試的考生，就等於中了進士，之後參加殿試無非就是走走過場和排排名次而已。黃庭堅二十歲來到開封參加省試，落榜了。二十三歲又來開封參加省試，這回終於考中，隨後又順順利利地通過殿試，成了進士。

大概就在中進士的那一年，黃庭堅結了婚。那是他第一次結婚，妻子是京官孫覺的女兒，而孫覺又是他舅舅李常的好友。從常理推想，這門親事應該就是李常說的媒。用現在的話說，李常向孫覺推薦：「哥們兒，我有個外甥，分寧黃家的小夥子，門第高，學問又好，和你家姑娘年齡相當，讓他當你女婿好不好？」孫覺欣然同意，於是婚事就成了。

舅舅是官員，岳父也是官員，黃庭堅做官要比平民子弟出身的進士占便宜。宋朝進士做官必須有在職官員做擔保。做了官以後再升官，也必須有在職官員做擔保。朝廷制定這個規矩，一是想兼顧成績和能力——考分高的進士不一定能力強，所以必須透過在職官員做擔保，保證這些新科進士擁有處理政務的能力；二是想約束官員，免得他們貪汙舞弊，誰敢胡來，就把他和他的擔保人一起收拾。朝廷本意雖好，卻不公平：像黃庭堅這樣的世家子弟，認識的官員實在太多了，隨隨便便就能給自己找到一大堆擔保人。而那些平民子弟呢？首先很難擁有良好的讀書環境，費盡千辛萬苦中了進士，又要找官員給自己做擔保，不然就當不了官。平民的親朋還是平民，哪有機會認識官員？就算認識一、兩個官員，靠什麼讓人家提供擔保呢？

一〇六七年，二十三歲的黃庭堅春風得意，既中了進士，又娶了媳婦，還得到了擔保，毫無懸念地走馬上任，去葉縣做了縣尉。但是就像絕大多數官二代、富二代和星二代那樣，正是因為資源太好了，機會太多了，往往不懂得把握和珍惜。黃庭堅去葉縣上任時，帶著新婚妻子和大隊僕人，一路遊山玩水，走走停停，走走停停。從開封到葉縣，區區幾百里路，他竟然第二年才抵達。朝廷規定在幾月幾號之前必須到任，他沒有做到。他的大上司、時任汝州長官的大臣富弼非常生氣，差點摘掉他的烏紗帽。幸虧舅舅李常和岳父孫覺都和富弼有交情，才讓黃庭堅躲過一劫。

宋朝地方官通常是每三年為一任，任期一滿就能回京述職。黃庭堅上任遲到，任期也延長一年。一〇七二年，二十八歲的黃庭堅離開葉縣，回開封述職。然後在開封參加專門選拔教育官員的考試，再次順利過關，被派到大名府擔任國子監教授，相當於直轄市的教育局長，官位比在葉縣當縣尉時高一級。

在此期間，黃庭堅第一任妻子孫氏病逝，他續娶富陽謝家的姑娘，岳父謝景初也是官員。同時，黃庭堅認識了蘇東坡，成了蘇東坡的學生。

當時蘇東坡已經名滿天下，但是從仕途上講，黃庭堅並沒有從蘇東坡那裡得到什麼幫助。相反，因為蘇東坡得罪的政敵太多，每當政敵們攻擊蘇東坡時，都順道把黃庭堅捎上，讓他飽受牽連。

一〇七九年，政敵從蘇東坡的詩集裡找到諷刺皇帝的「證據」，將蘇東坡關進御史臺監獄，「烏臺詩案」因此爆發。一〇八〇年，蘇東坡的案子審理完畢，那些與蘇東坡來往密切的官員或被降級，或被罰款。黃庭堅沒有被降級，但被罰了款。而他在大名府擔任國子監教授的任期已滿，再次回到開封，等候朝廷安排下一個職位。

一〇八二年前後，蘇東坡在流放地黃州寫出光耀千古的〈前赤壁賦〉時，黃庭堅正在江西太和縣做縣令。做為一縣之長，黃庭堅的工作絕不輕鬆，要統管農業、商業、財政、治安，要裁決數不清的民事糾紛，還要完成朝廷下派的賦稅徵收目標。

那時候，宋神宗親自上陣，繼續推進王安石半途而廢的變法大計。皇帝的大政方針被自上而下層層分解，到了基層就面目全非。比如說食鹽專賣，宋神宗想讓百姓吃到既乾淨又便宜的官鹽，還要保證政府賣鹽的利潤。到了州府那一級，官鹽銷售就變成了官鹽攤派，每個縣每年都要攤銷固定數量的官鹽，然後上繳固定數額的收入。老百姓吃不了那麼多鹽，一戶人家可能只要買幾十斤就夠了，官府卻強迫他們買下幾百斤。百姓交不齊那麼多鹽錢，就得用糧食和布匹來抵帳。如果糧食和布匹也沒了，就有可能被捕入獄。

黃庭堅不願意抓人，也不願意認真執行上級交代的變態任務，所以他總是無法完成賣鹽的任務，總是被上司批評。他寫過一首五言長詩，摘抄幾句：「按圖索家資，四壁達牖窗。掩目鞭撲之，桁楊相推振。身欲免官去，駑馬戀豆糠……」意思是說，如果想讓上司滿意，他就得用狠招對付百姓，抄家、扒房、抽鞭子、上刑具，無所不用其極。他不忍心這樣做，恨不得辭官回家，可是又捨不得那點俸祿。

這說明黃庭堅是有良心的父母官，但是，光靠良心改變不了現狀。

如果你因此認為黃庭堅的道德完美，那就錯了，他和我們絕大多數人一樣，有不少壞毛病。

首先，黃庭堅自我約束能力差，總是管不住自己。他在四十歲還沒兒子，向神佛許下大願，發誓永遠齋戒，永遠斷絕酒肉。可是根據宋人筆記《道山清話》記載，他偷吃餛飩解饞，餛飩餡裡還摻著好幾種肉，包括豬肉、羊肉、雞肉、兔肉。

其次，黃庭堅比較好色。四十歲以前，他已經結過兩次婚，後來又納了妾。四十一歲之後，他調回開封，先後參加《資治通鑑》的校對工作和《神宗實錄》的編撰工作。他在此期間與王公貴族的子弟們鬼混，一下班就去狎妓喝酒。根據《黃山谷詩集注》第十一卷記載，他竟然在開封一座寺廟裡攜妓飲酒，鬧得滿城風雨。

最後，黃庭堅還喜歡嘲笑別人，和同僚開玩笑不分輕重。他曾與李清照的公公趙挺之一起做地方官，回京後又一起做京官。趙挺之是山東平民子弟出身，做官後仍然給人寫墓誌銘貼補家用。有次趙挺之說：「在我們老家山東，寫墓誌銘能賺到豐厚稿費，一篇墓誌銘能換一車東西。」黃庭堅嘲笑道：「想俱是蘿蔔與瓜虀爾！」（《宋名臣言行錄續集》卷一〈黃庭堅〉，下同）你說的是一車蘿蔔和醬瓜吧？

趙挺之的官話不標準，方言很重，向廚師交待飯菜：「來日吃蒸餅。」明天主食給我們做饅頭。因帶有鄉音，聽起來彷彿吐字不清，也被黃庭堅當成笑話。例如，有次大家下班組局，酒局上行酒令，趙挺之出上聯：「禾女委鬼魏。」黃庭堅馬上對下聯：「來力勑正整！」趙挺之的上聯是字謎，禾、女組成委字，委、鬼組成魏字；黃庭堅的下聯也是字謎，來、力組成勑（「敕」的異體字）字，勑、正組成整字。這個下聯對得工整，但黃庭堅是故意模仿趙挺之常說的那句方言很重的「來日吃蒸餅」。

黃庭堅幾次三番嘲笑趙挺之，對方都忍了，直到幾年以後，趙挺之當上御史。御史專門負責給百官挑錯，趙挺之就開始挑黃庭堅的錯。那時候蘇東坡已從流放地還朝，還當了大官。蘇東坡要提拔黃庭堅，被趙挺之一封奏章擋回去。趙挺之把黃庭堅在寺廟狎妓的往事翻出來，說黃庭堅「恣行淫穢」，不僅不配升官，連當官都不配。

一〇九四年，黃庭堅五十歲，被朝廷任命為知州（市長）。任命書剛下來，就被趙挺之來一記重拳。趙挺之對親政不久的宋哲宗說：黃庭堅修《神宗實錄》時，偷偷篡改史料，詆毀當年的變法派，吹捧當年的保守派，把神宗皇帝的功績也抹煞了。坦白講，這記重拳絕對不是憑空打出去的——在蘇東坡主持下，黃庭堅和他的同門師兄弟秦少游一起修編《神宗實錄》，確實有選擇地使用史料，故意拔高司馬光、貶低王安石。

宋哲宗血氣方剛，雄心勃勃，正想恢復宋神宗的政策，用變法實現富國強兵的理想，誰和宋神宗和王安石過不去，就等於和宋哲宗過不去。所以宋哲宗將蘇東坡再次罷官，將黃庭堅流放到四川。

一一〇〇年，宋哲宗英年早逝，弟弟宋徽宗即位，皇太后垂簾聽政，黃庭堅被召還。一一〇二年，他被派往太平州（今安徽當塗）當知州。遺憾的是，抵達太平州不到十天，就被親政的宋徽宗罷官。他帶著家人遷徙鄂州（今湖北武昌），計畫永離官場，安享晚年。但他喜歡嘲笑人的毛病始終沒改，鄂州當地的讀書人寫詩求教，他只要覺得人家的詩不好，就會說：「這種詩怎麼能拿出來現眼呢？寫這種詩的人就該用艾草燒屁股，免得以後亂放屁！」又得罪不少人。

僅僅是得罪普通讀書人還不可怕，可怕的是黃庭堅得罪過趙挺之。一一〇二年，趙挺之當上宰相，向黃庭堅再次開刀。一一〇三年，趙挺之將黃庭堅流放到廣西宜州。

宜州是神話人物劉三姐的家鄉，不過黃庭堅在那裡見不到劉三姐，只能見到世態炎涼。趙挺之給他定的處分是「編管宜州」，沒有職權，沒有俸祿，也沒有人身自由。他不能租住公房，也不能與官員來往，只能自掏腰包租住民房，還要等著衙役定期上門搜檢。

前文說過，黃庭堅是世家子弟，許多親戚都是高官。但是在朝廷高壓之下，這些親戚都不敢和黃庭堅來往，更不敢伸出援手。黃庭堅有妻有妾，過慣錦衣玉食的生活，花錢大手大腳，至此幾乎身無分文，連租房都租不起了。

蘇東坡有個粉絲，名叫范廖，字信中，此人與黃庭堅相識多年，在宜州城門樓上找了一間空房，讓黃庭堅搬進去。黃庭堅缺衣少食，生病無藥，全靠范廖照顧。最後黃庭堅死在宜州，也是范廖為他辦後事。

南宋大詩人陸游專著《老學庵筆記》中描寫黃庭堅臨終前的生活：

居一城樓上，亦極湫隘，秋暑方熾，幾不可過。一日忽小雨，魯直飲薄醉，坐胡床，自欄楯間伸足出外以受雨。顧謂（范）廖曰：「信中，吾平生無此快也！」未幾而卒。

黃庭堅住在宜州城樓上，住所十分狹窄，秋天暑氣蒸騰，飽受西晒之苦，幾乎活不下去。一天下起小雨，黃庭堅與范廖小酌，喝到微醺，坐在馬紮上，將雙腳伸到欄杆外面去淋雨，享受那一點點涼意。雨聲瀟瀟，涼風陣陣，黃庭堅轉過頭來，對范廖說：「信中，我這輩子都沒有這麼快活過！」不久他就死了。

黃庭堅生於一〇四五年，死於一一〇五年，享年六十一歲。

當秦少游遇到蘇東坡

明朝末年，江南有個書生，他的母親、妻子、兒子和兩個女兒都不幸因疾病和瘟疫而喪生。書生思念親人，聽說有個尼姑擅長扶乩，能與鬼神溝通，通曉過去、未來，於是將其請到家中，打聽他的親人分別投生何處。

尼姑裝模作樣地請神上身，然後煞有介事對書生說：「你母親投胎在五十里外一戶富人家，你兒子投胎到上海，你大女兒投胎最早，在某某寺廟出家為尼。你二女兒前生是嫦娥的侍女，如今重返廣寒宮。至於你妻子，前生與你是夫妻，下輩子還會和你做夫妻。」

書生又問自己的前生，尼姑答道：「君前生為秦太虛，……君夫人即秦太虛夫人、蘇子美小女。」（葉紹袁〈續窈聞〉）書生前世是秦少游，其妻子前世則是秦少游之妻，也就是蘇洵的女兒、蘇東坡的妹妹。

聽完這些話，書生悲喜交加，重重地酬謝尼姑。

我們是受過科學教育的現代讀書人，肯定都能看出書生受了尼姑的騙。且不說扶乩本是迷信，「前世」和「投胎」更是迷信，即便這些不是迷信，尼姑的話也不可靠。所謂「秦少游迎娶蘇小妹」，那只是宋朝以後說書人杜撰的故事。真實歷史上，蘇東坡沒有妹妹，秦少游的妻子也根本不姓蘇。

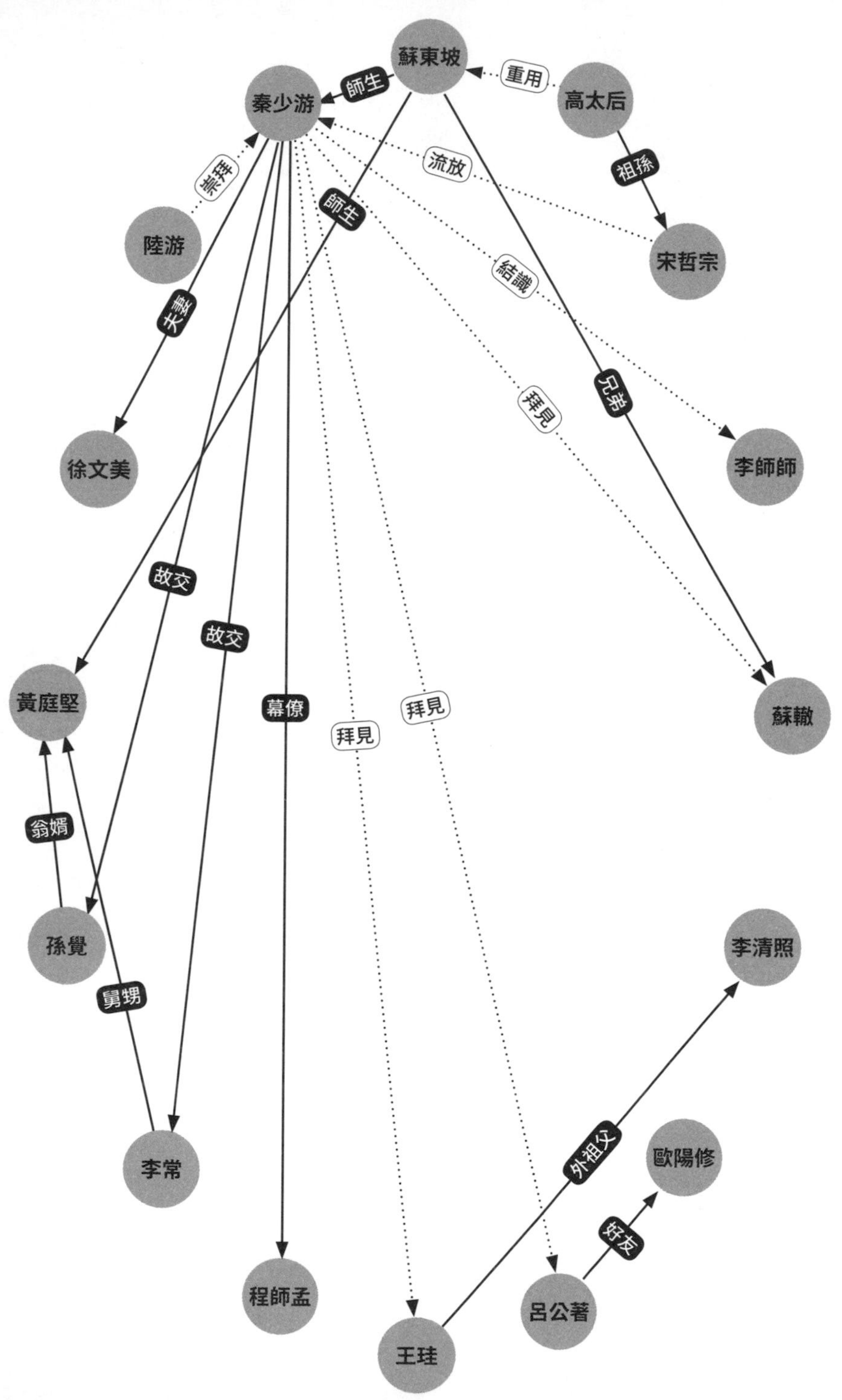

蘇東坡
師生
秦少游
重用
高太后
崇拜
流放
祖孫
師生
陸游
宋哲宗
結識
夫妻
兄弟
拜見
李師師
徐文美
故交
故交
黃庭堅
蘇轍
幕僚
拜見
拜見
翁婿
孫覺
李清照
舅甥
外祖父
歐陽修
李常
好友
程師孟
呂公著
王珪

眾所周知，秦少游名秦觀，字少游，又字太虛，他是宋朝婉約派詞人的代表，中年拜在蘇東坡門下，與黃庭堅、晁補之、張耒並稱「蘇門四學士」。蘇東坡弟子中，秦少游的地位相當於孔子門下的顏回。孔子最欣賞顏回，蘇東坡則最欣賞秦少游，誇秦少游是「今之詞手」，意思是最會填詞的行家裡手。

秦少游填詞，確實出類拔萃。「兩情若是長久時，又豈在朝朝暮暮。」這句情詞傳唱千古，出自秦少游的名作〈鵲橋仙〉。「任是無情也動人。」這句描寫美人的詞曾被曹雪芹借用，出自秦少游另一首名作〈南鄉子〉。秦少游還有一首〈千秋歲〉，前半闕寫景：「水邊河外，成果春寒退。花影亂，鶯聲碎……」這首詞在宋朝非常流行，以至於南宋大詩人陸游做官以後，根據「花影亂，鶯聲碎」這六個字，與上司范成大聯手建了一座「鶯花亭」。陸游還為鶯花亭題詩：「沙外春風柳十圍，綠蔭依舊語黃鸝。故應留與行人恨，不見秦郎半醉時。」詩中「秦郎」正是秦少游。

和蘇東坡的詞相比，秦少游的詞不夠大氣，但行文流暢，渾然天成，氣韻飽滿，音律規整。宋朝人填詞，既講究平仄，又講究字音清濁，否則唱出來不好聽。秦少游是音樂天才，他的詞在音律上完美無瑕，最適合演唱。而蘇東坡的詞在音律上就差很多，所以受到李清照的詬病（參見李清照〈詞論〉）。

剛才說過，蘇東坡最欣賞秦少游。秦少游病逝時，蘇東坡痛哭不止：「哀哉，痛哉，世豈復有斯人乎？」（蘇軾〈與李之儀〉）這種哀痛就像孔子哭顏回：「噫！天喪予！天喪予！」（《論語》）最優秀的學生撒手人寰，老師傷心欲絕，彷彿天要塌了一般。

蘇東坡愛惜秦少游，愛惜的是才華，如果說到生活作風，秦少游恐怕就不值得愛惜了。秦少游生活作風可以用兩個字概括：好色。當然，每個身體正常的成年人都好色，但秦少游屬於好色而不檢點那種。他十九歲娶妻，妻子姓徐，名叫徐文美，是個小官的女兒，家教很好，頗有文采。娶妻之後不久，他就去揚州和湖州一帶遊逛，和青樓女子打得火熱，甚至還勾搭朋友的小妾和侍女。有一次，他在揚州某退休官員家裡做客，酒席上與歌姬眉目傳情，趁著主人進內室更衣的工夫，竟與那歌姬「有倉猝之歡」（羅燁《醉翁談錄》）。他進京考進士，不用功溫習，把時間和錢財都花在風月場所。他與黃庭堅的岳父孫覺是老相識，曾經寄詩給孫覺：「平康何處是？十里帶垂楊。」意思是打聽哪裡有妓院。孫覺罵道：「這小子又賤相發也！」（王直方《直方詩話》）你這小子又開始犯賤了啊！

秦少游是官宦子弟，祖父當過縣令，叔父當過省長（轉運使），父親當過太學生，但他父親尚未做官就病逝了。因父親早喪，沒給他留下什麼遺產，所以秦少游只能在祖父和叔父接濟下，過著相對貧寒的生活。他童年在祖父衙門裡玩耍，少年在叔父衙門裡讀書，成婚後只能回高郵老家居住。在高郵，妻子養蠶，他種了幾畝莊稼，卻又吃不得耕種之苦，一得空就跑出去和朋友鬼混。

二十四歲那年，秦少游結識黃庭堅的岳父孫覺，當時孫覺是賦閒在家的官員；二十八歲那年，秦少游又結識黃庭堅的舅父李常，當時李常已經當了京官。孫覺和李常都是蘇東坡的好友，透過孫覺和李常，秦少游讀到蘇東坡的作品，然後就將蘇東坡當成偶像，努力模仿蘇東坡的文風與筆法，夢想成為蘇東坡那樣的文壇大腕。到了三十歲，才想起自己還有養家糊口的責任，於是進京考進士，想靠俸祿養活母親、妻子和兒女。但他只擅長填詞，並不會做策論，結果落榜了。落榜以後，他讓叔父牽線搭橋，去越州（今紹興）做了幕僚，幫越州知州程師孟寫詩填詞、草擬公文。在此期間，他又看中程師孟的歌姬，久久不能忘情。

做幕僚終究不是正途，三十四歲那年，秦少游再次進京考進士，結果再次落榜。他灰心喪志，回高郵務農，抽空還寫了一本「養蠶指南」。為什麼會寫這樣一本書呢？兩次趕考途中，他都在山東逗留過，見過山東農民養蠶，感覺方法新奇，可以寫下來給江南蠶農做參考。這說明他細心，也說明他有野心，即使是當農民，也要當個著書立說的農民。

秦少游會滿足於當農民嗎？當然不會。大約一年以後，他把主要的農活交給妻子，自己去各地拜碼頭，彷彿盛唐詩人漫遊那樣，四處結交名人大腕，以便得到強者的舉薦。他拜見過李清照的外公王珪，當時王珪在當宰相。他還拜見過歐陽修的好友呂公著，當時呂公著主政揚州。但他拜見最多的，還是蘇東坡和蘇轍哥倆。蘇東坡愛他的才華，蘇轍誇他是「謫仙人」，兩兄弟都非常熱心地向朝中大佬舉薦他。

三十七歲那年，秦少游第三次考進士，終於得中，被派到地方當小官。三年任滿，回京等候新的任命，蘇東坡舉薦他參加制科考試。當時制科考試就像現在的中央機關公務員遴選考試，如果取中，就能做京官。但是秦少游沒有取中，又被派到地方當小官。四十二歲那年，蘇東坡再次舉薦他參加制科考試，這回取中了，得以在京城工作。俸祿高了，秦少游飽暖思淫欲，娶了小妾，並且留戀京城花柳巷。還結識了京城名妓李師師，專門為李師師創作了幾首詞。那時候宋徽宗還沒即位，李師師還沒成為皇帝的老相好，否則借秦少游十個膽子，他也不敢去碰禁臠。

秦少游有才，又有蘇東坡扶持，本來可以青雲直上，但他風流好色的名頭太響了，每次要被提拔時，都有御史站出來說話，所以一直是八品小京官。後來蘇東坡擔任禮部尚書，把他和黃庭堅、晁補之、張耒都推薦到國史院，一起整理編訂已故皇帝宋神宗的實錄，此時才從八品升為七品。

宋神宗搞變法，變法期間打擊過保守派。宋神宗死後，宋哲宗即位，神宗之母高太后執掌實權，老太后思想保守，將保守派請回朝廷，又開始打擊變法派。蘇東坡屬於保守派，秦少游做為蘇門弟子，也屬於保守派，對當年的變法大臣如王安石、呂惠卿等人深懷不滿。他們將不滿表現在行動上，竟然篡改史料，將《神宗實錄》裡不利於保守派的證據大量刪改，又私自增加一批對變法派不利的「證據」。這下觸犯了朝廷大忌，不久宋哲宗親政，以「篡改實錄」為罪證，將蘇東坡及其弟子一網打盡，統統趕出京城，或下放，或流放。秦少游是蘇東坡愛徒，當然不能倖免，他先被罷官，再被流放，長期輾轉於湖南與廣東，直到五十二歲死於流放途中。

秦少游的詞才不亞於蘇東坡。從才華上講，他完全不用蘇東坡扶持，就能成名成家。但從仕途上看，如果沒有蘇東坡多次舉薦，秦少游可能連進士都考不上（宋朝科舉仍然殘留唐朝「行卷」之遺風，得到舉薦的考生更容易得中），就算中了進士，也未必當得上京官。可是反過來說，正是因為蘇東坡舉薦，秦少游才參與編修《神宗實錄》，進而篡改實錄，進而被揪住小辮子，進而師徒幾人被一勺燴。

秦少游的故事告訴我們，一個人要想有所成就，應該尋求別人的幫助，但是千萬不能陷進一個小圈子裡出不來。

第五章

婚嫁關係

寡婦改嫁，宰相落馬

我們來深挖一個發生在北宋開封的歷史八卦。

這八卦可不簡單，因為它的主角不是娛樂圈的小明星，而是官場上的大人物。

先點一下這幾位大人物的名字。

第一位，寇準。

相信大夥都非常熟悉「寇準」這個名字，評書《楊家將》裡有他，戲曲《清官冊》裡有他，電視劇《狸貓換太子傳奇》裡有他，前些年葛優主演的電影《寇老西兒》，演的還是他。此人在歷史上也赫赫有名，我們中學時歷史課都學過「澶淵之盟」，是誰力勸宋真宗親征？是誰站在城頭上督戰？是誰讓大宋和遼國維持了一個世紀左右的和平共處？就是這位北宋名相，寇準寇老西兒。

第二位，薛居正。

這是個老前輩，比寇準出道早得多，他在宋太祖在位時就當過宰相。關於薛居正，《宋史》著墨不多，只說他酒量極大，「飲至數斗不亂。」一頓能喝幾斗酒（宋朝一斗有六千毫升，裝酒十二斤），喝完還能寫詩。除了愛喝酒，他老人家還愛服用仙丹，希望益壽延年，甚至長生不老。可惜事與願違，有一回服用丹砂過多，中毒了，肚子裡發生劇烈的化學反應，「吐氣如煙焰。」從嘴裡

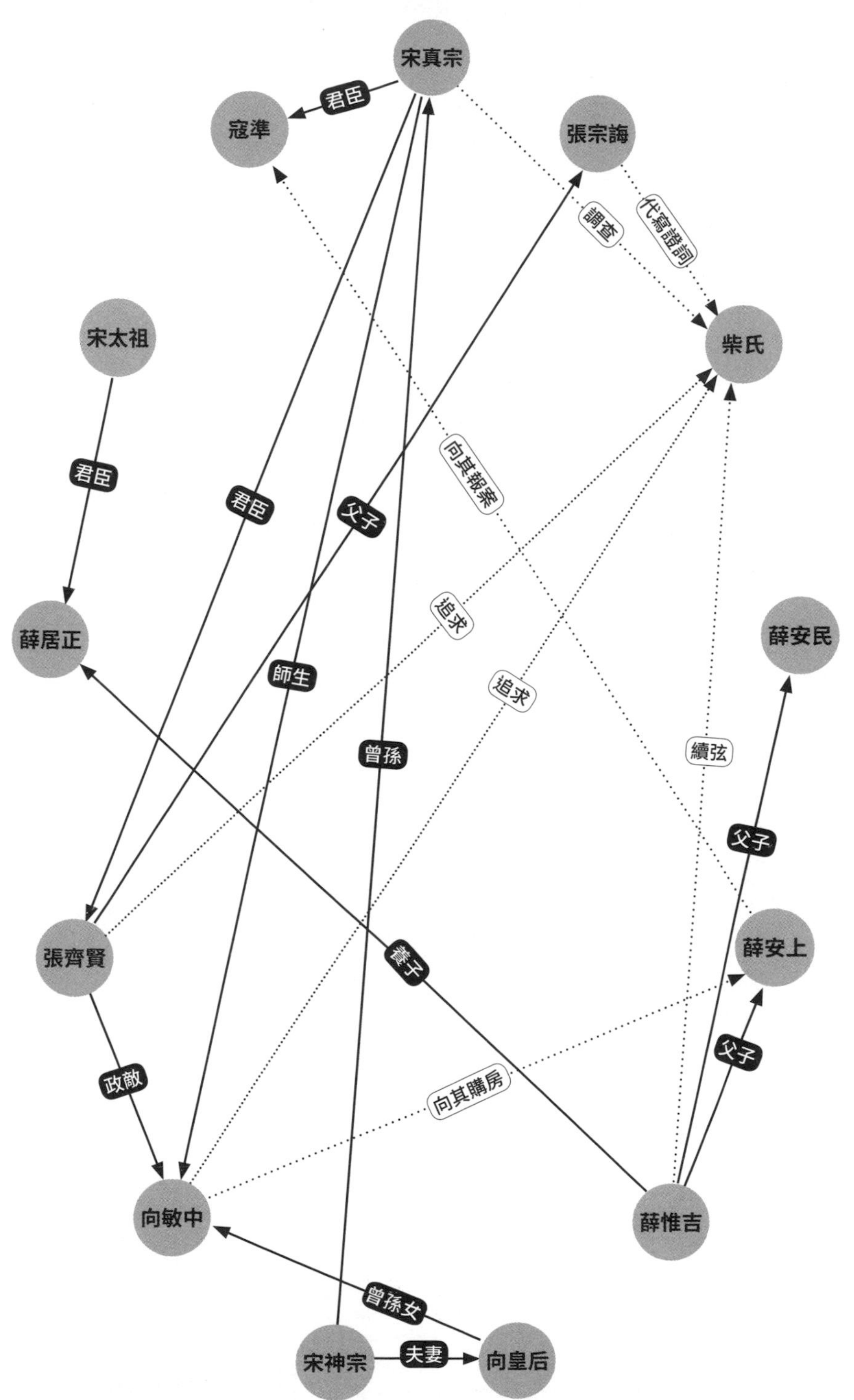

宋真宗
君臣
寇準
張宗誨
調查
代寫謁詞
柴氏
宋太祖
君臣
君臣
父子
向其報案
追求
薛居正
薛安民
師生
追求
曾孫
續弦
父子
薛安上
張齊賢
養子
父子
政敵
向其購房
向敏中
薛惟吉
曾孫女
宋神宗
夫妻
向皇后

噴出火來，死在宰相任上。

第三位，張齊賢。

北宋歷史上，張齊賢絕對算得上一個奇人。他出身貧寒，三歲就沒了父親，靠寡母撫養長大，一邊耕作，一邊苦讀經書。青年時白手遊天下，鬥過劫匪，住過黑店，幾次死裡逃生。雖是書生，秉性卻像武士，膽量、力量和飯量都遠超常人。拙著《吃一場有趣的宋朝飯局》曾用整整一個章節描述張齊賢的飯量，他吃飯論桶，喝酒論缸，是真正的大飯桶和大酒缸。別人生病吃藥，一丸、兩丸搞定；張齊賢吃藥，必須吃幾十丸，用一張大餅送服，因為他身材魁梧，體重是常人兩倍，服藥少了不濟事。宋太宗北征契丹時，楊家將第一代老帥楊業死於沙場，張齊賢自告奮勇，接替楊業，領兵駐守山西代州，使遼國兵馬無法前進一步。後來宋真宗即位，拜張齊賢為兵部尚書，兼拜「同中書門下平章事」，成為事實上的宰相。

第四位，向敏中。

這位是我的開封老鄉，宋太宗時中進士，被太宗選為智囊。宋真宗即位後，開國大將曹彬任樞密使（相當於國防部長），向敏中任樞密副使（相當於國防部副部長）。宋真宗咸平四年（一〇〇一年），向敏中升任宰相。多年以後，向敏中的曾孫女嫁給了宋真宗的曾孫子宋神宗，冊封為皇后，史稱「欽聖憲肅向皇后」。再後來，宋哲宗晏駕，宋徽宗即位，這位向皇后以太后身分垂簾聽政，為穩定朝局做出了不可抹滅的貢獻。當然，這些都是向敏中去世後的事情了。

上述四位宰相和今天要聊的八卦都有或多或少的關係。究竟有什麼關係呢？小孩沒娘，說起來話長，我們慢慢聊。

話說老宰相薛居正，一輩子沒有兒子，最後收養了一個，取名薛惟吉。薛惟吉生下兩個兒子，一個叫薛安上，一個叫薛安民。生下兩個兒子不久，薛惟吉的妻子死了，薛惟吉又續娶了一個，續娶的女子娘家姓柴，人稱柴氏。

薛惟吉壽命短，只活到四十歲出頭，他一死，柴氏自然就成了唯一的當家人。當時柴氏才二十歲，比薛惟吉和前妻生的兩個兒子薛安上和薛安民大不了多少，但是論地位、論名分，薛府上上下下都得聽她的，老宰相薛居正留下的大筆遺產都得歸她支配。

柴氏在薛府守了六年寡，最後守不住了，她想改嫁。其實也很容易理解。第一，她還年輕，沒必要守一輩子活寡；第二，北宋時期，朱熹那一套「餓死事小，失節事大」的道德標準還沒有開始流行，離婚和改嫁都非常正常；第三，她有追求者，而且還不是一般的追求者。

誰在追求柴氏呢？從目前史料來看，至少有兩個人，一個是那位大飯桶兼大酒缸宰相張齊賢，一個是我的開封老鄉向敏中。張齊賢是宰相，向敏中也是宰相，兩大宰相一起向一個寡婦展開進攻，是貪圖人家的美色呢？還是真的對她產生感情了呢？

其實都不是，他們貪圖的是柴氏的財產。更準確地說，是想得到老宰相薛居正的遺產。您想想，柴氏改嫁，肯定不會兩手空空地嫁過去，肯定會帶著一大筆嫁妝。您知道，宋朝流行厚嫁之風，富家女子過門，往往會用金銀、珠寶、土地、商鋪、丫鬟當嫁妝。柴氏改嫁用什麼當嫁妝？當然要用薛府的財產嘛！

那時候，張齊賢和向敏中都不年輕了，張齊賢六十歲，向敏中五十多歲。兩大宰相都結過婚，都有子女，都成了糟老頭子。假如柴氏願意嫁給他們當中的任何一個，肯定不是因為愛情，而是因為權力——與其在已故宰相的家裡當寡婦，不如去現任宰相的府上當夫人，這就是柴氏的算計。

柴氏是個很有心計的女人，她一面偷偷轉移薛府的財產，「盡畜其貨產及書籍」（《宋史》卷二六五），將財產和藏書都據為己有；一面暗暗比較向敏中和張齊賢的優劣。比較來比較去，她覺得還是張齊賢更有魄力，更有膽識為自己提供庇護。於是乎，她向六十歲的張齊賢伸出了幸福的橄欖枝。

張齊賢收到消息，馬上著手迎娶柴氏。但就在這時候，薛惟吉的兒子薛安上不忍了，他可以容忍名義上的寡母改嫁，卻不能容忍這位後媽帶走他們家的財產。

薛安上寫出狀子，向時任開封知府的寇準報了案，舉報後媽轉移家產，舉報宰相道德敗壞。因涉及到宰相，寇準無權過問，趕緊把這個案子上報給皇帝，讓宋真宗親自處理。

宋真宗不明內情，派一個親信去問柴氏。柴氏喊冤道：「我從來沒想過要改嫁，也從來沒有轉移過薛家的財產，這都是不孝子薛安上的一派胡言，轉移家產的其實是他。你們要是不信，可以調查一下，問他前段時間有沒有賣過一所房子給向敏中！」

真宗皇帝接到回奏，又找向敏中詢問此事。向敏中說：「回陛下，臣沒有買過薛家的房子，這是政敵在背後暗算我，請陛下徹查，還臣一個清白。」

向敏中說的政敵，暗指張齊賢。宋朝搞的是「群相制」，朝中宰相不是一個，而是一堆，宰相與宰相之間往往掐架，互相告黑狀。向敏中的意思是張齊賢想扳倒他，以便獨攬大權。

向敏中說的是不是實情呢？據《續資治通鑑長編》第五十三卷記載，宋真宗咸平五年（一〇〇二年），宰相向敏中從已故宰相薛居正的孫子薛安上那裡買了一所房，花了五百萬文。

我考證過宋朝的物價，宋真宗時期，銅錢五百萬文的購買力相當於現在新臺幣一千五百萬元。開封在北宋是首都，地位相當於現在的北京，向敏中買的那所房產也不是普普通通的平民房舍，而是相府舊邸，是道道地地的花園豪宅。只花一千多萬就能在首都買一間花園豪宅？這買賣也太划算了吧？

拙著《千年房市：古人安心成家指南》有專章論述北宋時期的開封房價，平民房屋且不談，貴族府邸易手之時，售價多在萬兩白銀以上，折合銅錢要幾千萬文，向敏中花五百萬文買到，說明他撿了一個大便宜。

這筆買賣成交之後，有人站出來表示反對。這人是誰呢？她就是薛安上的後媽、老宰相薛居正的兒媳、相府公子薛惟吉的遺孀柴氏。

前文提及，柴氏想要改嫁宰相張齊賢，薛安上控告她轉移家產，宋真宗派人調查，柴氏倒打一耙，說轉移家產的其實是不孝子薛安上，薛安上偷偷把房子賣給了向敏中。宋真宗又問向敏中有無此事，向敏中矢口否認，並向真宗皇帝暗示，可能是政敵張齊賢在搗鬼。

真宗皇帝繼續調查，很快就查明了向敏中購買薛家房產的真相。

原來向敏中想娶柴氏，但柴氏讓他吃了個閉門羹，投向另一個宰相張齊賢的懷抱。向敏中很生氣，恰好得知柴氏正和她名義上的兒子薛安上爭奪家產，就來了個渾水摸魚，從薛安上那裡低價買下一所房子——雖然得不到人，能得到房也是好的嘛！

宰相也是人，普通人可以買房，宰相當然也可以買房，但他千不該萬不該，不該去買薛家的房。因為老宰相薛居正去世後，繼子薛惟吉守不住家產，已經賣過一次房了。真宗皇帝看不過去，讓國家財政出錢，贖回了薛家房產，還專門下了一道旨意：「為了不讓老宰相九泉之下寒心，不許任何人動他的遺產，不許任何人買他家的房子！」現在你向敏中貪圖便宜，居然敢從薛家買房，這不是抗旨不遵嗎？

單是抗旨不遵倒也罷了，最要命的是，你買了房還不承認，還對皇帝說是別人想陷害你，這可是欺君之罪啊！

向敏中犯的不是一條欺君之罪，而是兩條。宋真宗得知他買房以後，又調查到他曾追求柴氏的消息。真宗問道：「向敏中，你是不是想娶那個柴氏？」向敏中說：「陛下聖明，我都五十多歲了，怎麼可能會再娶妻？」真宗不信，繼續調查，發現「向敏中議娶王承衍女弟」。王承衍是當朝駙馬，向敏中不久前剛剛請媒人去駙馬家裡提過親，想娶王駙馬的妹妹。你看，明明在提親說媒，卻對皇帝說謊，謊稱自己不可能再娶，這又是一條欺君之罪。

一條抗旨不遵，兩條欺君之罪，向敏中的罪過大了去了，這要擱到明、清兩朝，他肯定要掉腦袋。好在宋朝皇帝比較厚道，不會輕易拿掉大臣的腦袋，只是拿掉了向敏中腦袋上的宰相烏紗帽，讓他去洛陽當了閒官。

向宰相倒臺了，還有個張齊賢張宰相。前面不是說嗎？張齊賢要娶柴氏，柴氏也想嫁給他，雙方你情我願，是否可以喜結連理呢？對不起，不可能。

宋真宗接連受到向敏中欺騙，於是對相臣們充滿了不信任。他繼續調查柴氏，又發現當初柴氏控告向敏中買房時，所寫的證詞居然是別人代筆。代筆的這個人叫張宗誨，是張齊賢的二兒子。那不用說，肯定是張齊賢授意兒子替柴氏代筆，整了向敏中的黑材料。好啊，朕讓你們當宰相，以為你們能以國家社稷為重，能以天下百姓為重，能把所有精力都用在替朕分憂解難上，哪知道你們私底下蠅營狗苟，勾心鬥角，整天搞這些見不得人的鬼蜮伎倆！那好，你不仁，休怪朕不義，向敏中不是滾蛋了嗎？你張齊賢也給我滾蛋吧！

第二天上朝，宋真宗罷免了張齊賢，也打發他去洛陽當閒官了。

那個柴氏呢？真宗皇帝會給她什麼處分呢？我查《宋史》，查《續資治通鑑長編》，查張齊賢和向敏中的墓誌銘，都沒有見到記載。但我對她甚是佩服：一個寡婦改嫁能驚動皇帝親自調查，能讓兩大宰相先後倒臺，不佩服行嗎？

其實柴氏的影響還不止於此，她的改嫁一案，不僅讓兩個宰相下了臺，還讓一個宰相上了臺。上臺的這個宰相，就是寇準寇老西兒。

論才能，寇準比向敏中強得多，甚至比張齊賢都強，他膽識過人，辦事果決，用人不疑，疑人不用，在民政、軍政和財政上都有一套，是朝野聞名的實幹家。但宋真宗遲遲不敢讓寇準當宰相，因為寇準脾氣不好，愛得罪人，在皇帝跟前都不留面子，年輕時與太宗皇帝爭辯一件事，竟然扯著皇帝袖子不放，吐沫星子直噴到皇帝臉上。宋真宗說過：「准誠有才，奈使性何！」寇準確實很有才幹，可他要是對我使性子可怎麼辦呢？

現在呢？向敏中下臺了，張齊賢下臺了，真宗手裡能用的宰相不多了，那就只好讓寇準上臺。

一〇〇四年，柴氏改嫁一案的兩年以後，寇準與另一位大臣畢士安一起升任「同中書門下平章事」，成了宰相。

ＯＫ，四個宰相和一個寡婦的八卦到此結束，希望您從中看到的不僅僅是八卦，還能借此了解到宋朝的政局，了解到宋朝的世態人情。

歐陽修編家譜

提到歐陽修，您會想起〈醉翁亭記〉，想起「唐宋八大家」，可能還會想起一個不太常用的成語：畫荻教子。

「畫荻教子」這個成語出自歐陽修小時候的勵志故事。說是歐陽修從小就沒了爸爸，跟著媽媽長大，家裡很窮，買不起文具，媽媽教他認字，只能用蘆葦杆（荻）當筆，在泥土地上寫寫畫畫。生活如此艱苦，歐陽修仍然發憤學習，後來考中進士，當上大官，還成了北宋時期的文壇領袖和中國文學史上的散文大家。

就像大多數勵志故事一樣，以上故事也有虛構的成分。歐陽修四歲那年，爸爸歐陽觀就不幸病逝，媽媽鄭氏開始守寡，歐陽修自幼喪父是歷史事實。但即使喪父以後，歐陽修也沒有斷絕經濟來源，因為他和他媽媽去投奔了另一個做官的親人——在湖北做官的叔叔歐陽曄。宋朝官員俸祿優厚，一個大官可以養活整個家族，一個小官也可以養活好幾個家庭，叔叔歐陽曄雖是小官，卻能讓歐陽修母子衣食無憂，並給歐陽修提供了學習條件。畫荻教子的場景可能是歐陽媽媽帶歐陽修去郊遊時偶爾為之，決非學習的常態。

現在網路上能找到〈歐陽修墓誌銘〉是北宋名臣韓琦寫的。按韓琦描述，歐陽修自幼絕頂聰明，

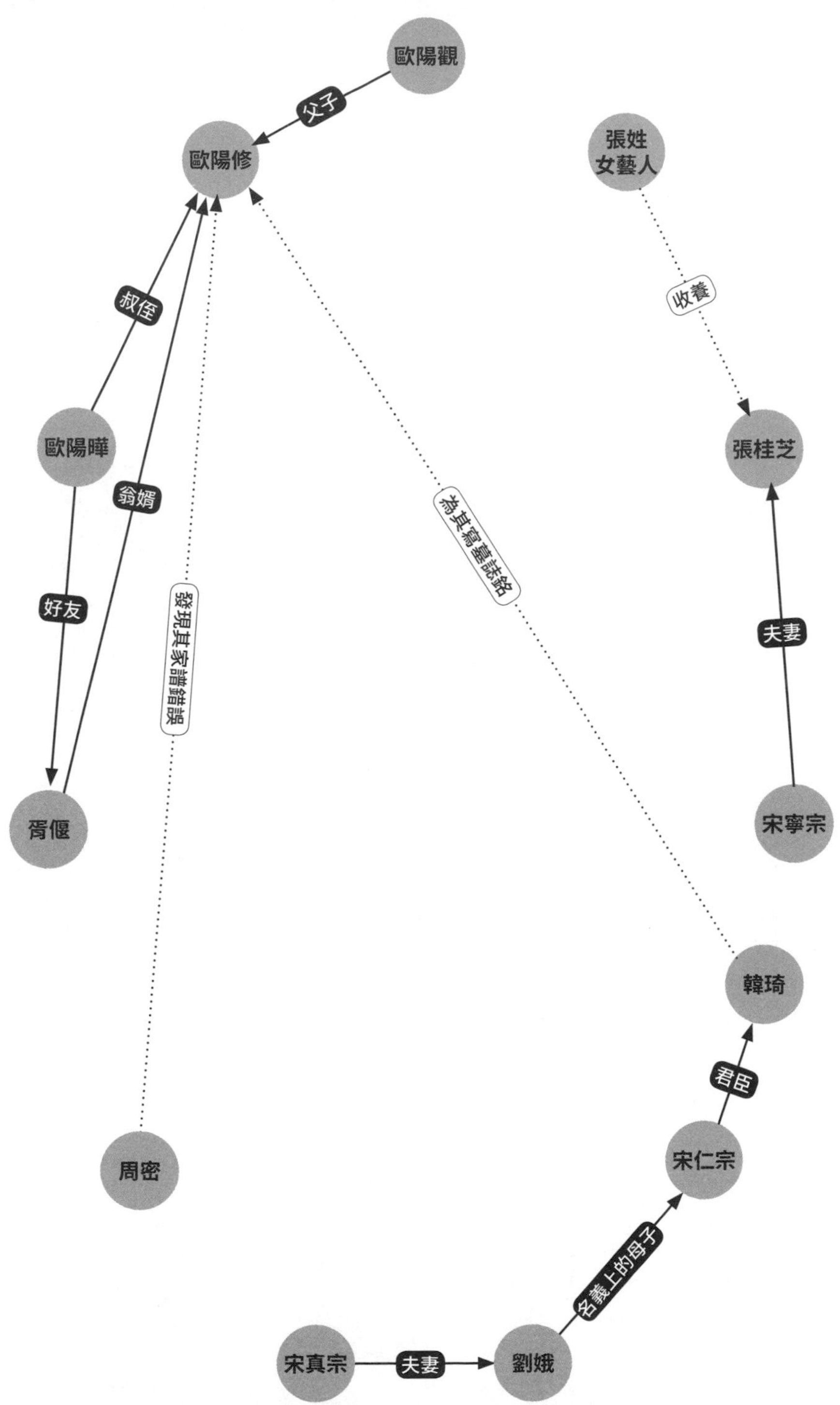

歐陽觀
父子
歐陽修
張姓
女藝人
收養
叔侄
歐陽曄
張桂芝
翁婿
為其寫墓誌銘
好友
發現其家譜錯誤
夫妻
胥偃
宋寧宗
韓琦
君臣
周密
宋仁宗
名義上的母子
宋真宗
夫妻
劉娥

過目不忘，一覽成誦，長大後參加科舉考試，三次考中第一。這種描述有誇大成分，真實情況是，歐陽修第一次參加解試（類似明、清時期的舉人考試）落榜了，第一次參加省試（類似明、清時期的會試）也落榜了。落榜以後，他透過叔叔的介紹，拜訪文壇老將兼朝中官員胥偃，做了胥偃的學生兼女婿，然後由胥偃推薦到國子監就讀，又過了兩年才考中進士。

中進士後，歐陽修走上仕途，升官很快，降級也很快，一生當中數起數落。他被下放到安徽滁州，寫成千古流芳的〈醉翁亭記〉那一年，其實還不到四十歲，卻自稱「蒼顏白髮」，意思是官場坎坷，頭髮都白了。每當讀書至此，我都內心竊喜，自認為比歐陽修強得多——畢竟我已經年過四十歲了，卻沒有一根白髮，因為我連黑頭髮都沒有了。

歐陽修六十五歲退休，退休時官職不小，是「觀文殿學士、太子少師、特進、上柱國、樂安郡開國公，食實封一千二百戶」。前面那些頭銜都是虛的，只代表朝廷恩寵和社會地位，但「食實封一千二百戶」是實打實的，意思是每年能從朝廷那裡領到一千二百戶農民繳納的賦稅。有了這麼一大筆津貼，歐陽修晚年完全不用發愁過日子的問題。吃喝不愁，衣食無憂，做什麼事情打發退休生活呢？他編寫家譜，自己家的家譜。

歐陽修編寫的家譜上，第一代祖先是唐初書法家歐陽詢，歐陽詢生歐陽通，歐陽通的孫子叫歐陽琮。歐陽琮生活在唐朝末年，黃巢起義時曾率領鄉民抵擋土匪。從歐陽詢到歐陽琮，總共五代人，卻跨越整個唐朝將近三百年歷史，平均代際間隔將近六十歲。奇不奇怪？非常奇怪。

再看歐陽修家譜的後半部分：從唐朝末年的歐陽琮算起，到北宋中葉的歐陽修為止，區區一百五十年歷史，竟然多達十六代人，平均代際間隔還不到十歲。更加奇怪，對不對？

我們知道，父子之間相差二十歲或三十歲左右是正常的，十幾歲就生育也不是沒可能，五、六十歲再生育也完全沒問題。問題是，歐陽修家譜上的前面幾代平均相差近六十歲，後面十幾代平均相差又不到十歲，這就違背了人類繁衍的客觀規律。唯一合理的解釋是，歐陽修考證和梳理家譜時，工作不夠仔細，前面漏掉了幾代人，後面又多寫了幾代人。

南宋後期有個太學生，名叫周密，也發現了歐陽修家譜裡存在的錯誤。他評價道：「後世譜牒散亡，其難考如此，歐陽氏無他族，其源流甚明，尚爾，矧他姓也？」（《齊東野語》卷十一〈譜牒難考〉）朝代更迭，戰火綿延，老輩人要麼把家譜弄丟，要麼根本就沒有家譜。這種情況下，後輩再想編家譜，困難重重，容易出錯。像歐陽修的家族，同姓不多，名人不少，編寫家譜相對容易，還搞出這麼多錯誤，更何況其他姓氏編寫的家譜呢？錯誤肯定更多。

周密的意思是，歐陽修的家譜之所以出錯，是因為年代久遠，資訊丟失，考證難度極高。這樣分析對嗎？對，但還有別的因素。什麼因素呢？那就是歐陽修故意編造。歐陽修為啥要故意編造呢？容我講個故事。

北宋前期，四川鬧災，有個姓劉的小姑娘，父母都過世了，在外婆家長大，十幾歲時嫁人，嫁給一個銀匠。小倆口為了掙錢，千里迢迢來開封打工，到太子府上打造銀器，被當時還是太子的宋真宗相中了。宋真宗給了銀匠一大筆錢，於是她改嫁宋真宗。真宗登基，她備受寵愛，從美人升為嬪妃，從嬪妃升為皇后。雖然貴為皇后，她卻沒有生養兒子，倒是身邊一個宮女給宋真宗生了兒子。她又妒又恨，將宮女的兒子奪走，當作自己的兒子來撫養。後來真宗駕崩，這個奪來的兒子登基，就是宋仁宗。

相信您已經聽出來了，這個姓劉的小姑娘就是傳統劇碼《狸貓換太子》的主角——宋真宗最寵愛的皇后、宋仁宗最懼怕的母后、北宋時期垂簾聽政時間最長的章獻明肅太后，名叫劉娥。《狸貓換太子》屬於傳說，但劉娥父母雙亡、先嫁銀匠、後嫁真宗、奪走皇子、垂簾聽政的故事，在《宋史・后妃列傳》和多種宋人筆記中均有記載，大概率屬於史實。

劉娥本是平民，一步登天成為貴妃，進而成為皇后，進而就覺得自己的出身是個短處。她想和朝中姓劉的官員攀親戚，將自己的門第掛靠到別人家，結果碰了一鼻子灰，因為她找的那位劉姓官員太耿直，太實事求是，不願意冒認皇親。劉娥一不做二不休，乾脆假造一本家譜，直接和死人攀上親戚，說她父親就是早已犧牲的開國大將劉通，說她祖父就是五代十國時期赫赫有名的武將劉延慶。宋真宗知道劉娥假造家譜，但並不揭穿，甚至還主動幫劉娥圓謊，因為讓開國大將的女兒做皇后，比讓平頭百姓家的女兒做皇后更有面子。

類似的故事在南宋也發生過。南宋有個楊皇后，出身更加貧賤，無父無母，沒有名姓，是教坊司一個張姓女藝人撿來的孩子，於是跟著姓張，取名張桂芝。張桂芝長大以後，被宋寧宗相中，一路升為皇后。成了皇后以後，張桂芝不想讓世人知道她是藝人收養的（古代藝人地位偏低），於是和朝中一個姓楊、出身很好的官員攀親戚，改姓為楊，成了楊桂芝。就像劉娥劉皇后一樣，楊桂芝楊皇后的權力也很大，後來也曾垂簾聽政。她垂簾聽政時，大修楊氏家譜，以至於元朝人撰寫《宋史．后妃列傳》時，誤以為她本來就姓楊，誤以為她是貴族出身的大家閨秀。

古人編造家譜，不僅是為了虛榮。早在魏晉時期，官場上最看重門第，平民子弟為了做官，有時不得不將祖上十八代都換成貴族。為了讓這種編造顯得更有說服力，他們還會請專業人士編造家譜，或者從貴族手裡高價購買家譜。直到隋、唐時期，編造家譜仍是一門長盛不衰的產業。唐朝後期，「安史之亂」平息過後，原本歡迎西域移民的唐朝開始轉向排外，胡人感受到強烈的敵意，那些留居長安的突厥人、粟特人、契丹人、回紇人都紛紛改成漢姓，假造家譜，讓外人以為他們自始至終都是中華士族。

最後必須說明，我不認為歐陽修故意編造家譜，只是想借家譜出錯的故事闡述兩個觀點：第一，我們後人查閱歷史文獻時，家譜未必可靠；第二，當很多人都開始在某個事物上造假時，就不是道德問題了，而是制度問題。

王安石的家風

有宋一朝，多出才女，最著名的當然是李清照，其次是朱淑真，再其次就是那些在今天不太知名但在宋朝頗有影響的才女，例如王安石的妻子、妹妹和幾個女兒。

先看一首七言絕句：

西風不入小窗紗，秋氣應憐我憶家。

極目江山千里恨，依前和淚看黃花。

這首詩是王安石大女兒在出嫁後寫的，表達了她對娘家的思念。詩意淺白，意境算不上高遠，但平仄工巧，韻律舒緩，是非常規整、非常成熟的七言律絕。「極目江山千里恨」，這句相當大氣，格局一下子上去了。

還有一些沒能完整流傳下來的詩詞片段，分別出自王安石的妻子、妹妹和侄女之手。「待得明年重把酒，攜手哪知無雨又無風。」這是王安石妻子的詞；「草草杯盞供君笑，昏昏燈火話平生。」這是王安石妹妹的詩；「不緣燕子穿簾幕，春去春來哪得知？」這是王安石侄女的詩。

宋朝文學評論《臨漢隱居詩話》有云：「近世婦人多能書，往往有臻古人者，王荊公家最眾。」意思是說宋朝多出才女，王安石家更出才女。但是，才和德是兩回事，才女也好，才男也罷，文采

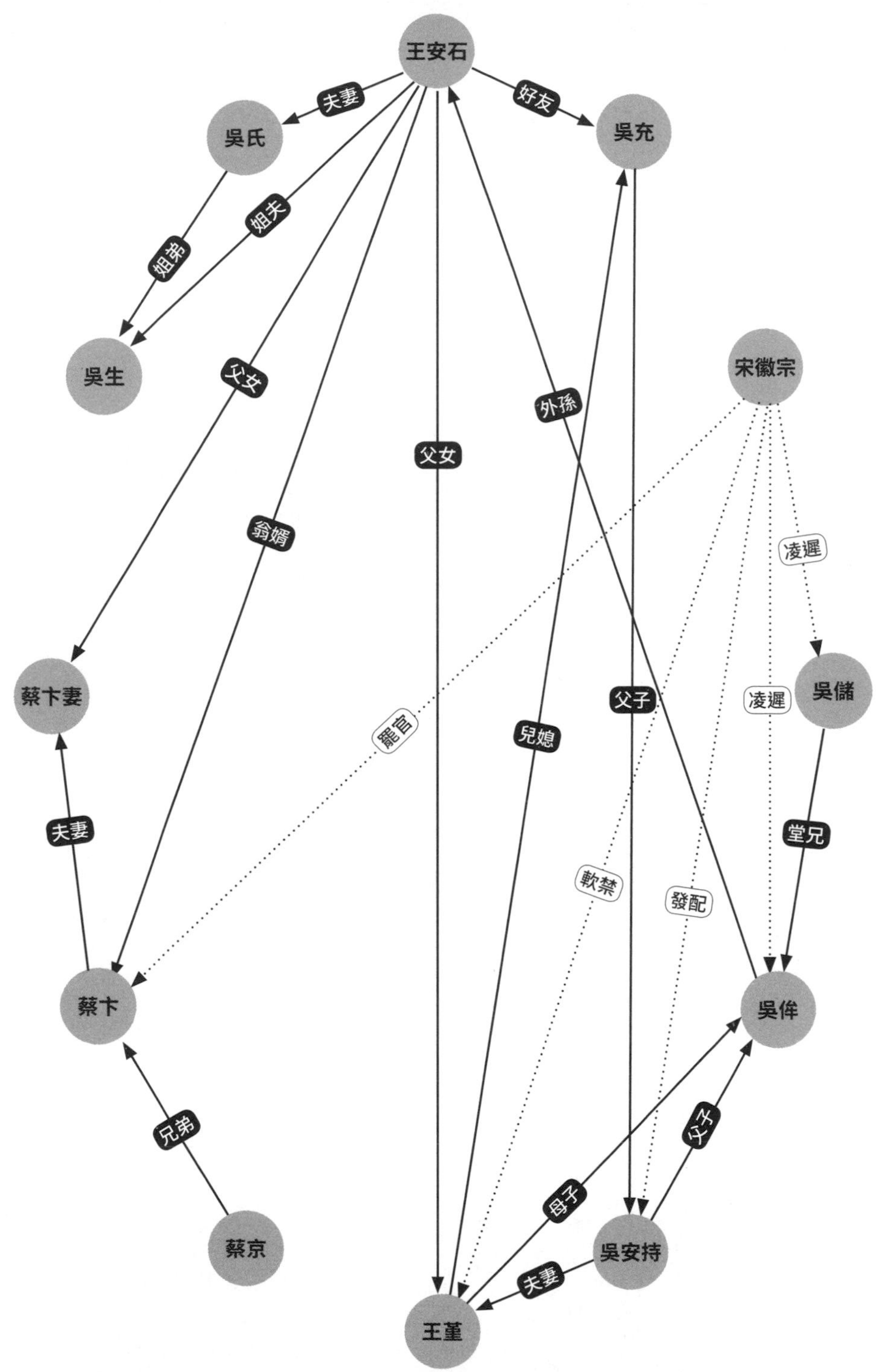

王安石
夫妻
好友
吳氏
吳充
姐夫
姐弟
吳生
宋徽宗
父女
外孫
父女
翁婿
凌遲
蔡卞妻
凌遲
吳儲
父子
罷官
兒媳
夫妻
堂兄
軟禁
發配
蔡卞
吳侔
兄弟
父子
母子
蔡京
吳安持
夫妻
王堇

了得，品德未必一定高尚，我們不能說「女子無才便是德」，同樣也不能說「女子有才便有德」。

說到才女無德，王安石的妻子吳氏是個典型。宋人筆記《萍州可談》記載，王安石從江寧知府的職位上退休，需要搬出知府衙門，回自家私宅裡定居。衙門裡有一張藤床係公家所有，吳氏喜歡這張床，竟讓下人搬回家了。王安石是清官，從不吞占公物，勸吳氏把床還回去，吳氏不聽。知府衙門的差役趕到家裡索取，百般求情，吳氏不理。逼得王安石無計可施，穿著鞋子躺在那張床上。吳氏有潔癖，見那張床已被老公弄髒，就不想要了，最後總算還給了公家。

吳氏還護短，有時因為護短，竟視國法於不顧。宋人筆記《東軒筆錄》記載，吳氏的弟弟吳生到南京（時稱「金陵」）遊玩，住在南京某寺行香廳。那行香廳寬敞又雅潔，南京官府經常借用此廳舉行儀式。有一天皇帝生日，南京官員要在行香廳集合，為皇帝祝壽，好言好語請求吳生搬到別屋去住，等儀式完畢再搬回來。吳生嫌麻煩，不搬。不但不搬，還當場辱罵那些官員，犯下辱罵官長的罪。大家都知道他是王安石的小舅子，有的看在王安石面子上，不和他一般見識；有的忍不下這口氣，等儀式一結束，就對他簽發了逮捕令。吳生嚇壞，一溜煙躲進王安石府裡。幾個官員去拜見王安石，訴說吳生辱罵官長的經過，得到王安石的准許，開始進屋抓人。吳氏卻攔住不讓進，大聲呵斥這些官員：「相公罷政，門下之人解體者十七八，然亦無敢捕吾親屬於庭者，汝等乃敢爾耶？」我們家老王雖說不是宰相了，老部下們也大多退休，然而瘦死的駱駝比馬大，再大的官也不敢到我們府上放肆，你們竟敢捉拿我的家屬，莫非吃了熊心豹子膽？吳氏這劈頭蓋臉一頓罵，罵得南京官員不敢還口，只得將吳生放走。

有其母必有其女，吳氏的潑辣也被女兒所繼承。《宋史．蔡卞傳》記載：「蔡卞妻王夫人，荊公女，頗知書，能詩詞。蔡每有國事，先謀之床笫，然後宣之廟堂，時執政相語曰：『吾輩每日奉行者，皆其咳唾之餘也。』」

說是蔡京的弟弟蔡卞娶了王安石的二女兒，這位王家二小姐知書而不達禮，寫詩填詞之餘，大搞裙帶關係。蔡卞當副相時，每有重大決策和重大任命都要先回家和老婆商量，老婆怎麼說，他就怎麼辦，老婆說讓用誰，他就升誰的官。

據南宋文獻《容齋三筆》記載，王安石的二女兒讓蔡卞提拔一個人，那個人是王安石的連襟的外孫。蔡卞一聽是這層關係，趕緊去向哥哥蔡京說情，透過蔡京的權力，讓王安石連襟的外孫做了大官。

再看王安石的大女兒，也就是「極目江山千里恨，依前和淚看黃花」的作者，她叫王堇，乳名「伯姬」，嫁給了王安石同年好友的兒子吳安持，生下一個兒子叫吳侔。吳侔有個堂兄叫吳儲，宋哲宗時期出任某地知州。吳儲迷信相術，有道士給他看相，誇其相貌「貴不可言」。吳儲既興奮又緊張，將這件事告訴吳侔。吳侔年輕不知深淺，竟然勸吳儲造反。這對堂兄弟暗地裡經營多年，直到宋徽宗即位，也沒有完成招兵買馬的計畫。一一〇七年，吳儲、吳侔以及那個看相道士密謀造反的計畫被人告發，隨後被關進天牢，凌遲處死。

吳侔兄弟造反時，王安石早已去世，但王安石的女婿吳安持和女兒王堇還健在。身為造反者的親生父母，他們當然會受到牽連。吳安持對兒子知情不舉，被判死緩，後來減為徒刑，發配到長沙（時稱潭州）；王堇對兒子失於管教，從輕發落，被軟禁起來。還有幾個親戚平日與吳侔有過來往，雖未參與造反，卻有知情不舉的嫌疑，例如蔡京之弟蔡卞也因此被罷官。

吳侔造反事件成了王安石家族命運的轉捩點。在此之前，王安石家族蒸蒸日上，王安石的兒子、侄子、侄孫相繼進入官場並受到重用；在此之後，王家子孫不得不揖別政壇，甚至不得不揖別文壇。從北宋末年到南宋滅亡，我們再也沒有聽說過任何一個名人出身於王安石家族。

問題在於，吳侔為什麼要造反？一是因為迷信，竟然相信相士的信口雌黃；二是因為狂妄，竟然認為他們堂兄弟兩人有能耐掀翻大宋王朝。除此之外，我覺得和他的生活環境也有很大關係：外祖父王安石當過宰相，祖父吳充是王安石的同學好友，當過副相。身為宰相的外孫和副相的孫子，他養尊處優，錦衣玉食，每天見到的官員都在拍他馬屁，如果再缺乏理性的家庭教育，怎能會知道天高地厚呢？而如果吳侔沒有受過好的家教，王安石的大女兒王堇就難以推卸責任，因為她是吳侔的母親。

王堇有才，可能也有德，以她的聰穎和見識，絕對不會蠢到去攛弄兒子造反。但是考慮到她的生活環境，應該很難讓兒子學會遵紀守法。前文不是說過嗎？王安石的妻子吳氏，也就是王堇的母親，貪婪、護短、潑辣，能指著鼻子將知府級別的官員罵得狗血淋頭，事後卻不必承擔任何責任。王安石的女兒們看在眼裡，極有可能有樣學樣，將同樣的任性和張狂傳給下一代。

平心而論，王安石在道德上堪稱完人，他不貪財、不好色、不倚仗權勢欺人，也不喜歡溜鬚拍馬的下屬，別人反對他的變法主張，他力圖用道理和實效來說服人家，實在說服不了，也絕不會打擊和陷害反對者。但他的家風實在成問題，他家出了許多才女，同時出了一個貪婪、護短和暴戾的妻子（吳氏），還出了一個不斷向丈夫吹枕邊風提拔這個、提拔那個的女兒（蔡卞之妻），至於他去世以後外孫造反，更說明他的家風有問題。更準確地說，吳侔造反說明王安石家族及其同學好友吳充家族的家風都有問題。

現在讓我們多想一步，王安石的妻子、女兒和外孫之所以走到那一步，僅僅是家風有問題嗎？僅僅是王安石沒管好家屬嗎？恐怕不是。真正的病根恐怕不是家風，而是整個官場的風氣。

北宋文獻《東軒筆錄》載有一段故事，說是王安石執掌相權時，「每生日，朝士獻詩頌，僧道獻功德疏以為壽，輿皂走卒皆籠雀鴿，就宅放之，謂之放生。」每年過生日，百官紛紛獻詩，僧道紛紛祝壽，連商販都提著鳥籠子到門前放生。有個京官名叫鞏申，渴望得到王安石的提拔，「以大籠貯雀，詣客次，搢笏開籠，且祝曰：『願相公一百二十歲。』」用大籠子裝上許多麻雀，來到王安石的壽宴上，一邊給王安石祝壽，一邊打開籠子放生。

王安石變法，反對者多，擁護者少，為什麼文武百官、小商小販和出家人都來給他祝壽呢？並不是羨慕他的人品，而是羨慕他手中的權位。誰手中有權，就向誰拍馬屁，這是歷朝歷代都有的慣例，這是權力缺乏制衡時的必然現象。王安石的妻女生活在這種環境下，想不走上囂張作風的道路，實在太難。

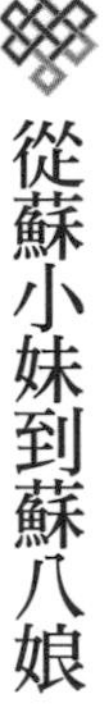

從蘇小妹到蘇八娘

傳說蘇東坡有個妹妹，芳名不詳，人稱「蘇小妹」。她冰雪聰明，博學多識，才氣不亞於蘇東坡，後來嫁給了蘇東坡的門生——著名詞人秦少游。

《醒世恆言》第十一卷〈蘇小妹三難新郎〉，寫的就是蘇小妹故事，情節較長，我們簡單轉述如下：

蘇小妹十歲那年，父親蘇洵構思一首七言律詩，剛寫完前四句，有客來訪，撂下筆去見客。蘇小妹溜進書房，幫父親續上了後四句。蘇洵送客回來，發現詩已完工，不但平仄嚴整，而且意境高遠，又和自己寫的前四句詩意相連，就像是同一個人寫的一樣，一問是出自女兒之手，忍不住嘆道：「可惜是個女孩子，要是個男孩，考進士、中狀元，易如反掌！」

蘇小妹十六歲那年，讀到王安石之子王雱的大作，很是欣賞，但她認為王雱的文筆有點華而不實，成名很早，壽命卻不會長久。後來王雱果然如她所料，年紀輕輕就病死了。

秦少游仰慕蘇小妹的才華，上門提親，蘇洵、蘇東坡都欣然應允，蘇小妹也答應了。但新婚之夜，蘇小妹出了三個題目，讓秦少游作答，答得不好就不許入洞房。秦少游沒有蘇小妹機智，在第三個題目上犯了難，苦苦琢磨到半夜，多虧蘇東坡暗中幫忙，才滿分交卷，鴛鴦得諧。

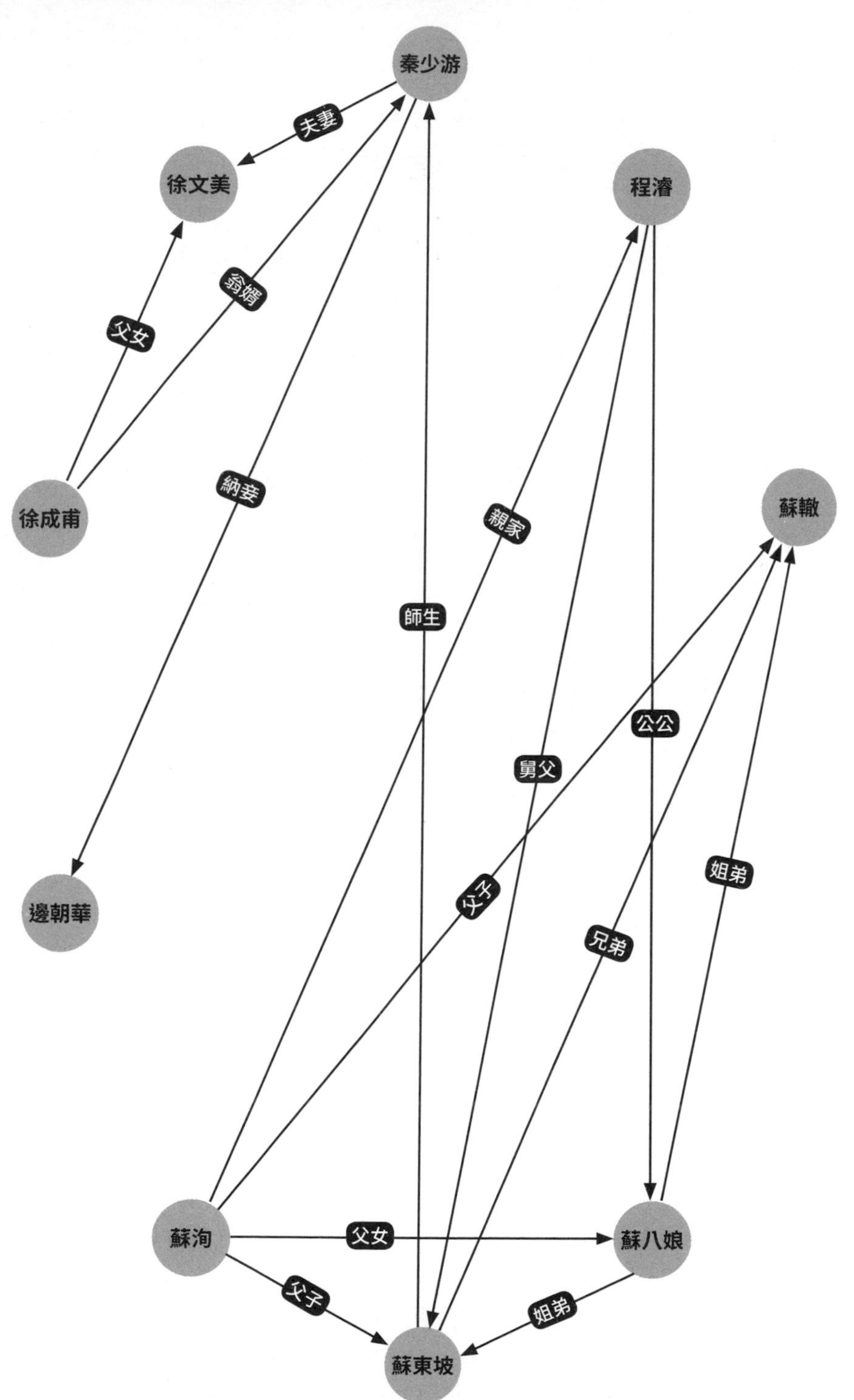

秦少游
夫妻
徐文美
程濬
翁婿
父女
納妾
徐成甫
親家
蘇轍
師生
公公
舅父
邊朝華
父子
姐弟
兄弟
蘇洵
父女
蘇八娘
父子
姐弟
蘇東坡

蘇小妹婚後省親，進京看望蘇東坡。蘇東坡剛收到佛印和尚寄來的一篇長歌，死活看不懂，而蘇小妹只看一遍，就幫哥哥解開難題。蘇東坡大驚，說：「我妹妹真厲害，比我強得多，要是生為男身，官位遠勝於我！」

蘇小妹才氣大，容貌卻不夠出眾，她額頭聳起，眼窩深陷，宛如女版壽星。蘇東坡和她開玩笑：「未出庭前三五步，額頭先到畫堂前。」蘇小妹不甘示弱，立刻頂回去：「口角幾回無覓處，忽聞毛裡有聲傳。」意思是嘲笑蘇東坡滿臉鬍鬚，把嘴都遮住了。蘇東坡又笑小妹眼窩深：「幾回拭臉深難到？留卻汪汪兩道泉。」蘇小妹馬上諷刺哥哥下巴長：「去年一點相思淚，至今流不到腮邊。」

以上故事廣為流傳，不僅出現於話本小說，也被編為戲曲，搬上電視，拍成電影，畫進漫畫。查考其源頭，早在馮夢龍編撰《醒世恆言》之前，元雜劇《花間四友東坡夢》裡就有了蘇小妹——飾演蘇東坡的演員開場念白：「小官眉州眉山人，姓蘇名軾，字子瞻，弟曰子由，妹曰子美，嫁秦少游者是也。」而在元雜劇之前，南宋時期就流傳的《東坡居士佛印禪師語錄問答》裡，已經出現蘇小妹與秦少游、蘇小妹與蘇東坡的諸般趣事、往來書信和詩詞對聯。可見蘇小妹的傳說源遠流長，至少在南宋時期就基本成型。

不過，傳說流傳再廣，也不能代替歷史，真實的歷史可能會讓我們大失所望。

首先，秦少游的妻子並非蘇小妹。據秦少游〈徐君主簿行狀〉，他妻子姓徐，名叫徐文美，是湖南寧鄉主簿徐成甫的大女兒。秦少游中年納妾，這個小妾是河南開封人，名叫邊朝華。也就是說，秦少游一妻一妾，都不姓蘇，都和蘇小妹扯不上關係。

其次，蘇東坡並沒有妹妹。蘇洵死後，歐陽修為其寫傳，說蘇洵生了六個孩子，三男三女，大兒子蘇景先早早夭折，二兒子就是蘇東坡，三兒子就是蘇轍，三個女兒都在蘇東坡之前出生，她們是蘇東坡的姐姐，而非妹妹。

古代醫學落後，兒童存活率低下，蘇東坡三個姐姐只有一個長大成人，她的名字可不是蘇小妹，而是蘇八娘。宋朝慣例，男孩為「郎」，女孩為「娘」，前面加上排行，就是現成的名字。例如「武大郎」是武家第一個男孩，「宋三郎」是宋家第三個男孩，「蘇八娘」呢？當然是蘇家第八個女孩。

讀者朋友可能會質疑：不對啊，剛才不是說蘇東坡三個姐姐嗎？怎麼會冒出「蘇家第八個女孩」來呢？

原因很簡單，古代中國家族觀念重，排行都是在整個家族裡去排的。如果一個男孩在同輩兄弟中排行第七，那就是七郎；如果一個女孩在同輩姐妹中排行第八，那就是八娘。像蘇東坡和蘇轍哥倆，在眉山蘇家同輩兄弟中的排行分別是九十二和九十三，所以蘇東坡晚年被堂孫尊稱「九二丈」，而蘇東坡則親暱地稱呼蘇轍「九三郎」。

蘇八娘排行第八，卻是蘇洵一家的獨女，蘇洵夫婦愛如掌上明珠，從小教她讀書寫字，像男孩一樣學習詩書。蘇洵晚年寫詩悼念女兒，詩前有一段序文：「女幼而好學，慷慨有過人之節，為文亦往往有可喜。」可見蘇八娘與傳說中的蘇小妹有些相像，也是個才女。

但這個才女遇人不淑，婚姻特別悲慘，竟然被公婆虐待至死。蘇洵〈自尤〉詩序記載：

濬本儒者，然內行有所不謹，而其妻子尤好為不法。吾女介乎其間，因為其家所不悅。適會其病，其夫與其舅姑遂不之視而急棄之，使至於死。

這段話說的是，蘇八娘公公人品差，生活作風不好，婆婆更是作惡多端。蘇八娘生病，公婆不給她請醫生，還虐待她，致使她早早離世。

蘇洵用一首長詩回顧女兒被公婆虐待的經過，其中幾句寫道：「生年十六亦已嫁，日負憂責無歡欣。歸寧見我拜且泣，告我家事不可陳。」十六歲過門，天天受氣，只能回娘家哭訴。「人多我寡勢不勝，只欲強學非天真。昨朝告以此太甚，捩耳不聽生怒嗔。」婆家人多勢眾，蘇洵不敢替女兒出頭，反而逼迫她堅守婦道，忍氣吞聲。

「誰知余言果不妄，明年會汝初生孫。一朝有疾莫肯視，此意豈尚求爾存？……此時汝舅擁愛妾，呼盧握槊如隔鄰。狂言發病若有怪，裡有老婦能降神。」蘇八娘十七歲分娩，產後得了一場重病，婆婆不管不問，任憑兒媳自生自滅。公公更過分，摟著小妾，大呼小叫地賭博，還說蘇八娘不是生病，是中了邪，應該讓巫婆給她驅邪。

「嬰兒盈尺未能語，忽然奪取詞紛紛。傳言姑怒不歸覲，急抱疾走何暇詢？」蘇洵夫婦心疼女兒，把蘇八娘母子接回娘家醫治。婆婆竟然趕到蘇家，以兒媳不孝為由，強行把孩子抱走。蘇八娘重病之下，氣急身亡。

「深居高堂閉重鍵，牛虎豈能逾牆垣？登山入澤不自愛，安可僥倖遭麒麟？」蘇洵哀悼女兒，痛恨自己，後悔不該把女兒嫁到狼窩，假如當初不是他答允這門糟糕的親事，女兒怎麼會不幸離世呢？

蘇洵確實該為女兒的死負些責任。第一，他不該屈服於親家公和親家母的囂張氣焰，任憑他們虐待蘇八娘；第二，當初他就不該攀高附貴，把女兒嫁過去。

蘇八娘公公姓程，名叫程濬，是眉山的大鄉紳，也是蘇洵的大舅哥，因為蘇洵娶了程濬的妹妹，也就是蘇東坡的母親。當年蘇洵成親，程家還不太富裕，與蘇家的地位和財富大致相當。等到蘇八娘成親時，程家接連出了兩個進士，程濬甚至做到夔州路轉運使（相當於副省長），氣焰大漲，在眉山堪稱一霸。蘇洵在〈蘇氏族譜序〉裡或明或暗大罵程家：「輿馬赫奕，輿馬赫奕，婢妾靚麗，足以蕩惑里巷之小人，其官爵貨力足以搖動府縣，其矯詐修飾言語足以欺罔君子，是州里之大盜也。」但他仍然將女兒嫁給「州里之大盜」。所以蘇洵被朋友批評：「子自知其賢，而不擇以予人，咎則在子，而尚誰怨？」你明知程家是個火坑，還讓那麼賢慧的女兒跳進去，難道怪得了別人嗎？

蘇洵當初並不是沒有考慮過這些問題，他有三個想法：一是程家成了官宦，蘇家還是平民，與官宦結親可以提升蘇家的地位；其次，兩家本來就是親戚，親上加親豈不更好？女兒嫁給表哥，公公是她舅舅，應該不至於受氣；再其次，「鄉人皆重嫁母族，雖我不肯將安云？」（蘇洵〈自尤詩〉）女兒嫁到舅舅家是鄉里風俗，蘇洵不得不按風俗走。但他沒有料到，他的大舅哥竟然那麼不是東西，斷送了他女兒的生命。

女兒的死讓蘇洵深受刺激，他發憤攻讀，也讓兩個兒子努力向上，爭取考中進士，與程家相抗衡。後來蘇東坡和蘇轍果然都中了進士。蘇洵本人雖然屢次不第，但仍然靠歐陽修的舉薦，做了一個小官。

這個故事並不勵志，至少對蘇八娘而言，從頭到尾都是悲劇。問題在於，這悲劇是如何釀成的呢？是蘇洵包辦婚姻嗎？也不全是。包辦婚姻若不幸福，離婚就是了。但古代中國「好女不嫁二男」的觀念根深柢固，蘇洵不敢讓女兒離婚，蘇八娘也未必會想到離婚。

還是讓我們用蘇洵的詩來結尾吧：「嗟哉此事余有罪，當使天下重結婚！」女兒婚姻不幸都怪我，希望天下父母能從中吸取教訓，好好考慮兒女的婚姻。

蘇東坡的孫子娶了誰？

上回說到，蘇東坡的父親蘇洵攀龍附鳳，將女兒蘇八娘嫁給夔州路轉運使程濬的兒子，因門不當戶不對，致使女兒受盡虐待，不到二十歲就香消玉殞。

但沒有說的是，蘇東坡與蘇轍做官以後，蘇家馬上改換門庭，婚姻圈子不斷擴大，與歐陽修、曾鞏、范鎮等高級官員結成親家，兒子們迎娶尚書的孫女，女兒們嫁給知府的兒子……

下面繼續這個話題，說說蘇東坡以及蘇轍孫輩的婚姻對象。

蘇東坡三個兒子（小妾王朝雲生下第四個兒子，但不幸夭折），分別是蘇邁、蘇迨、蘇過。這三個兒子又給蘇東坡生下十幾個孫子，有名可考的不到十人，能查到妻門出身的僅有兩人，這兩人分別是蘇符、蘇簹。

蘇符是蘇邁的二兒子，字仲虎，生於一〇八六年，天資聰明，幾歲就會作詩，深受蘇東坡的寵愛和器重。早年蘇轍在許昌買房，蘇東坡流放時，部分子孫依附蘇轍，去許昌定居，所以蘇符在許昌長大。後來又因蘇東坡葬在郟縣，蘇符搬到郟縣守墓，與蘇東坡的三兒子蘇過一起在郟縣安家。又過幾年，蘇轍去世，朝廷為了紀念蘇轍的功勞，給蘇轍的兒子、孫子和侄孫封官，蘇符也得到一頂烏紗帽，被派到確山縣（今屬河南）當縣丞，相當於副縣長。再後來，北宋滅亡，南宋建立，蘇

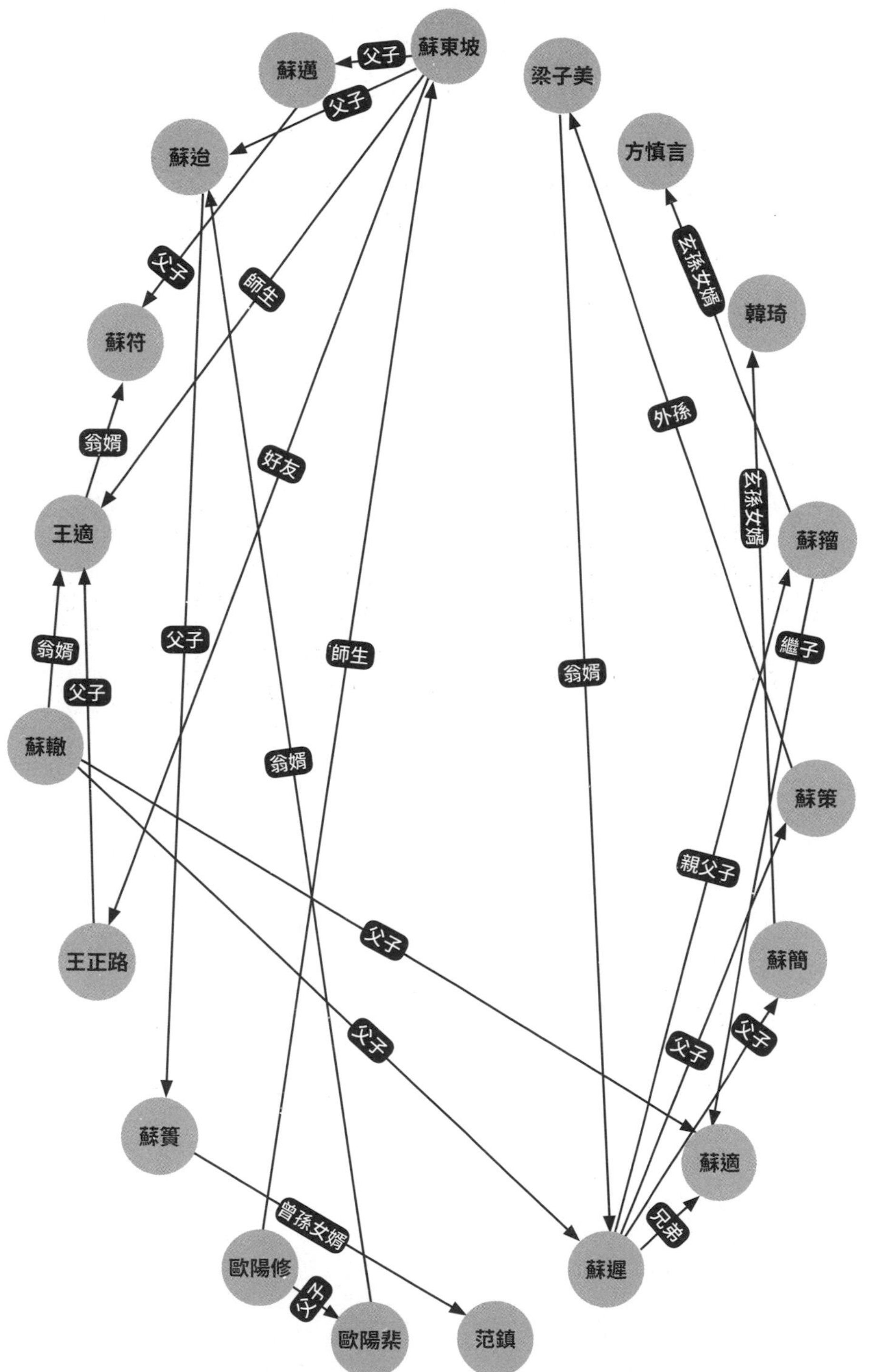
蘇東坡
蘇邁
蘇迨
蘇符
王適
蘇轍
王正路
蘇簣
歐陽修
歐陽棐
范鎮
梁子美
方慎言
韓琦
蘇籀
蘇策
蘇簡
蘇適
蘇遲
父子
父子
父子
師生
翁婿
好友
父子
翁婿
父子
師生
翁婿
父子
父子
曾孫女婿
父子
翁婿
外孫
玄孫女婿
玄孫女婿
繼子
親父子
父子
父子
兄弟

符衣冠南渡，被宋高宗提拔為蜀州知州，相當於市長。岳飛遇害的前一年（一一四一年），蘇符又一次被提拔，擔任禮部侍郎，相當於副部長。

蘇符娶妻王氏，王氏是王適的女兒。王適又是誰呢？他是蘇轍的女婿、蘇東坡的侄女婿。蘇符做為蘇東坡的孫子，迎娶蘇東坡侄女的女兒，屬於親上加親。另外，王適還是蘇東坡的愛徒，蘇符娶王適的女兒，正是蘇東坡親自提的親，相當於讓孫子娶了徒弟的女兒。

王適學問很好，可惜死得早，沒有做官。王適的父親王正路是朝廷命官，與蘇東坡交情不淺。從這層關係上講，蘇符娶的又是祖父的好友的孫女。

再說蘇東坡的另一個孫子蘇簣，蘇東坡二兒子蘇迨所生，生卒年不詳，只知道蘇東坡活著時，蘇簣尚未出世。

蘇簣的母親複姓歐陽，是歐陽修第三個兒子歐陽棐的第七個女兒。蘇簣長大後，娶妻范氏，范氏是大臣范鎮的曾孫女。對北宋歷史不太了解的朋友，未必熟悉范鎮這個名字。我說明一下：范鎮年輕時與司馬光同住一室，同在一個院落辦公，同時擔任主考官，後來又與歐陽修一起編撰《新唐書》。范鎮的恩師是薛奎，而薛奎是包拯的同僚兼摯友。蘇東坡的父親蘇洵曾在開封老鄭門（又名宜秋門）外買房，錢不夠，向范鎮借了許多錢。因為這層關係，蘇東坡和蘇轍都將范鎮視為親長，蘇東坡的三兒子蘇過娶了范鎮的孫女，蘇轍的三兒子蘇遜娶了范鎮另一個孫女。從蘇過、蘇遜到蘇簣，蘇家與范家世代結親。

蘇東坡有三個兒子，巧合的是，蘇轍也有三個兒子。蘇轍這三個兒子分別是蘇遲、蘇適、蘇遜，其中蘇遲官至工部侍郎，相當於副部長，蘇適和蘇遜官至通判，相當於副市長。

蘇東坡有十幾個孫子，剛巧蘇轍也有十幾個孫子。其中蘇遲二子：蘇簡、蘇策；蘇適四子：蘇籀、蘇笵、蘇築、蘇筥；蘇遜四子：蘇筠、蘇箴、蘇箱、蘇簦。別的孫子暫不可考。

蘇轍的長子是蘇遲，蘇遲的長子是蘇簡，所以蘇簡是蘇轍一門的長門長孫。身為長門長孫，蘇簡沒有辜負蘇氏家族的厚望。他在北宋末年當官，在鄭州當過司法官員（時稱「司刑」），南宋初年去江西饒州當副市長（通判），宋高宗紹興年間（一一三一年～一一六二年），又接替李清照婆家大哥趙存誠的職位，出任廣東安撫使，相當於廣東省長。蘇簡娶妻韓氏，韓氏是「忠獻公之四世孫」（〈宋宜人韓氏墓誌銘〉），即北宋名相韓琦的玄孫女。

蘇適的長子蘇籀，本為蘇轍長子蘇遲所生，由於蘇轍次子蘇適最初沒生兒子，於是被過繼給蘇適。蘇籀一生經歷曲折，幼年和少年時期都在許昌度過，北宋末年當上小官，剛當官不久，父母相繼過世，只能回許昌守孝，直到金兵南侵，他也和絕大多數士大夫後代一樣，背井離鄉，向南逃難。他先到湖南，後到浙江，可能還去過福建。直到南宋建國十幾年後，宋高宗想起蘇東坡的文章風流，下旨徵召蘇東坡以及蘇轍的後代為官，蘇籀才再次走上仕途。他渴望光宗耀祖，重振蘇家聲威，為此不惜溜鬚拍馬，捧秦檜的臭腳，與設計陷害岳飛的奸臣王次翁結成死黨，並對主戰派大臣李綱落井下石。在秦檜提攜下，蘇籀不斷升官，從縣衙門的小小祕書升到副市長（通判）。

蘇籀活了七十多歲，娶妻不止一次，我能考證到的一任妻子姓方，來自福建莆田方家。唐、宋時期，方家一直是莆田名門望族，前幾代都是唐朝進士，入宋以後，又出過一個方慎言，與歐陽修的父親歐陽觀和〈賣油翁〉作者陳堯諮是同榜進士。方慎言曾任廣東轉運使、廣州市舶使、廣東兵馬鈐轄，相當於廣東省長、海關關長兼軍區副司令。蘇籀娶的妻子方氏是方慎言的玄孫女。

蘇東坡和蘇轍都是進士，到了兒子輩，如蘇邁、蘇過、蘇迨、蘇遲、蘇適等人，沒有一個考中進士；再看孫子輩，蘇符、蘇簣、蘇簡、蘇籀、蘇策、蘇築、蘇筠等人，至少就墓誌銘和正史記載而言，也未見有人考中進士。但是，這不影響蘇東坡兄弟的兒孫們做官，他們當中仕途平順的，竟能升到省級、部級，比那些十年寒窗金榜題名的進士還要輝煌得多——宋朝大部分進士終其一生都只能在府、縣兩級打轉。

蘇東坡的兒孫為什麼能如此幸運呢？因為他們能力強嗎？未必；因為他們學問大嗎？也未必。主要因為他們是蘇東坡和蘇轍的兒孫，有機會得到「父蔭」或「祖蔭」，有機會不經過科舉考試，直接被朝廷封賞一官半職。其中還有一些兒孫沒有得到蘇東坡哥倆的恩蔭，卻得到外祖父或舅父的恩蔭，例如蘇遲的兒子蘇策，「以外祖梁子美恩，授將仕郎，主新鄭簿。」（《宋史翼》卷四）

蘇遲娶了湖南提刑梁子美的女兒，梁子美是蘇策的外公，所以蘇策靠著梁子美的恩蔭，得到「將仕郎」（文官初級官階）的烏紗帽，去新鄭當上了縣政府辦公室主任（主簿）。

不僅在做官上優先，蘇東坡的兒孫談婚論嫁，同樣占盡優勢。如前所述，蘇邁等人能娶歐陽修和范鎮的孫女，蘇簡等人能娶韓琦和方慎言的玄孫女，都是與朝廷重臣結親，與名臣後代婚嫁，都將「門當戶對」這四個字發揮到淋漓盡致。

蘇東坡的兒孫一定很帥、很能幹、很有錢、很有才華嗎？當然不是。那為什麼能同時在事業和婚姻上占便宜呢？我有個不太恰當的比方——像蘇東坡這種大咖人物的後代，家庭教育和綜合素質可能比一般人強。就像常春藤名校的畢業生在職場上總是更受歡迎。藤校生未必一定優秀，但是茫茫人海，應聘者雲集，一張藤校文憑意味著你是優秀人才的概率比別人高，意味著你能迅速降低雇主的選擇成本。

誰是李清照的親戚？（上）

眾所周知，李清照是宋朝最著名的才女。但大家未必知道的是，李清照還有許多著名的親戚。

先說李清照的父親李格非。他和李清照一樣，自幼聰明，少年成名，年紀輕輕就在文壇上嶄露頭角，在文學史上留下了濃重的一筆。

《宋史》上這麼描述李格非：「其幼時，俊警異甚。」小時候特別聰明，是遠近聞名的神童。「著《禮記說》數十萬言，遂登進士第。」學問精湛，博學深思，為《禮記》寫了幾十萬字的注解，隨後考中進士。「為鄆州教授，郡守以其貧，欲使兼他官，謝不可。」初入官場，在山東鄆城當教育局長（宋代州學「教授」相當於市教育局長），俸祿不高，家境貧寒，上司讓他兼任別的官職，以便增加收入，被他謝絕了。由此可見，李格非不貪錢財，居官清廉，不僅有才，而且有德。「入補太學錄，再轉博士，以文章受知於蘇軾。」從鄆城調進京城，去國立最高學府太學當教授，因為文學成就高，受到蘇東坡的賞識。

李格非擅長散文和詩賦，最有名的代表作是〈洛陽名園記〉。這篇文章描寫北宋時期，洛陽城中達官顯貴和富商大賈建造的花園別墅，辭藻華麗，對仗工整，還有深刻的寓意。李格非說：「洛陽之盛衰，天下之亂之候也。」國家升平則洛陽繁盛，胡虜入侵則洛陽凋敝，從洛陽一城之興衰，

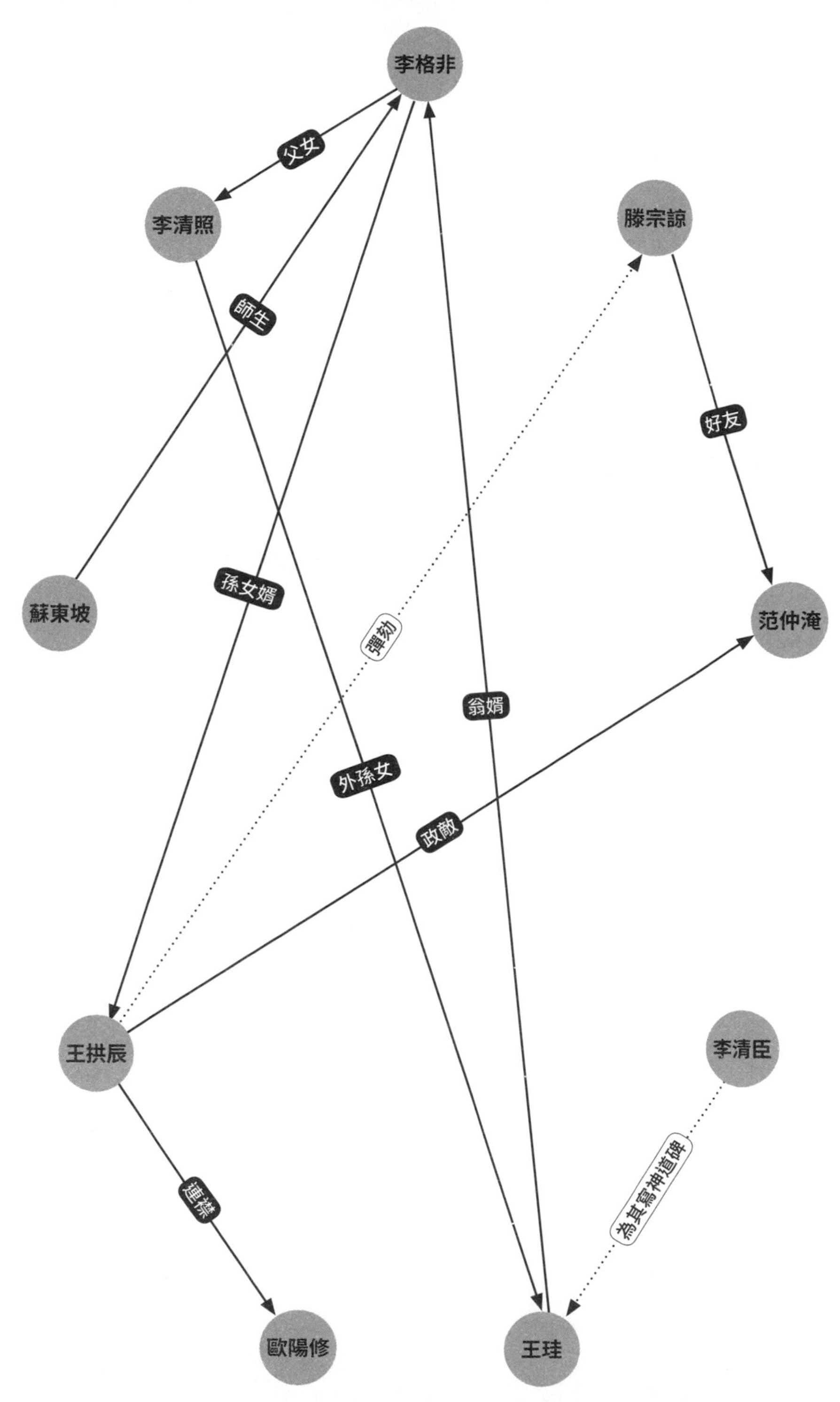
李格非
父女
李清照
滕宗諒
師生
好友
孫女婿
蘇東坡
范仲淹
彈劾
翁婿
外孫女
政敵
王拱辰
李清臣
連襟
為其寫神道碑
歐陽修
王珪

可以預見天下大勢。

《宋史》上還說：「妻王氏，拱辰孫女，亦善文。」李格非的妻子王氏是北宋名臣王拱辰的孫女，也是個才女。王拱辰是開封通許人，十九歲中狀元，既是著名文學家歐陽修的同榜進士，又是歐陽修的連襟——歐陽修娶了大臣薛奎的四女兒，王拱辰則娶了薛奎的五女兒。

王拱辰的孫女嫁給了李清照的父親，所以王拱辰應是李清照的曾外祖父，俗稱「太姥爺」。但是，李清照並非王拱辰的孫女所生，李格非和王拱辰的孫女結婚之前，李清照已經出生了。確切地說，王拱辰的孫女是李格非的第二任妻子，而李清照卻是李格非第一任妻子生的。

有意思的是，李格非的第一任妻子，也就是李清照的親媽，同樣姓王，同樣出身名門。北宋大臣李清臣〈王文恭公珪神道碑〉記載：「女，長侍鄆州教授李格非，早卒。」這個「王文恭公珪」，即北宋名相王珪，諡文恭，是著名政治家王安石的同榜進士。後來宋神宗推行變法，王安石擔任「同中書門下平章事」，相當於宰相；王珪擔任「參知政事」，相當於副宰相。再後來，王安石提前退休，去金陵（今南京）養老，王珪升任「同中書門下平章事」，從副宰相變成了宰相。

王珪的大女兒嫁給時任鄆州教授的李格非，生下了李清照，卻不幸在李清照五歲左右撒手人寰。一〇九一年，李格非續娶王拱辰的孫女，給李清照找了個後媽。

南宋時期有一部筆記體文獻《雞肋編》，該書第二卷有不同記載：「岐國公王珪在元豐中為丞相，……孫婿九人：余中、馬玿、李格非……」照此記載，李格非竟然不是王珪的女婿，而是王珪的孫女婿。但這個記載並不可靠，因為《雞肋編》問世時，王珪和李格非都已去世多年，《雞肋編》作者與王珪、李格非和李清照都沒有交集，只能依據第二手或第三手資料轉述。您知道，未經詳細考證的轉述往往會產生錯誤資訊。

比較起來，李清臣〈王文恭珪神道碑〉還是可靠的。李清臣與王珪生活在同一時代，與王珪同朝為官，交情不淺。再者說，「神道碑」與「墓誌銘」一樣，都是受死者家屬委託而撰寫的陪葬文字，對死者事蹟的描述或許會有誇大和吹噓，但絕對不可能將死者和死者親屬的輩分搞錯。李清臣〈王文恭珪神道碑〉說李格非是王珪的女婿，肯定比《雞肋編》作者說李格非是王珪的孫女婿更可信。

讀者諸君乍聽「李清臣」這個名字，可能覺得此人是李清照的同輩兄弟。其實他比李清照輩分高得多，也比李清照出世早得多。李清臣比李清照早出生半個世紀，與李清照的祖父和外祖父同輩。論起李清臣和李清照的關係，那就像李開復和李開周的關係一樣，僅僅是名字相似而已。

閒言少敘，我們接著八卦李清照的親戚。

李清照六歲那年，李格非從鄆城調任開封，在開封御街以西租了一所小房，取名「有竹堂」。大概就是在那一年，李清照來到開封，跟著父親定居於「有竹堂」。

李清照八歲那年，李格非續娶王拱辰的孫女。

李清照十二歲那年，李格非帶著李清照去洛陽探親，在那裡寫下〈洛陽名園記〉。

李格非為什麼要去洛陽探親呢？因為王拱辰的妻兒老小住在洛陽。宋人筆記《畫墁錄》記載：「王君貺拜三司，二十有七歲矣，自爾居洛起第，至八十歲，位至宣徽、二府，盡其財力，終身而宅不成。」王拱辰字君貺，當過三司使（相當於財政部長）。從他當上三司使開始，就在洛陽蓋房，直到晚年掌管宣徽院（相當於外交部）、主政大名府以及應天府（今河南商丘），還不停地擴建宅邸。王拱辰去世後，洛陽府邸由李格非的岳父繼承，那是一座連續建造幾十年的府邸，自然非常豪華。李格非在〈洛陽名園記〉裡寫的「王開府宅園」，就是這座豪宅。用李格非的話說：「松檜花木，千株皆品，別種列除，其中為島嶼，……涼榭錦亭，其下可坐數百人。宏大壯麗，洛中無逾者。」花園裡點綴著一千種以上珍奇植物，有山、有水、有小島，亭子下面能坐幾百人，論宏大和壯麗，在洛陽能數第一。

王拱辰是狀元出身，文章好，學問好，在歷史上的名聲卻不完美。宋人筆記《麈史》記載，王安石變法期間，朝中大臣和卸任大臣都喜歡在洛陽蓋房，其中包括王拱辰，也包括司馬光。司馬光居官清廉，生活儉樸，房子低矮窄小，還有一部分是地下室，為的是冬暖夏涼；王拱辰俸祿優厚，生活奢侈，房子雄偉壯麗，堂屋蓋了三層，如同宮殿一般。洛陽的士紳將司馬光比作聖人，將王拱辰當作小人。

如果僅僅是生活奢侈，並不足以證明人品有瑕疵。王拱辰在宋朝士大夫主流輿論中受批評，是他曾經為了權力排擠他人。當年范仲淹搞「慶曆新政」，他極力反對，將范仲淹及其好友滕宗諒趕出朝廷，搞得范仲淹鬱悶不已，才寫下那篇流傳千古的〈岳陽樓記〉。

還記得〈岳陽樓記〉開頭嗎？「慶曆四年春，滕子京謫守巴陵郡。」滕子京就是范仲淹的好友滕宗諒，文武雙全，戰功卓著，本來有望進入權力中樞。為什麼「謫守巴陵郡」呢？就是因為李清照繼外曾祖父王拱辰不斷地上書彈劾，說滕子京貪汙公款，德不配位。實際上，滕子京並沒有貪汙公款，而是將招待過往官吏公款吃喝的「公使錢」省出來，犒賞了將士，安撫了流民，不僅無過，而且有功。

王拱辰是李清照後媽的祖父，對李清照影響並不大，下回我們說說李清照的親姥爺，也就是北宋名相王珪。

誰是李清照的親戚？（下）

一〇八四年，李清照出生。一〇八五年，她的親外祖父王珪去世。從時間上看，王珪應該見過李清照。即使王珪見過李清照，李清照也未必記得他，那時她還是個不滿周歲的小嬰兒。

按李清臣〈王文恭公珪神道碑〉記載，王珪有五個兒子和四個女兒。大兒子王仲修，中了進士；二兒子王仲瑞，靠王珪恩蔭當上小官；三兒子王仲嶷、四兒子王仲岏、五兒子王仲煜在王珪去世時年紀尚幼。大女兒嫁給李格非，生下李清照；二女兒嫁給李格非在太學工作時的同事閭丘吁；三女兒嫁給名叫鄭居中的人；四女兒在王珪去世時還未出嫁。

王仲修、王仲瑞、王仲嶷、王仲岏等人都是李清照的舅舅。又據宋人筆記《玉照新志》記載，王仲岏在宋欽宗即位後改名「王仲山」，將女兒嫁給了宋朝最著名的奸臣秦檜。王仲岏是李清照的舅舅，又是秦檜的岳父，所以秦檜是李清照的表姐夫或表妹夫。再看年齡，秦檜生於一〇九〇年，比李清照小六歲，所以是李清照的表妹夫可能性比較大。

北宋末年，開封淪陷，被金兵占領。南宋初年，金兵不斷南侵，當時李清照為躲避戰火，輾轉逃奔於江蘇和浙江等地，而李清照的舅舅王仲岏在江西做官。金兵打到江西，王仲岏棄城投降。

因為舅舅降金，李清照也受到牽連，她和丈夫趙明誠陷入一場政治危機，靠捐獻藏品才擺脫危

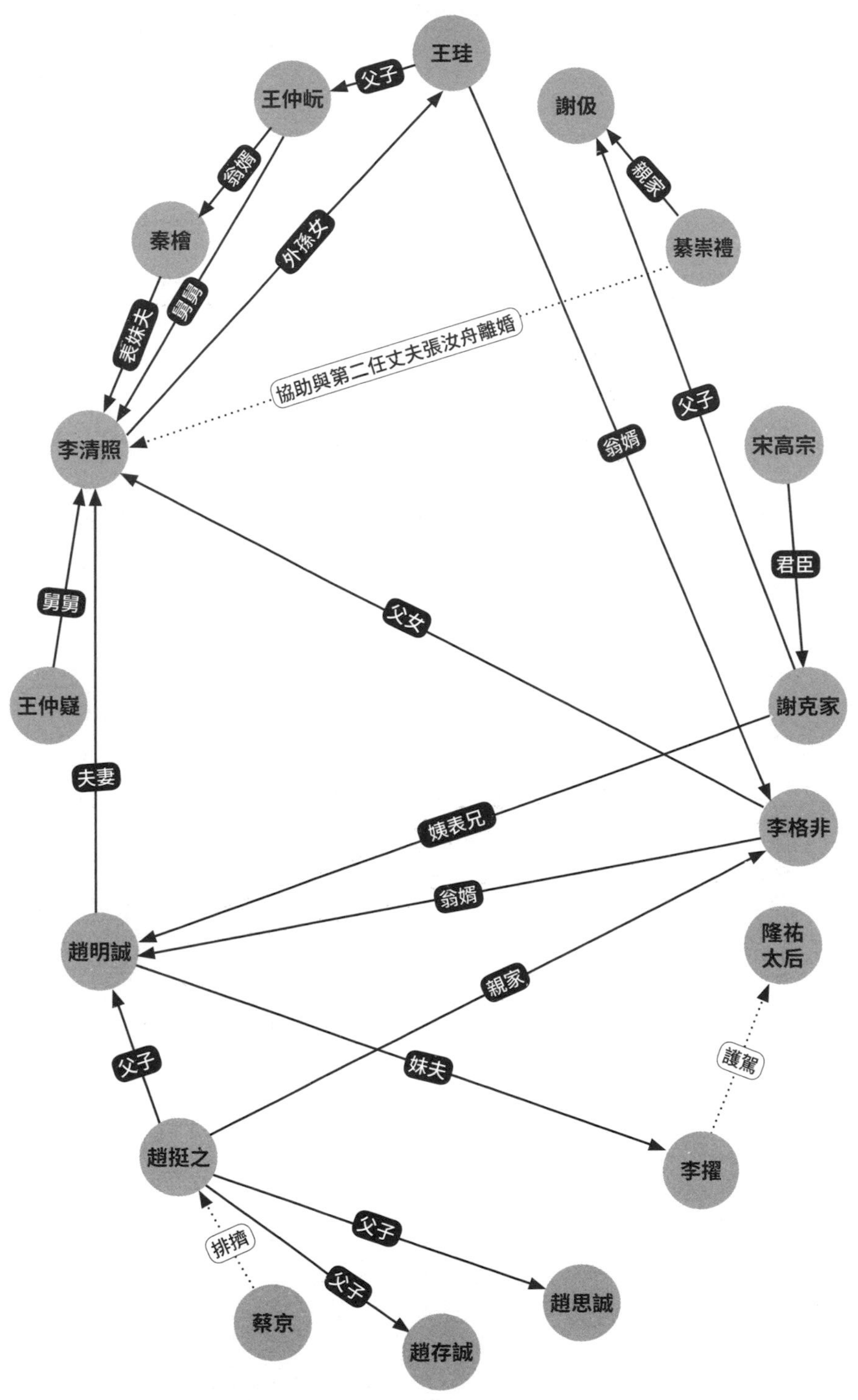

王珪
王仲岏
謝伋
秦檜
綦崇禮
李清照
宋高宗
王仲嶷
謝克家
李格非
趙明誠
隆祐
太后
趙挺之
李擢
蔡京
趙存誠
趙思誠
父子
翁婿
外孫女
親家
表妹夫
舅舅
協助與第二任丈夫張汝舟離婚
父子
翁婿
君臣
父女
舅舅
夫妻
姨表兄
翁婿
親家
妹夫
父子
護駕
排擠
父子
父子

機。不過這是後話，我們先說說李清照和趙明誠成婚前後的故事。

據李清照〈金石錄後序〉記載，她十八歲那年嫁給趙明誠，當時趙明誠正在開封太學讀書，而趙明誠的父親趙挺之正擔任禮部侍郎，相當於文化部副部長。李清照為何會嫁給趙明誠呢？這要從她父親和趙明誠父親的關係說起。

李清照的父親李格非是山東人，趙明誠的父親趙挺之也是山東人，李格非進入官場不久，就認識了趙挺之。兩人的關係最初是這樣的：李格非與蘇東坡的學生晁補之是同榜進士，而晁補之的好友黃庭堅則是趙挺之的下屬。李格非從山東鄆城調任開封做官時，經過晁補之介紹，結識了黃庭堅，又經過黃庭堅介紹，結識了趙挺之。後來，趙挺之升任禮部侍郎，李格非升任禮部員外郎，成了趙挺之的下屬，兩人既是上下級，又是同鄉，兒女年齡又相近，自然就成了兒女親家。

李格非出身於山東平民家庭，全靠科舉考試改換門庭；趙挺之也沒什麼特殊背景，也是靠科舉考試進入官場。但是，李格非性格方正，沒有趙挺之城府深，在官場上沒有趙挺之吃得開，更沒有趙挺之升官快。宋哲宗即位後，趙挺之發覺皇帝有疏遠蘇東坡的跡象，就順應時勢，攻擊蘇東坡以及蘇東坡的弟子。

趙挺之彈劾蘇東坡和黃庭堅：「二人輕薄無行，少有其比，庭堅罪惡尤大。」說蘇東坡輕薄無行，道德敗壞，黃庭堅的罪行尤其嚴重。

蘇東坡則予以回擊：「挺之險毒，甚於李定。」趙挺之這個人啊，比當年烏臺詩案誣陷我的奸臣李定還要陰險毒辣。

蘇東坡回擊趙挺之，沒有成功。趙挺之攻擊蘇東坡，卻得到皇帝認可。宋哲宗一親政，就將蘇東坡再次流放。宋徽宗即位後，趙挺之已經成了副宰相，將黃庭堅流放到廣西。

李格非文章好，受到蘇東坡的賞識，被列名於「蘇門後四學士」之一。由於蘇東坡不受待見，李格非也被貶官。李清照嫁給趙明誠的第二年，李格非被宋徽宗列入「元祐奸黨」名單，並趕出朝廷，永遠不許做京官。李清照希望公公趙挺之施以援手，先後兩次給趙挺之寫詩，都沒有得到回應。

李清照這兩首詩都已經散佚，現存文獻裡只能找到兩句，其中一句是「何況人間父子情」，另一句是「炙手可熱心可寒」。前一句是用親情求告，希望趙挺之看在她與李格非父女關係的面子上，拉李格非一把；後一句是見趙挺之不理會，非常生氣，諷刺公公手握大權而心腸剛硬。在封建禮教禁錮人性的時代，兒媳敢於諷刺公公，說明李清照是很有膽量的。但李清照或許不知道，制定「元祐奸黨」名單是宋徽宗和權相蔡京的主意，並不是趙挺之的初心。當時趙挺之名列副相，卻只能屈從於蔡京的淫威，就算他出面搭救親家李格非，也發揮不了任何實際作用。

再後來，蔡京完全把持朝政，趙挺之做為潛在的競爭對手，又被蔡京排擠。一一〇七年，趙挺之在開封病逝，死後被蔡京誣陷，其家屬先被捉拿審問，後被趕出京城。那一年，李清照二十四歲，被迫與趙明誠回山東定居。

好在宋徽宗不想讓蔡京一家獨大，幾年後想起趙挺之的功勞，又讓趙挺之的幾個兒子做了官。趙挺之有三個兒子：趙存誠、趙思誠、趙明誠。這三個兒子後來都做了大官。

北宋末年，趙明誠先後在萊州和淄州（今山東淄博）當知州（相當於市長）。南宋初年，趙明誠升任江東安撫使，兼江寧（即今江蘇南京，原稱「金陵」，後改稱「江寧」，繼而改稱「建康」）知府，負責供應軍餉和主持防務。趙明誠有文化，玩收藏、做鑑定、從事歷史研究，都是一把好手，但他不是合格的長官。一一二九年，江寧城中鬧兵變，趙明誠手握調兵權，卻不敢平定叛亂，唯恐被亂兵攻進府衙，竟然讓親兵把他和李清照縋出城牆，半夜裡偷偷溜走了。

棄城逃跑是最嚴重的瀆職行為，趙明誠立即被罷官。大概在罷官前後，某書生帶著一把玉壺請趙明誠鑑定，鑑定完就帶著玉壺離開了。後來那個書生投降金國，於是官場上紛紛傳聞說趙明誠裡通外國，將玉壺送給了金國間諜。與此同時，李清照舅舅王仲岏投降金國的消息也傳到朝廷耳裡。趙明誠連續遭遇兵變、罷官和通敵傳聞三大變故，嚇得臥床不起。幸虧李清照還能撐得住，將家中值錢的藏品收拾了一船，帶上僕人去找朝中大臣，總算打通關節，獲得了分辯的機會，趙明誠才沒有鋃鐺入獄。

兩個月後，趙明誠被宋高宗重新起用，派到湖州當知州，與李清照灑淚分別。還沒到湖州任上，他就死於中暑和瘧疾。那一年，李清照四十六歲。

安葬了趙明誠，李清照大病一場。她和趙明誠無兒無女，父親李格非和公公趙挺之都已去世，而金兵繼續入侵，江南各地戰火連綿。李清照只能帶著藏品東躲西藏，直到她年近五旬時，宋、金兩國議和，戰事暫時平息，才得以在浙江安居。

趙明誠不是合格的官員，也未必是合格的丈夫，但在文學、歷史和收藏方面，卻是李清照最重要的知己和靠山。趙明誠死後，為李清照提供幫助的那些朋友，其實都是趙明誠的親戚。

比如說，李清照帶著大量藏品南渡，得到趙明誠妹夫李擢的幫助，才得以免遭亂兵和土匪搶劫。當時李擢是兵部侍郎，相當於國防部副部長，正率領一支軍隊轉戰江西，為宋高宗的伯母隆祐太后保駕護航。

再比如說，趙明誠死後，一些達官顯貴覬覦他的藏品，有人出錢購買，有人強行去「借」。李清照孀居在家，獨力難支，幸虧趙明誠的姨表兄謝克家出面，才攔住了這些覬覦者。當時謝克家官居兵部尚書，相當於國防部部長，也是宋高宗倚重的元老級大臣。

又比如說，李清照四十九歲時改嫁張汝舟，婚後才知道張汝舟人品卑劣，還有家暴傾向，最後依靠綦崇禮幫忙，才得以和張汝舟離婚。這個綦崇禮是誰呢？也是趙明誠的遠房親戚。

宋人筆記《雲麓漫鈔》收錄有李清照寫給綦崇禮的求救信，大意說：「清照誤聽張汝舟花言巧語，錯嫁此人，婚內百日，日日毆打，受他欺凌，無處申訴。您身為翰林學士、兵部侍郎、朝廷近臣，文筆華美，人品端方，希望您能念在亡夫是您親戚的情分上，幫我這個無依無靠的苦命女子脫離苦海。」

綦崇禮收到此信，向宋高宗進言，使得張汝舟被流放，幫助李清照脫離了苦海。

綦崇禮到底是趙明誠的什麼親戚呢？原來綦崇禮的女兒嫁給了謝克家的孫子（綦崇禮與謝克家的兒子謝伋是親家），而謝克家是趙明誠的姨表兄。換句話說，是李清照前夫趙明誠的姨表兄的孫媳婦的爸爸，幫助李清照擺脫了第二任丈夫張汝舟的魔掌。

假如李清照是男人

我是河南開封人，在開封本地的朋友相對多一些，其中有一哥們兒，做房地產發了財，熱心公益，想在開封建一個宋詞主題公園，還想在主題公園裡蓋一間李清照紀念館。

您可能會提出質疑：李清照不是生在山東濟南嗎？不是嫁在山東青州嗎？晚年不是定居在浙江金華嗎？濟南搞「李清照故居」，青州搞「李清照故居」，金華搞「李清照紀念堂」，這都說得過去，你們開封算怎麼回事，憑什麼和李清照攀扯關係？

其實，李清照在開封也定居過。

前文〈誰是李清照的親戚〉提到過，李清照六歲那年，也就是宋哲宗元祐四年（一〇八九年），父親李格非在京師開封租了一所小房，取名「有竹堂」。北宋文學家晁補之是李格非的好友，曾去有竹堂參觀，參觀後還寫過一篇〈有竹堂記〉。

有了房，家小就有了落腳之地，李格非請假回了趟山東老家，把李清照接到開封。從那時起，一直到一〇九四年李格非被調去外地當通判（相當於副市長），他們父女始終住在開封，始終住在那所「有竹堂」裡。

兩年後，李格非重回開封當京官，李清照當然也要跟著回去。直到一一〇一年，十八歲的李清

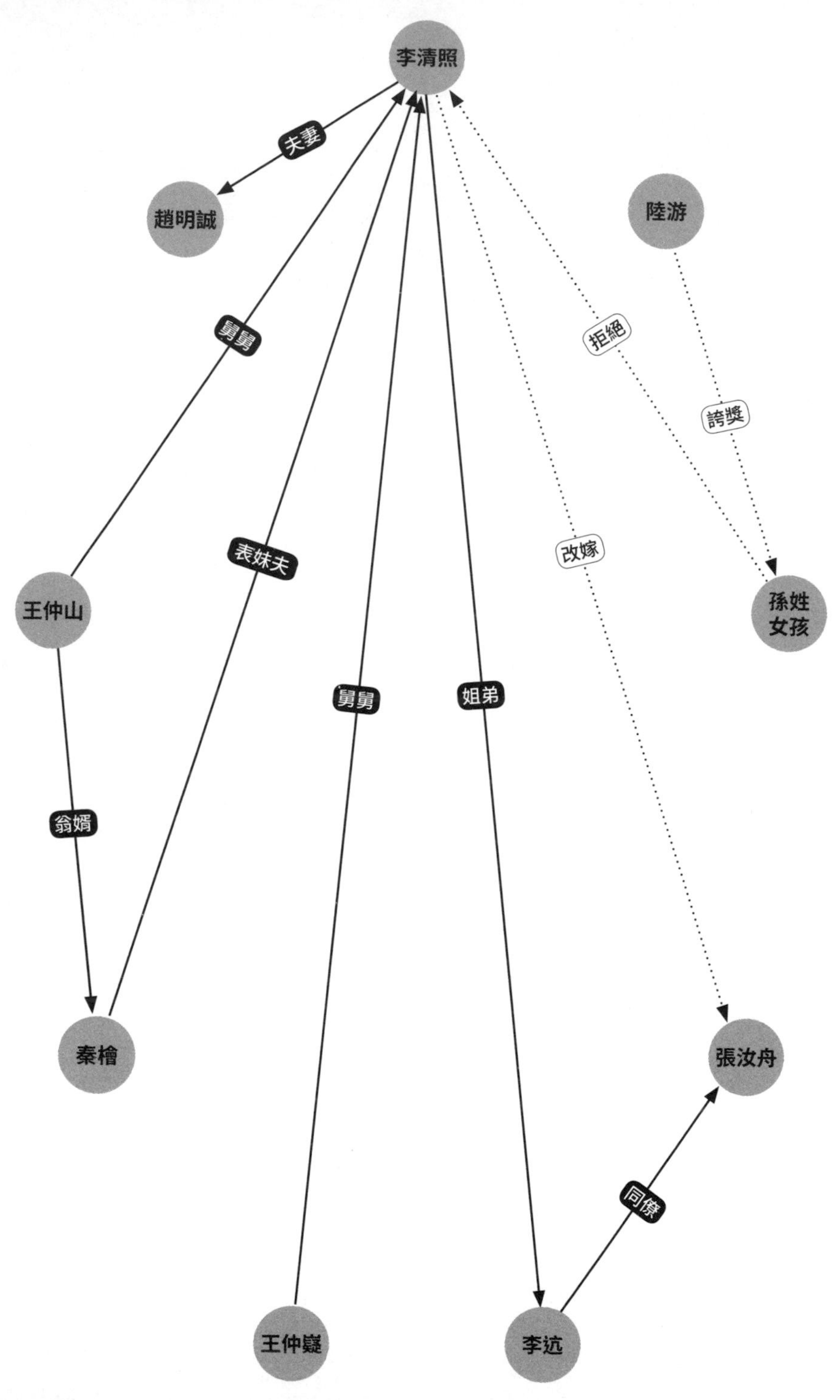

李清照
夫妻
趙明誠
陸游
舅舅
拒絕
誇獎
表妹夫
改嫁
王仲山
孫姓
女孩
舅舅
姐弟
翁婿
秦檜
張汝舟
同僚
王仲嶷
李迒

照出嫁，嫁給李格非的山東老鄉趙挺之的兒子趙明誠，她才離開有竹堂，去趙明誠家裡居住。

那時候，趙明誠家也在開封。趙明誠是太學生，還沒畢業，大半時間在開封太學上課。趙明誠的父親趙挺之是京官，官居吏部侍郎，必須守在開封，除非奉有出京視察的特旨。李清照的父親李格非也是京官，此時官居禮部員外郎，相當於文化部的中級官員。老公在開封上學，公公在開封做官，父親也在開封做官，李清照不在開封住，還能去哪兒住呢？

不過需要說明的是，李清照嫁給趙明誠時，趙明誠家在開封並未買房。不但李清照小倆口沒有婚房，就連公公趙挺之都沒有屬於自己的住所。沒錯，趙挺之是大官，是吏部侍郎，可是北宋時期，沒有買房的文武百官實在太多了。南宋大儒朱熹說過：「且如祖宗朝，百官都無屋住，雖宰執亦是賃屋。」（《朱子語類》）翻成白話文就是說，在北宋一朝，大多數官員都沒有買房，包括宰相和副相那個級別的大臣都租房住。我們都熟悉北宋名臣寇準吧？做到參知政事，相當於副宰相，始終沒有在開封買房，當時人們說：「有官居鼎鼐，無地起樓臺。」說的就是寇準，官居高位，卻沒有私宅。

本來探討李清照定居開封的經歷，結果扯到宋朝官員購房政策，扯遠了，趕緊收回來，繼續說李清照。

前面說，李清照嫁到趙家，趙家沒買婚房。但是不要緊，四年以後，李清照二十二歲那年，趙挺之升任中書侍郎，成為宰相群體的一員。宋徽宗聽說趙挺之既沒有買房也沒有蓋房，直接賞了他一所房。從此之後，李清照夫婦在開封終於不用再租房。

但是好景不長，一一〇七年，李清照二十四歲那年，公公趙挺之病逝，他生前的政敵蔡京立刻向宋徽宗打報告，說趙挺之生前事君不忠，還拿出了證據。宋徽宗相信了，派人查抄趙府，把李清照的兩個婆家哥哥都關進大牢，不久又開恩釋放，但不許他們繼續留在開封。李清照只好跟著趙明誠離開京城，回山東青州定居。

現在我們不妨掰指頭算一算：李清照六歲進京，二十四歲離開，她在開封住了大約十七年，把最好的青春時光都留在了開封。

李清照的一生相當坎坷，而且是愈往後愈坎坷。

她父親李格非是著名作家，寫過〈洛陽名園記〉，文章好，詩詞也很棒，所以她從小受到不錯的家庭教育。但是她母親早逝，大約在她五歲時就死了。八歲那年，李格非又給她找了一個後媽。

她親生母親姓王，是神宗朝宰相王珪的大女兒；她後媽也姓王，是仁宗朝狀元王拱辰的孫女。這個後媽比較厲害，有一回李格非生病，他的老師蘇東坡（李格非是「蘇門後四學士」之一）想去探望，卻不敢去，怕李格非續娶的這位新夫人拒客。蘇東坡給李格非寫信說：「聞公數日不安，又恐甲嫂見罵，牽率沖冒之過。聞已安，不勝喜慰。大黃方錄去，可常服也。」聽說你前幾天患病，我想去看看你，又恐怕你妻子罵我是不速之客。現在聽說你痊癒了，我很開心，給你寄去一張藥方，平日可以照方服用。

這位後媽有沒有善待李清照呢？史料裡不見記載。反正現存所有宋朝文獻裡都沒有李清照懷念母親的文字。生母死得早，她沒印象；後媽和她沒感情，不值得她懷念。

除了「早年喪母」這一條缺憾，李清照的家庭背景和親朋關係還是值得絕大多數人羨慕的：父親有才，是東坡門生；公公有權，生前做到宰相；老公精於收藏，是金石學家；前一個外祖父王珪是宰相，後一個外曾祖父王拱辰是狀元；她婆家的大伯哥，也就是趙明誠的哥哥，曾做到安撫使，相當於軍區司令；她婆家的幾個表哥，還有趙明誠的妹夫，有做到兵部侍郎的，有做到禮部尚書的，有做到參知政事的，個個都是高官。至於她本人，天資聰穎，文采出眾，不但是整個古代中國最著名的女詞人，而且在文玩收藏和棋牌遊戲上也極有造詣，否則怎麼寫得出〈金石錄後序〉和《打馬圖經》呢？

但是，李清照後半生中也吃了親朋關係和自身文采的虧。

您已經知道，李清照有個最不光彩的親戚——秦檜。秦檜娶妻王氏，該王氏是王仲山（王仲岏）的女兒，王仲山是誰呢？就是李清照的舅舅。如此一來，李清照就成了秦檜的內表姐。

李清照又有一個同父異母的弟弟，名叫李迒，南宋前期做到工部侍郎。李清照投奔這位弟弟，弟弟幫她牽線搭橋，讓她改嫁給名叫張汝舟的小官。結局大家都知道，張汝舟人品低劣，和李清照感情不和，兩人鬧離婚，官司打到宋高宗那裡，李清照與張汝舟一起被關進大牢。

對李清照來說，第一任老公趙明誠其實也不是十分光彩。他們夫妻伉儷情深，這沒錯；趙明誠有才，也沒錯；但趙明誠在人品上至少有兩個汙點：第一，為了弄到心儀的文物，不惜巧取豪奪；第二，他在南京當市長（江寧知府）時，南京鬧兵變，他不但不敢彈壓，還偷偷逃走，結果丟了官。

李清照對趙明誠應該是不佩服的。據南宋筆記《癸辛雜識》記載，趙明誠丟官之前，李清照每逢大雪天氣必登南京城牆，寫出詩詞讓趙明誠唱和，趙明誠寫不出來，見了李清照都想繞著走。

李清照對南宋君臣和當時的文壇新秀也是不佩服的。「生當作人傑，死亦為鬼雄。至今思項羽，不肯過江東。」她這首詩不是歌頌項羽，而是諷刺大宋君臣無能。四十九歲那年，她在杭州聽說有人靠拍宋高宗的馬屁中了狀元，也忍不住寫對聯諷刺，諷刺新科進士盡在文辭末藝和揣摩皇帝上用功，絲毫不關心百姓疾苦。

但李清照不幸生在宋朝，不幸生在男權至上和君權至上的時代，她有才有識，卻不能用自己的才識改變什麼。為了躲過金兵，她甚至還要跟著宋高宗的御駕東奔西逃；為了保住藏品，她到了節日也要像其他命婦一樣，恭恭敬敬地向皇帝獻上一堆肉麻的賀詞；為了能與張汝舟離婚，她也要寫信向那些當權的親戚求助……

陸游《渭南文集》裡記錄了一件關於李清照的軼事。陸游說：李清照七十二歲那年，自知大限將至，想把畢生所學傳給一個姓孫的十五歲女孩。結果呢？那女孩「謝不可，曰才藻非女子事」。更要命的是，陸游居然讚頌那個女孩有見識，做了最正確的選擇。

於是李清照鬱鬱而終，終年七十三歲。

HISTORY系列 123

交一個情義的宋朝朋友

作　　者—李開周
副總編輯—邱憶伶
封面設計—FE設計葉馥儀
封面繪圖—葉馥儀
內頁設計—林樂娟
董事長—趙政岷
出版者—時報文化出版企業股份有限公司
一〇八〇一九臺北市和平西路三段二四〇號三樓
發行專線—(〇二)二三〇六六八四二
讀者服務專線—〇八〇〇二三一七〇五．(〇二)二三〇四七一〇三
讀者服務傳真—(〇二)二三〇四六八五八
郵撥—一九三四四七二四 時報文化出版公司
信箱—一〇八九九臺北華江橋郵局第九九信箱
時報悅讀網—http://www.readingtimes.com.tw
電子郵件信箱—newstudy@readingtimes.com.tw
時報出版愛讀者粉絲團—http://www.facebook.com/readingtimes.2
法律顧問—理律法律事務所 陳長文律師、李念祖律師
印　　刷—紘億印刷有限公司
初版一刷—二〇二三年十二月八日
定　　價—新臺幣四五〇元

時報文化出版公司成立於一九七五年，並於一九九九年股票上櫃公開發行，於二〇〇八年脫離中時集團非屬旺中，以「尊重智慧與創意的文化事業」為信念。

交一個情義的宋朝朋友／李開周著.
--初版.--臺北市：時報文化出版企業股份有限公司，
2023.12
384面；14.8×21公分. --（History系列；123）
ISBN 978-626-374-638-1（平裝）
1.CST:人物志　2.CST:宋代　3.CST:通俗史話
782.15　　112019280

ISBN 978-626-374-638-1
Printed in Taiwan